L'ANNÉE 1798 – KANT

SUR L'ANTHROPOLOGIE

A LA MÊME LIBRAIRIE

L'année 1793. Kant. Sur la politique et la religion. Actes du 1er congrès de la Société d'études kantiennes de langue française (Dijon 13-15 mai 1993), publiés sous la direction de Jean Ferrari, 1995.

L'année 1795. Kant. Essai sur la paix, sous la direction de Pierre Laberge, Guy Lafrance et Denis Dumas, 1997.

L'ANNÉE 1798
KANT
ET LA NAISSANCE DE L'ANTHROPOLOGIE AU SIÈCLE DES LUMIÈRES

ACTES DU COLLOQUE DE DIJON
9-11 MAI 1996

Organisé par
la Société d'études kantiennes de langue française
et la Société bourguignonne de philosophie

Placé sous le patronage de
L'Association des sociétés de philosophie de langue française

Sous la direction de

Jean FERRARI

Ouvrage publié avec le concours du
Conseil Régional de Bourgogne, de la Municipalité de Dijon et du
Centre Gaston Bachelard de l'Université de Bourgogne

PARIS
LIBRAIRIE PHILOSOPHIQUE J. VRIN
6, Place de la Sorbonne, V^e^

—

1997

ISSN 0249-7875
ISBN 2-7116-1329-1

INTRODUCTION

D'UNE INTROUVABLE SCIENCE DE L'HOMME

Jean FERRARI

Le titre de ce colloque[1] n'a pas trompé les historiens des idées réunis à Dijon. L'anthropologie n'est pas née au XVIIIe siècle. Il existe à l'université de Bourgogne un centre de recherche sur l'anthropologie au XVIIe siècle et un participant avait donné pour titre à sa communication : *La renaissance de l'anthropologie au siècle des Lumières*. Ni naissance, ni renaissance sans doute ; toutefois, si le XVIIIe siècle n'a pas inventé l'homme comme on le dit parfois, il a donné à la question anthropologique une forme et à son étude une méthode que certains spécialistes contemporains des sciences humaines mettent à l'origine de leurs recherches. Et il convenait d'indiquer d'emblée par le thème retenu l'ouverture des travaux sur les sources et la postérité de l'anthropologie kantienne. Aux premières fut consacrée la première journée qui s'acheva par une table ronde sur la question : l'influence de Rousseau sur Kant, mythe ou réalité ? à la seconde une autre table ronde et deux conférences, l'une sur Hegel et l'autre sur Foucault. Mais l'anthropologie kantienne elle-même fut l'objet principal d'analyses rigoureuses par l'évocation de quelques-uns de ses thèmes les plus importants, dans toute l'ampleur d'une problématique qui dépasse sensiblement l'ouvrage de 1798.

Chacun connaît la lettre de Stäudlin du 4 mai 1793[2] et le passage célèbre de la *Logique* (1800)[3] qui assignent à l'anthropologie, c'est-à-dire aux recherches

1. Ce colloque organisé du 9 au 11 mai 1996 à la Salle des Gardes de l'Hôtel de Vogüé à Dijon a fait suite au 2ème Congrès de la Société d'études kantiennes de langue française (Ottawa - 4-8 octobre 1995). Sa tenue, comme la parution de ses Actes, n'aurait pas été possible sans le concours de la Municipalité de Dijon, du Conseil Régional de Bourgogne et du Centre Bachelard de l'Université de Bourgogne auxquels les organisateurs expriment leur vive reconnaissance.

2. Les références aux œuvres complètes de Kant publiées par l'Académie des sciences de Berlin sont données par AK suivies de trois nombres en chiffres arabes désignant successivement le tome, le page et la ligne de la citation proposée. AK 02 429 10.

menées par Kant en ce domaine, aux cours qu'il lui consacra pendant 25 ans et à l'ouvrage qui les rassemble, la tâche de répondre aux trois questions, telles qu'il les énonce dans la 2e section du *Canon de la raison pure*[4]. A ses yeux, elles contiennent tout l'intérêt de la raison, tant spéculatif que pratique, et définissent l'entreprise critique dans les domaines de la connaissance, de la morale et de la religion. S'il est vrai que les questions du pouvoir, du devoir et de l'espoir de la raison ont rapport avec l'être de l'homme et, pour Heidegger, avec sa finitude, et nous introduisent au plus profond de la question métaphysique, à l'égard de laquelle, selon Kant lui-même, on ne saurait manifester d'indifférence, le lecteur de *l'Anthropologie du point de vue pragmatique*[5] ne peut qu'être déconcerté par une œuvre qui relève davantage de cette philosophie populaire que Kant critique si souvent que d'une analyse transcendantale ou d'une étude inspirée par un souci scientifique, dans l'esprit de certaines tentatives de son époque. Et il est difficile de voir l'accomplissement de la pensée critique dans un ouvrage qui ne répond ni aux exigences d'une science au sens formel du terme, puisque l'homme n'y est pas seulement considéré comme un être de la nature soumis aux lois strictes du déterminisme mais aussi de libre volonté, ni à celles d'une analyse transcendantale puisque, discipline empirique, l'anthropologie emprunte ses connaissances à l'expérience que l'homme peut avoir de lui-même et des autres, à l'histoire de l'humanité, aux récits des voyageurs et Kant ajoute, « même au théâtre et aux romans »[6]. Toutefois, comme l'écrit Joachim Kopper dans l'introduction qu'il a donnée à l'ouvrage chez Félix Meiner « Certes le Kant critique est et demeure pour nous le vrai Kant, mais si nous voulons avoir Kant tout entier, nous devons nous plonger dans l'anthropologie qui seule nous donne sa conception philosophique de l'homme sans avoir la prétention d'être une connaissance philosophique complète et accomplie. »[7]

En manière d'introduction à nos travaux, je voudrais essayer d'éclairer brièvement les raisons, intrinsèques au système, qui font que l'anthropologie ne peut être ni une science au sens strict, ni une métaphysique au sens kantien du terme : il n'y a pas d'anthropologie transcendantale. Quel peut être alors le statut de l'anthropologie dans l'œuvre de Kant ? La première occurrence du terme « anthropologie » dans les œuvres publiées de Kant, apparaît dans l'opuscule *Sur les différentes races humaines* de 1775[8], en un dernier paragraphe que, curieusement, les traducteurs français ont laissé de côté. Il y annonce son enseignement de géographie physique pour le semestre d'été et celui de l'anthropologie pour le semestre d'hiver. Dans ce bref passage, Kant souligne

3. AK 09 02 501.
4. AK 03 522 30.
5. AK 07 117 333.
6. AK 07 121 19.
7. Hamburg, philosophische Bibliothek, 1980, pp. XXIV - XXV.
8. AK 02 443 12.

déjà le caractère de ce double enseignement, « *brauchbar für das Leben* », utile pour la vie, ce qu'il désigne par « *das Pragmatische* » si différent du savoir purement spéculatif des Ecoles. Or cette connaissance du monde a deux objets : la nature et l'homme, non pas décrits dans ce qu'ils peuvent contenir en eux-mêmes de remarquable séparément, mais saisis dans leurs rapports et la place qu'ils occupent l'un par rapport à l'autre. C'est pourquoi la géographie physique ne peut qu'être humaine et que la psychologie empirique, aux yeux de Kant, ne saurait ignorer les conditions physiologiques de l'exercice de la pensée. Ainsi comprise, Kant lui donne le nom d'anthropologie. D'emblée on devine l'ambiguïté de cette discipline que Kant présente comme nouvelle et particulièrement susceptible d'intéresser le plus large public. Il reviendra souvent sur ce caractère qui la distingue des matières enseignées habituellement dans les Universités et il est vrai que le contraste est grand entre la sécheresse de la *Psychologia empirica* de Baumgarten sur laquelle Kant s'appuie et dont il reprend à peu près le plan pour l'étude des facultés et le texte de 1798, illustré de nombreuses anecdotes, de saillies, de moralités ; le lecteur habituel de Kant est frappé par sa facilité, parfois ses insignifiances et ses lieux communs. Comment situer cette discipline hybride par rapport à l'entreprise critique elle-même, par rapport à l'architectonique de la Raison pure ?

Les emprunts permanents à l'introspection, à la vie des sociétés et des peuples, à l'humanité dans son histoire et ses formes les plus diverses dont il cherche à définir la caractéristique, l'excluent du domaine de la métaphysique, qu'il s'agisse de la métaphysique au sens traditionnel du terme qui s'attache à des objets qui ne sont pas donnés dans l'expérience ou de la métaphysique telle que Kant l'entend. Il a montré l'illusion de la première, dans la dialectique naturelle de la raison ; et la psychologie rationnelle, qui en est une partie, spécule aveuglément sur l'âme humaine et se distingue précisément de la psychologie empirique en ce qu'elle prétend se donner *a priori* son objet. Mais l'anthropologie est aussi éloignée de la métaphysique au sens kantien du terme qui n'est pas autre chose que le système des principes et des concepts de la Raison pure, au fondement du savoir comme de la morale. Quel est alors le lien de l'anthropologie à ce système des présupposés et des conditions *a priori* de l'expérience elle-même, qui définit la philosophie transcendantale ?

Au chapitre III de la *Théorie transcendantale de la méthode, de l'Architectonique de la Raison pure*, Kant indique que la métaphysique se divise en métaphysique à usage spéculatif et en métaphysique à usage pratique de la Raison pure et qu'il existe ainsi une métaphysique de la nature et une métaphysique des mœurs[9]. Si l'on considère la première, il convient de distinguer ce qui est proprement la philosophie transcendantale et la physiologie de la Raison pure. Cette dernière considère la nature, c'est-à-dire l'ensemble des

9. AK 03 544 09.

objets donnés aux sens. Seule est à prendre en considération ici la connaissance immanente de la nature en tant que cette connaissance peut être appliquée *in concreto* à l'expérience d'après les conditions *a priori* qui la rendent possible en général. Or cette physiologie de la nature a deux objets : la nature corporelle et l'objet du sens interne, c'est-à-dire la nature pensante, et elle se divise donc en physique rationnelle et psychologie rationnelle.

Or si la physique rationnelle, qui sera donnée dans les *Premiers principes métaphysiques de la science de la nature*, est clairement posée dans le texte, Kant, au lieu de s'interroger de même façon sur la psychologie rationnelle, dans une exacte symétrie avec la physique rationnelle, se pose la question suivante : « Où se place donc la psychologie empirique ? »[10] Et les remarques qui accompagnent la question révèlent son embarras à l'égard d'une science qui a suscité en son temps de grands espoirs, mais dont rien de bien, dit-il, n'a pu être établi *a priori*, ce qui aurait correspondu précisément à une psychologie rationnelle. Il n'y a donc pas de science qui corresponde à la physique rationnelle mais une discipline qui est à mettre sur le même plan que la théorie empirique de la nature, mais encore mal définie et inachevée. « Toutefois, propose Kant, pour ne pas bousculer l'usage et bien qu'elle doive être entièrement bannie de la métaphysique, on pourra, à titre provisoire, pour ne pas l'exclure de l'enseignement ou lui donner une place qui lui conviendrait moins bien encore, continuer à la rattacher à la métaphysique, mais comme une étrangère, admise depuis bien longtemps, à laquelle on accorde un séjour temporaire, jusqu'à ce qu'elle puisse établir son domicile propre dans une anthropologie précise et détaillée (formant le pendant de la théorie empirique de la nature). »[11] Ainsi la psychologie empirique est-elle destinée à devenir anthropologie, une anthropologie qui a vocation à se constituer comme science de l'homme. Mais le peut-elle dans le système kantien ? Remarquant, dans ce même chapitre III, que « la mathématique, la physique et même la connaissance empirique de l'homme ont une haute valeur comme moyens pour les fins de l'humanité »[12] il ajoute : « seulement ils n'ont cette valeur que par l'intermédiaire d'une connaissance de la raison par simples concepts qui, de quelque nom qu'on la nomme, n'est proprement que la métaphysique. » Or cet intermédiaire n'existerait pour la psychologie empirique que si l'on pouvait établir une psychologie rationnelle comme il existe une physique rationnelle.

Certes, dans la mesure où l'on considère l'homme du seul point de vue physiologique, comme un fragment de la nature soumis aux mêmes lois que tout objet naturel, une anthropologie physique est concevable, à laquelle Kant s'est essayé dans quelques-uns de ses opuscules. Mais celle-ci ne constitue qu'un

---

10. AK 03 548 09.

11. *Ibid.*, *Introduction*, in *Oeuvres philosophiques*, Coll. La Pléiade, Paris, Gallimard, 1980, tome 1, p. 1397.

12. *Op. cit.*, p. 1398.

point de vue qui ne saurait épuiser la connaissance empirique de l'homme, sauf réduction, à ses yeux, inconcevable. En cela Kant se démarque nettement de certains travaux de son époque qui, pour constituer une science rigoureuse de l'homme, ne retiennent comme objet d'étude que la nature physiologique de l'homme[13] alors que l'anthropologie de Kant part du fait que l'homme est le seul animal capable de se donner lui-même ses propres fins et par là d'échapper à la nature ; c'est la condition première d'une anthropologie pragmatique comme d'une anthropologie pratique dont la possibilité est envisagée dans les *Fondements de la métaphysique des mœurs* (1785).

La préface de l'ouvrage dont l'intention explicite est de séparer, en toute connaissance rationnelle, ce qui est pur et *a priori*, de ce qui relève de l'expérience, établit à nouveau un parallèle d'une part entre une physique pure dont les principes et les concepts sont *a priori* — ce qui constitue proprement une métaphysique de la nature — et la physique et d'autre part une métaphysique des mœurs dont les principes et concepts *a priori* sont absolument purs de tout élément empirique, ce qu'il appelle une anthropologie pratique[14], c'est-à-dire la partie empirique de l'éthique ou philosophie morale, celle qui s'attache à la volonté de l'homme en tant qu'elle peut-être affectée par la nature.

Ainsi, dans les deux objets possibles d'une connaissance rationnelle matérielle (ainsi appelée par distinction avec la connaissance rationnelle formelle qu'est la logique), c'est-à-dire la nature et la liberté, une même distinction s'opère entre les connaissances *a priori* et les connaissances empiriques avec cette idée, déjà présente en 1775, que la partie empirique de la philosophie morale, qu'il appelle ici anthropologie pratique, concerne l'étude des interactions entre la nature et la liberté. Faut-il considérer que la *Doctrine de la vertu* (1797), répond à cette exigence ? Le point de vue de Kant y est tout différent. Il rappelle dans son *Introduction* la nécessité pour une philosophie pratique de présupposer une métaphysique, c'est-à-dire un « système de connaissances *a priori* par simples concepts » qui puisse s'appliquer à l'homme connu empiriquement sans perdre son caractère *a priori*. « Ce qui revient à dire, écrit Kant, qu'une métaphysique des mœurs ne peut être fondée sur l'anthropologie, mais peut pourtant lui être appliquée. »[15] A l'intérieur de cette philosophie pratique prendrait place donc une anthropologie morale « qui contiendrait les conditions — mais seulement les conditions subjectives aussi bien adverses que favorables — de *l'exécution* des lois de la métaphysique des mœurs dans la nature humaine : l'éveil des principes moraux, leur déploiement et leur renforcement (dans l'éducation, dans l'instruction scolaire et populaire) ainsi que d'autres leçons et prescriptions se fondant sur l'expérience. »[16] Mais

13. AK 07 119 13.
14. AK 04 388 13.
15. AK 06 217 7. Trad. Coll. La Pléiade, tome III, p. 462.
16. *Ibid.*

cette étude ne peut venir qu'en second lieu et en rien influencer la métaphysique des mœurs. Ainsi demeurent distinctes cette anthropologie morale et ce qu'il appelle, dans la *Doctrine de la vertu*, l'*anthroponomie* fondée sur l'idée *a priori* d'une humanité toujours à faire selon la loi pratique.

La *métaphysique des mœurs*, sous ses deux formes de *Doctrine du droit* et *Doctrine de la vertu*, ne saurait donc constituer cette anthropologie morale, dont Kant a proposé quelques esquisses dans ses *Réflexions sur l'éducation.*[17] Mais, dans la mesure où cette anthropologie morale ou pratique a rapport avec la liberté morale et une forme de finalité « qui traite des devoirs et repose sur des principes donnés *a priori* dans la raison pure pratique, »[18] elle ne saurait se confondre avec l'anthropologie pragmatique qui repose sur le libre arbitre et une téléologie technique, s'appuyant sur la règle de la prudence dans le choix de ses fins.

Ces remarques justifient, me semble-t-il, la distinction entre trois sortes d'anthropologie qui ont en commun leur caractère empirique :

– une anthropologie physique en tant que connaissance physiologique de ce que la nature fait de l'homme[19], à laquelle répondraient en partie les recherches de Kant en géographie physique,

– une anthropologie pratique qui, en rapport avec le concept *a priori* de liberté morale[20] s'attacherait à « l'étude de la volonté de l'homme en tant qu'elle peut-être affectée par la nature. »

– une anthropologie pragmatique, qui embrasse non seulement la volonté, mais l'ensemble des facultés humaines de connaissance, de sentir et de désirer pour l'usage que « l'homme en tant qu'être de libre activité fait ou peut et doit faire de lui-même. »[21] Non pas connaissance du monde, non pas étude de la volonté dans la stricte perspective de la liberté morale, mais connaissance de l'homme comme « citoyen du monde. »

De ce parti pris de Kant à ne s'attacher qu'à l'étude d'une anthropologie pragmatique, on trouverait les raisons, qui tiennent au système lui-même, développées de la manière la plus explicite, dans la Préface des *Premiers principes métaphysiques de la science de la nature* (1786). Kant explique pourquoi la théorie empirique de l'âme ne saurait faire partie de la science de nature. La nature, étant définie comme « la totalité des choses, pour autant qu'elle peuvent être objet de nos sens et donc aussi objets de l'expérience, en

17. Trad. A. Philomenko. Paris, Vrin, 1966.

18. *Op. cit.*, tome III, p. 664.

19. « Au point de vue de ce caractère empirique, il n'y a aucune liberté et d'après celui-ci nous pouvons prendre l'homme en considération seulement si nous voulons simplement observer, comme cela arrive dans l'anthropologie et scruter physiologiquement les causes déterminantes de ses actions. » AK 03 372 36.

20. « Est pratique tout ce qui est possible par la liberté » AK 03 520 01.

21. AK 07 119 13.

comprenant ainsi la totalité des phénomènes, c'est-à-dire le monde sensible »[22], comporte deux parties principales, celle qui concerne les objets des sens externes, c'est la théorie des corps qui s'attache à l'étendue, celle qui a pour objet le sens interne, la théorie de l'âme qui ressortit à la nature pensante. Or la théorie devient science lorsqu'elle forme un système c'est-à-dire un ensemble de propositions liées entre elles et dépendant des principes, qui sont des lois, soit issues de l'expérience, soit rationnelles. Ainsi pourrait-on parler d'une théorie de l'âme, soit empirique si elle concerne des faits de conscience, soit rationnelle si elle traite de son objet d'une manière *a priori*.

Mais la science proprement dite repose sur une certitude apodictique que ne peut jamais donner l'expérience. Ainsi une théorie rationnelle de l'âme ne serait véritablement science que si « les lois qui lui servent de fondements sont connues *a priori*. »[23] Elle serait seulement « appliquée » si ses lois sont empiriques. Or il faut reconnaître, selon Kant, que la scientificité d'une théorie, liée au caractère apodictique de ses lois, n'appartient véritablement qu'à sa partie pure, c'est-à-dire non empirique, à ce qu'on doit appeler une métaphysique de la nature. il n'y a donc de science de la nature que par une métaphysique de la nature.

Or cette métaphysique de la nature peut ou bien ne contenir que "les lois qui rendent possible le concept de nature en général sans aucun rapport avec un objet déterminé de l'expérience — c'est la partie transcendantale de la métaphysique de la nature (*Esthétique* et *Analytique transcendantales* de la *Critique de la raison pure*) ou bien elle s'attache à une catégorie d'objets donnés dans l'expérience dont le concept par conséquent est empirique, mais « elle en traite de telle manière que, hormis ce qui est contenu dans ce concept, aucun autre principe empirique » n'est utilisé pour la connaissance de cette sorte de choses[24] — et Kant ajoute dans une parenthèse : « (par exemple, elle pose comme point de départ le concept empirique de matière, ou celui d'être pensant, et cherche jusqu'où s'étend la connaissance dont la raison est capable *a priori* à propos de ces objets.) »[25]

Serait ainsi concevable, à côté d'une métaphysique de la nature étendue, une métaphysique de la nature pensante. Il y aurait dans ce cas un exact parallélisme entre les esprits et les corps et la possibilité d'une science de l'âme, d'une psychologie rationnelle au sens kantien du terme.

Mais il n'y a pas de « premiers principes métaphysiques de la nature pensante » et Kant n'a pas eu besoin, dans le titre de son ouvrage de 1786, de préciser qu'il s'agissait seulement de la matière. C'est que, et la raison, à ses yeux, est décisive : « Dans toute théorie particulière de la nature, il ne peut se

22. AK 04 467 08 - *Op. cit.*, Coll. La Pléiade, tome II, p. 363.
23. AK 04 468 30.
24. AK 04 470 03.
25. AK 04 470 04 - *Op. cit.*, p. 366.

trouver de science à proprement parler que dans l'exacte mesure où il peut s'y trouver de la *mathématique*. »[26]

La démonstration de Kant repose sur la distinction énoncée plus haut entre science de la nature en général et science particulière de la nature. La seconde n'est véritablement science que par sa partie rationnelle, c'est-à-dire par une connaissance *a priori* qui serve de fondement à sa partie empirique. Or connaître une chose *a priori*, c'est la connaître comme simplement possible. Le concept d'une chose de la nature donne une possibilité qui est celle de la pensée, mais non pas celle de l'objet comme existant dans la nature. Pour cela, il faut une intuition *a priori* correspondant au concept qui est alors construit et, précisément, les mathématiques sont une connaissance par construction de concepts. Dès lors, il ne pourrait y avoir une théorie pure de la nature pensante, c'est-à-dire une science *a priori*, une métaphysique de l'âme, que dans la mesure où les mathématiques pourraient lui être appliquées. Or, selon Kant, les mathématiques ne sont pas applicables aux phénomènes du sens interne « car l'intuition interne pure, dans laquelle les phénomènes de l'âme doivent se construire est le temps, qui n'a qu'une dimension. »[27] Plus catégoriquement encore que la chimie, la théorie de l'âme est donc exclue du champ des sciences de la nature. Au mieux, on pourra la considérer comme « une théorie historique de la nature portant sur le sens interne », c'est-à-dire une description des faits de conscience réalisée de la manière la plus systématique possible, en les classant par exemple selon les facultés de l'âme ; et comme il n'y aurait de psychologie empirique méritant le nom de science que, si était possible une métaphysique de la nature pensante, « il n'existe, affirme Kant, ni science de l'âme, ni même une théorie psychologique expérimentale. »[28]

L'impossibilité d'une psychologie rationnelle qui entraîne celle d'une psychologie empirique proprement dite ne pouvait qu'amener Kant à prendre le point de vue de cette discipline nouvelle qu'il appelle anthropologie et dont il annonçait, dès ses premières leçons, la perspective originale. Dès lors le caractère pragmatique, continûment revendiqué de l'anthropologie kantienne ne traduit pas seulement, comme quelquefois Kant voudrait nous le faire croire, le simple souci d'être utile à son public, mais l'impossibilité d'une anthropologie transcendantale[29], et le refus, au moins provisoire, d'une anthropologie physique, certes toujours possible, mais dont Kant juge la constitution improbable et qui,

---

26. AK 04 470 13 - *Op. cit.*, p. 367.
27. AK 04 471 18 - Op. cit., p. 368.
28. AK 04 471 29 - *Op. cit.*, p. 369.
29. Mieux vaudrait dire métaphysique de l'anthropologie comme il y a une métaphysique de la physique. Une seule fois Kant utilise l'expression *d'Anthropologia transcendantalis* dans une réflexion de 1776-1778. « Ce ne sont pas ses forces, mais son œil unique qui fait ici le cyclope. Il n'est pas non plus suffisant de connaître beaucoup d'autres sciences mais il faut avoir la connaissance que l'entendement et la raison ont d'eux-mêmes. Anthropologia transcendantalis » AK 15 395 29.

de toute manière, ne saurait satisfaire l'auteur de la *Critique de la raison pratique*, ni même celui de la réponse à Hufeland sur « le pouvoir de l'esprit, par simple résolution, de maîtriser ses sentiments morbides. »[30] Le tout de l'expérience humaine conduit au dépassement de l'expérience *stricto sensu*. Décidément chez Kant, l'homme et la science qui s'y applique se donnent toujours comme questions et demeurent objets introuvables.

30. AK 07 097 01 — *Le conflit des facultés*, *op. cit.*, La Pléiade, tome III, p. 906.

I

LES ORIGINES

REFLETS DE LA SCIENCE HUMAINE MALEBRANCHISTE DANS L'ANTHROPOLOGIE KANTIENNE DE 1798

André ROBINET

Cette lecture de l'*Anthropologie* de 1798 est un écho tardif, mais chaleureux, à la parution des citations de Malebranche dans l'œuvre de Kant, lors de la sortie du tome XX des *Œuvres Complètes* dans le volume *Malebranche vivant*. La filière en a été bien exploitée par Jean Ferrari et par Ferdinand Alquié. L'ontologie, la théorie de la connaissance, la causalité, la différence entre penser et connaître ont été largement comparées. Mais nul ne s'est risqué à avancer qu'il y eût quelque influence directe de l'Oratorien sur Kant, ni même que Kant ait pris connaissance des positions de Malebranche autrement que par l'historiographie philosophique.

Il en ira de même pour le présent sujet qui ne relève que de la comparative externe et non pas des structures qui d'une œuvre conduisent explicitement à une autre. Si l'on a quelque goût pour cela, on pourra toujours y rencontrer, selon l'expression d'Alquié, « l'intemporelle vérité des grandes philosophies ».

La question anthropologique est restée plutôt en deshérence, alors que c'est peut-être par là qu'on eût dû commencer pour relier Malebranche à Kant. Je ne parlerai ni de sources, ni d'impact, ce qui ne serait pas occasionnaliste ; je me contenterai de jouer de quelques reflets.

Il s'agit d'abord d'un reflet massif ayant toute l'apparence d'une réalité compacte. Ne serait-ce que parce que Malebranche, en lançant le syntagme « science de l'homme » dans le lexique philosophique français, en le différenciant radicalement des « sciences humaines », l'appuyait à la fois sur la conscience de soi et les représentations qu'elle se donne d'elle-même et sur la connaissance par conjecture que nous avons d'autrui. C'était s'engager dans la voie que Kant ranime en définissant l'anthropologie comme « une doctrine de la connaissance de l'homme, systématiquement traitée, conçue, comme une connaissance et comme une vision du monde », dégageant « une connaissance de l'homme en tant que citoyen du monde » (VII, 119-120).

Une première différence saute aux yeux puisque Kant annonce d'entrée une anthropologie « physiologique », dont il ne traite apparemment pas en faisant de l'anthropologie « pragmatique » l'objet de son ouvrage. La science de l'homme de Malebranche se garde bien d'un tel partage, car la physiologie reste pour lui présente au titre de connaissance exacte des conduites en tant que corporelles, aussi bien qu'au titre de pragmatique immédiate concernant la question d'un apport physiologique à l'équilibre des conduites observées. Quand on sait sur quelles bases matérielles fonctionnent l'imagination, l'émotion ou le caractère, il est peut-être loisible d'interférer dans leur développement pour en modeler les intempérances. Ce rôle régulateur que possède la physiologie malebranchiste fait partie d'un ordre universel de la santé qui répond et aux lois de la physiologie et à celles de la psychophysiologie. Il y a une médecine qui peut et doit intervenir dans les manifestations anthropologiques pour en permettre éventuellement le renforcement ou l'abaissement. Mais Malebranche répète, dans le sens que Kant dégage, que son objet n'est pas la physiologie et que pour cela le *Traité de l'homme* de M. Descartes et de quelques autres sont à consulter. Bref la pragmatique anthropologique n'a pas à s'encombrer des données de la science physiologique, mais elle ne doit pas oublier de la consulter le cas échéant.

Le point d'appui autour duquel Kant fait graviter son *Anthropologie* est critiquement défini par cette remarque : « L'homme dispose du « je » dans sa représentation ». Puis il y joint cette autre remarque qui relève plus du pratique ou du téléologique que de l'analytique : « Voilà qui élève l'homme à l'infini au-dessus de tous les autres êtres vivants de la terre. Il est par là une personne » (VII, 127). Le « je » dont l'homme dispose se trouve visé à travers une structure hiérarchique. Malebranche, en son langage, ouvrait sa *Recherche* en ces termes : « L'esprit de l'homme se trouve par sa nature comme situé entre son Créateur et les créatures corporelles, car, selon St. Augustin, il n'y a rien au-dessus de lui que Dieu, ni rien au-dessous que des corps ». Si l'on prend cet exorde en fonction des postulats de la raison pragmatique, on peut l'estimer admissible.

A partir de là une seconde divergence exclusive se creuse. Ne faut-il pas arrêter ici l'exposé car les reflets se troublent. La première hiérarchie se veut pour immanente ; la seconde ne cache pas son insertion dans une transcendance qui n'a rien de transcendantal. En conséquence, l'approche de Malebranche relève de la métaphysique et, qui pis est, de la métaphysique dogmatique honnie de Kant. Car si Kant n'évince la physiologie que stratégiquement, il exclut radicalement de son *Anthropologie* tout ce qui pouvait avoir un relent de métaphysique dogmatique. a) Que ce soit à l'égard de la démonstration de l'existence d'autrui et du monde extérieur, selon le § 2, seule la citoyenneté du monde relève de l'anthropologie : les concepts métaphysiques « tombent entièrement en dehors du domaine de la science que nous traitons ici. Si en effet, on posait la question de savoir si, comme être pensant, je suis fondé à accepter en dehors de la mienne l'existence d'un tout des autres êtres formant avec moi une communauté (appelée le monde), se serait là une question non pas anthropologique, mais purement métaphysique » (VII, 130). b) Au § 24, on note à propos du sens interne que l'anthropologie « se désintéresse de savoir si l'homme a une âme ou non ». c) Tel n'est pas l'objectif de l'ouvrage car la révolution la plus importante qui puisse s'opérer à l'intérieur de l'homme est celle de « sa sortie de cette minorité qu'il a endossée par sa faute. Alors que d'autres jusqu'ici pensèrent pour lui et qu'il se contenta de les imiter ou de se laisser mener en lisière, il ose maintenant, même si sa démarche est encore vacillante, avancer de son propre pas sur le sol de l'expérience ». Il semblerait par le rappel de ces trois passages, que la production métaphysique d'autorité empêche de rencontrer l'expérience et de l'interpréter autrement qu'en fonction de l'existence du monde extérieur, des concepts transformés en données ontologiques et de l'assujettissement qui s'ensuit.

Ce qui ne saurait empêcher Malebranche, qui se veut métaphysicien, mais qui récuse le dogmatisme, de poursuivre la tâche qu'il s'est fixée en science humaine. « La plus belle, la plus agréable et la plus nécessaire de toutes nos connaissances, est sans doute la connaissance de nous-même » (I, 20). « de toutes les sciences humaines, la science de l'homme est la plus digne de l'homme. Cependant cette science n'est pas la plus cultivée, ni la plus achevée que nous ayons : le commun des hommes la néglige entièrement » (I, 20). « Les hommes peuvent regarder l'astronomie, la chimie et presque toutes les autres sciences comme les divertissements d'un honnête homme ; mais ils ne doivent pas se laisser surprendre par leur éclat, ni les préférer à la science de l'homme » (I, 22). Avec la réaffirmation du rôle de la représentation du « je » dans la constitution de cette science : « Il faut que l'esprit juge de toutes les choses selon ses lumières intérieures... et s'il examine à la lumière pure de la vérité qui l'éclaire toutes les sciences humaines, on ne craint point d'affirmer qu'il les méprisera presque toutes, et qu'il aura plus d'estime pour celle qui nous apprend ce que nous sommes, que pour toutes les autres ensemble » (I, 22).

Mais voici en écho à celle de Kant, une structure verticalisante qui module la portée de cette science humaine (le mot anthropologie n'existe pas dans le lexique malebranchiste). « La science de l'homme ou de soi-même est une science que l'on ne peut raisonnablement mépriser... ceux qui connaissent l'homme sont beaucoup plus au-dessus des personnes grossières et stupides (il est donc aussi question de la personne) parce qu'ils savent ce qu'ils sont et que les autres ne le savent point. Mais la science de l'homme n'est pas seulement estimable parce qu'elle nous élève au-dessus des autres et nous humilie devant Dieu... Elle nous découvre manifestement la conception de notre nature... » (II, 52-53). « De toutes les sciences humaines, la science de l'homme est celle qui a de plus grands usages » (X, 200).

La triple critique du dogmatisme vise-t-elle Malebranche ? Elle porte à coup sûr contre l'autorité de la *Méditation II* de Descartes pour qui l'âme est plus aisée à connaître que le corps. Or Malebranche, dès ses premiers écrits, avait creusé la distance d'avec le cartésianisme orthodoxe en titrant de son côté qu'on ne connaît pas l'âme par son idée, contrairement à la connaissance par idée que nous avons des corps. « Nous la connaissons par conscience, et c'est pour cela que la connaissance que nous en avons est imparfaite. Nous ne savons de notre âme que ce que nous sentons se passer en nous. Si nous n'avions jamais senti de douleur, de chaleur, de lumière etc. nous ne pourrions savoir si notre âme en serait capable, parce que nous ne la connaissons point par son idée. Mais si nous voyons en Dieu l'idée qui répond à notre âme, nous connaîtrions en même temps, ou nous pourrions connaître toutes les propriétés dont elle est capable » (I, 451).

Au sens strict, il n'y a donc pas d'idée de l'âme qui, dans notre expérience actuelle puisse intervenir pour nous permettre de régler les phénomènes humains comme celle d'une étendue mathématisable. Et il va de soi que l'ensemble de la philosophie malebranchiste s'oppose à une psychologie réductrice comme celle de Bergson aux lois positivistes. Ce serait donc une première raison pour laquelle l'âme ne pourrait être prise comme origine déductive et dogmatique de la science de l'homme.

Cette conscience, qui est bien plus une conscience (soi) qu'une conscience *de* soi, nous révèle quelque chose d'immense et « ce que nous en connaissons n'est presque rien de ce qu'elle est en elle-même... Il ne suffit donc pas pour connaître parfaitement l'âme de savoir ce que nous en savons par le seul sentiment intérieur, puisque la conscience que nous avons de nous-même ne nous montre peut-être que la moindre partie de notre être ». Nous n'avons d'idée claire ni de la nature de l'âme ni de ses modifications, ce que précisera l'*Éclaircissement XI* en répondant aux « cartésiens » : « Mais qui ne voit qu'il y a bien de la différence entre connaître par idée claire et connaître par conscience ? Quand je connais que 2 fois 2 font 4, je le connais très clairement ; Mais je ne connais point clairement ce qui est en moi qui le connaît. Je le sens, il est vrai, je le connais par conscience ou par sentiment intérieur » (III, 167). Malebranche récuse fermement toute application de la mathématique à la science de l'homme quand il déclare que les sentiments intérieurs sont « incomparables » contrairement aux nombres et aux étendues. « On ne peut comparer son esprit avec d'autres esprits pour en reconnaître clairement quelque rapport... On ne peut découvrir clairement le rapport qui est entre le plaisir et la douleur, la chaleur et la couleur, le jaune et le violet, ni même entre le violet et le violet. L'on sent bien que l'un est plus couvert ou plus éclatant que l'autre. Mais on ne sait point avec évidence, ni de combien, ni ce que c'est d'être plus couverts et plus évident » (III, 168).

En conséquence, nous pouvons admettre que ce qui ressortit à l'âme et à ses modifications ne relève pas, sauf par analogie, du nombre et de la mesure, et dessine l'espace suffisant pour une science de l'homme. Cette science de l'homme ne se réduira jamais d'un côté à la physiologie cartésienne, ni de l'autre à la théologie rationnelle dogmatique.

Quant à la méthode propre à l'*Anthropologie*, elle rappelle chez Kant les difficultés de l'introspection, de l'observation des comportements humains qui en perturbent l'exercice, la nécessité de recourir à des sources auxiliaires, le voyage, l'histoire, le roman, bref constituer un terrain où l'expérience puisse prendre un sens valide en faisant correspondre concept et intuition.

Or voici une seconde raison pour laquelle la science de l'homme ne saurait être métaphysiquement déduite. Que dit Malebranche quand il traite de la morale ? « La connaissance de l'homme est de toutes les sciences la plus nécessaire à notre sujet. Mais ce n'est qu'une science expérimentale qui résulte de la réflexion qu'on fait sur ce qui se passe en soi-même ». Bien plus : « Réflexion qui ne nous fait point connaître la nature des deux substances dont nous sommes composés, mais qui nous apprend les lois de l'union de l'âme et du corps ». Ainsi la science de l'homme n'aurait aucune vocation métaphysique et encore moins dogmatique, ce qui correspond exactement aux interdits fulminés par Kant. La science de l'homme travaille dans les problèmes de l'union, c'est-à-dire sur la conduite humaine globale qui pourra certes être discriminée au travers des concepts d'âme et de corps, mais, si l'on peut dire, admis comme organes des sens externes et du sens interne.

C'est pourquoi, ce qui est surprenant mais par là justifié, la *Recherche* et l'*Anthropologie* prennent un air de connivence quand elles analysent l'objet proposé. Après les trajets complexes des *Critiques*, Kant en vient à une disposition des remarques anthropologiques en fonction des grands concepts de la psychologie rationnelle, dont le plan avait été précisément celui que Malebranche avait mis au point dès sa première édition. Les manifestations du « je » y étaient ressaisies en fonction des sens, de l'imagination, de l'entendement pur, de l'inclination, de la passion ; sans oublier le rôle permanent de la liberté et de la volonté dans la saisie des phénomènes tels qu'ils apparaissent à l'homme. La culture scolastique encadrée par les facultés sensorielles, le sens commun, les intellects patients et agents, les intelligences autres qu'humaines, cédaient aux coups de la *Recherche* et Malebranche imposait au XVIIIe siècle les conceptions scolaires de la psychologie générale que Kant prend pour guide de son ouvrage.

Quelques rapprochements indiquent l'ampleur du parallèle possible à propos des notions et des exemples de la psychologie humaine. Kant ouvre son chapitre 15 concernant les cinq sens en distinguant deux éléments de la sensibilité : « le sens et l'imagination. Le premier est la faculté d'intuition en présence de l'objet, le second l'est aussi sans cette présence » (VII, 153). La différence introductrice du livre *Des Sens* dans la *Recherche* postule ce même critère de présence / absence : « L'âme n'aperçoit par les sens que les objets sensibles et grossiers, lorsque, étant présents, ils font impression sur les organes du corps » (I, 67). « Par l'imagination, l'âme n'aperçoit que les êtres matériels lorsque, étant absents, elle se les rend présents en s'en formant, pour ainsi, des objets dans le cerveau ».

Kant distingue ensuite entre sens externes et sens interne. Or il fait reposer cette distinction sur la dualité traditionnelle de l'âme et du corps : « dans le premier cas, le corps est affecté par les choses corporelles ; dans le second cas il est affecté par l'âme » (§ 15 ; est-ce un laisser aller dogmatique ?). Aucune explication ne nous est fournie sur un tel partage. Malebranche prenait du moins le soin de préciser son hypothèse. « Je suppose d'abord que l'on sache bien distinguer l'âme du corps », en s'adressant au dualisme augustinien et cartésien. « Je sens par exemple de la douleur lorsqu'une épine me pique le doigt, mais le trou qu'elle y fait n'est pas la douleur. Le trou est dans le doigt, on le conçoit clairement, et la douleur dans l'âme, car elle la sent vivement, elle en est modifiée fort désagréablement. Il ne faut donc attribuer au corps que les propriétés que je viens de dire. L'âme au contraire est ce moi qui pense, qui sent, qui veut : c'est la substance où se trouvent toutes les modifications dont j'ai sentiment intérieur et qui ne peuvent subsister que dans l'âme qui les sent. Ainsi il ne faut attribuer à l'âme aucune propriété différente de ses diverses pensées. Je suppose donc que l'on sache bien distinguer l'âme du corps » (I, 123). Un texte de ce genre, s'il se réfère à la substance, ne l'hypostasie pas pour autant et ne fait de l'âme pas plus qu'un organe du sens interne.

On pourrait alléguer à première vue que la triple *Apologie* de Kant dressée en faveur de la sensibilité vise des textes comme ceux de Malebranche qui se gaussent amplement des « erreurs des sens », dénoncées sous une cinquantaine d'arguments différents. Car Kant rectifie aussitôt ce qu'on pourrait avancer au sujet de « la mauvaise réputation » de la sensibilité. « On en a dit beaucoup de mal » : qu'elle trouble le pouvoir de représentation, qu'elle devient la maîtresse de l'entendement alors qu'elle devrait en être la servante, qu'elle pratique l'imposture. Or sans elle l'entendement resterait sans matière et pour sa part l'entendement doit la commander sans l'affaiblir, avec cette parenthèse qui tendrait à faire accroire que l'espèce humaine n'est pas tellement distincte de l'animale : la sensibilité qui fait figure de plèbe « parce qu'elle ne pense pas ». Ce qui compense sans doute l'éviction de l'aristocratie du « grand monde » (Préface, VII, 120), « car ces gens sont à la fois trop proches entre eux et trop éloignés des autres », motif d'éviction du point de vue de l'anthropologie. Le concept d'homme s'amenuise en son extension médiane. Par contre donc, les sens ne troublent pas, ils ne commandent pas à l'entendement, ils ne trompent pas, « non point parce qu'ils jugent toujours avec justesse, mais parce qu'ils ne jugent pas du tout ». Le danger vient de ce que « l'homme en vient souvent à tenir le subjectif de son mode de représentation pour objectif ». La tour carrée passe pour ronde, la mer plus haute que le rivage, la pleine lune vaporeuse qui paraît plus grande à l'horizon. A tel point qu'on en vient à « prendre le phénomène pour l'expérience et à tomber par là dans l'erreur, qui est faute de l'entendement et non des sens ». Cependant Malebranche compense largement les défauts des sens par leurs qualités : « Nos sens sont si bien proportionnés avec la fin pour laquelle ils nous sont donnés, qu'on ne peut entrer dans la pensée de ceux qui disent (les Luthériens) qu'ils sont entièrement corrompus par le péché originel » (I, 69). « Nos sens ne sont donc pas si corrompus qu'on s'imagine, mais c'est le plus intérieur de notre âme, c'est notre liberté qui est corrompue. Ce ne sont pas nos sens qui nous trompent, mais c'est notre volonté qui nous trompe par ses jugements précipités ». A se demander si Kant n'a pas lu Malebranche !

De plus toute la riche philosophie du jugement naturel, dont Kant est si près dans la *Critique du jugement*, répond avec précision à ces jugements qui se font en nous, sans nous et malgré nous, précisément à propos de la lune à l'horizon ou de la tour perçue comme carrée.

Quant au sens interne, si l'on admet la définition du § 24, Kant ne l'ouvre pas sur une expérience, mais sur une conscience : « Il est la conscience de ce que l'homme subit en tant qu'il est affecté par le jeu de sa propre pensée... Les perceptions de cette conscience et l'expérience interne (vraie ou apparente)... relèvent de l'anthropologie » (VII, 161). Mais aussitôt cette expérience du sens interne est interprétée comme illusoire sous prétexte que la question de l'âme s'y trouve posée avec tout ce que cela entraîne d'extravagance, de manie visionnaire et de tromperie. Je veux bien que Kant n'admette pas les excès d'Antoinette Bourignon ni de Pascal, mais ni Malebranche ni Leibniz ne les prennent pour argent comptant, notamment avec la critique effectuée par Malebranche des « visionnaires », raison lexicographique pour laquelle il n'a jamais employé le syntagme « vision en Dieu » qu'on lui attribue si largement.

Je mentionne sans l'entreprendre qu'une lexicologie comparée des notions afférentes à la science humaine comme à l'anthropologie mériterait d'être entreprise. Les notions psychologiques dont Malebranche et Kant font le matériau de leur étude se rencontrent dans les deux œuvres. Elles se recoupent en se nuançant. Le catalogue en serait impressionnant et les enseignements enrichissants pour la connaissance interne des comportements humains. Il n'est que de prendre les lexiques informatisés des *Œuvres* de Malebranche et de celle de Kant pour pointer sur les remarques concernant les manières et les airs, le talent et le génie, le beau et le goût, l'accoutumance et l'habitude, les illusions et les superstitions, les drogues et l'ivresse, les dérèglements mentaux et la folie, la mémoire et la divination, les symboles, les caractères et les idoles, les chiffres magiques et les croyances aux nombres, les nuances du désir, de la colère ou de la peur, les honneurs, les pouvoirs, les femmes, les caractères nationaux, les tempéraments etc. Une très riche documentation anthropologique illustre les deux ouvrages de la *Recherche* et de l'*Anthropologie*.

Mais ce n'est pas seulement sur les concepts psychologiques, dont Kant estime que l'Anthropologie les recoupe en les utilisant, que le parallèle est possible. Il le devient aussi au sujet des concepts politiques et révèle des différences qui ne sont pas toujours au bénéfice de Kant ! J'en retiens trois preuves.

« La nature humaine étant égale dans tous les hommes et faite pour la Raison, il n'y a que le mérite qui devrait nous distinguer et la Raison nous conduire. Mais le péché ayant laissé la concupiscence dans ceux qui l'ont commis et dans leurs descendants, les hommes, quoique naturellement tous égaux, ont cessé de former entre eux une société d'égalité sous une même loi de la Raison. La force ou la loi des brutes, celle qui a déféré au lion l'empire des animaux, est devenue la maîtresse parmi les hommes ; et l'ambition des uns et la nécessité des autres a obligé tous les peuples à abandonner, pour ainsi dire, Dieu, leur roi naturel et légitime, et la Raison universelle, leur loi inviolable, pour choisir des protecteurs visibles qui pussent par la force les défendre contre une force ennemie (St. Aug., *De civ. Dei*, 19.15). C'est donc le péché qui a introduit dans le monde la différence des qualités ou des conditions ; car le péché ou la concupiscence supposée, c'est une nécessité qu'il y ait de ces différences. La Raison même le veut ainsi, parce que la force est une loi qui doit ranger ceux qui ne suivent plus la Raison » (XI, 243). Le texte de Malebranche pourrait passer pour concession à Hobbes vu ce monde éclaté, s'il ne relevait d'Augustin : « Dieu ne veut pas que l'homme domine sur l'homme, mais l'homme sur la brute. Aussi les premiers justes furent établis plutôt pasteurs de troupeaux que rois des hommes. Le nom d'esclave suit de la faute, non de la nature... La cause première de l'esclavage, c'est donc le péché qui fait que l'homme tient l'homme en laisse et toute sa destinée... Dans l'ordre naturel où Dieu a d'abord créé l'homme, nul n'est esclave de l'homme ou du péché ». La grande question reste de savoir si, retirée de son contexte métaphysico-théologique, cette structure oppositionnelle nature / société reste valable. Toujours est-il que d'Augustin à Malebranche, Rousseau et Kant, cette structure oppositionnelle perdure, dont on peut se demander si elle relève de l'expérience ou de la superstition.

Qu'en était-il donc de cet état d'innocence que Kant rappelle en commentant Rousseau ? (VII, 326). Il est évident pour Malebranche (comme pour le *Vicaire* sinon pour Rousseau, c'est une autre question) qu'il est inspiré dans son descriptif de ce que la révélation apprend au sujet de l'état adamique. Les données testamentaires ne servent que de trame dans la voie d'une herméneutique référée à nos savoirs exacts. Ce qui importe, c'est le jeu de l'union de l'âme et du corps, objet de la science de l'homme, chez l'homme originel qui ne connaît pas encore le poids de la corruption ni de la concupiscence. Comment fonctionnait la liaison occasionnaliste entre les lois physiologiques du corps et les lois psychiques de l'âme ? Si la science de l'homme est un savoir concernant l'union, comment le premier homme pouvait-il rester indemne de ce qui s'ensuit quand l'union est renversée ? La métaphysique dualiste se profile ici selon ses différences explicites cartésiennes et selon sa hiérarchie orientée à l'augustinienne. Ce sont les concepts de l'âme et du corps qui fonctionnent pour l'organisation de l'expérience humaine de l'union.

Malebranche répète qu'il construit « un modèle », ce que j'ai appelé pour l'architectonique leibnizienne, un automate systémique qui fonctionne dans l'œuvre pour remplir un rôle ajustatif et démonstratif de communication avec d'autres types de pensée.

Il y a même trois modèles en concurrence qui aident à comprendre la place que Kant se réserve dans cet ensemble malebranchiste.

Un premier modèle, selon Malebranche, est celui de ceux qui estiment que lors du péché la chute a été telle que l'union originelle fut entièrement renversée et que l'âme humaine est vouée à la seule concupiscence corporelle, ce qui entraîne une conception radicale, permanente et sans autre espoir que la grâce finale d'un tout petit nombre d'élus. Malebranche, Rousseau et Kant, ne sont pas d'accord avec un tel cataclysme de la chute originelle, ni avec une telle étroitesse de la porte du salut.

Un second modèle provient de ceux que Malebranche ménage encore dans ses premières constructions du modèle adamique : l'entourage janséniste de ses jeunes années. Cette hypothèse, jugée d'abord « soutenable », s'appuie sur le rôle du « pur sentiment » et sur le sens de l'ordre que l'esprit de l'homme reste capable de discerner entre les plaisirs de l'âme. Sortant des mains du créateur, ce sentiment de plaisir menait l'homme aux biens les plus solides, avec récompense immédiate et encourageante. Existait alors pour le jeune Malebranche une « grâce de délectation » non seulement prévenante, mais immédiatement efficace, qui se réglait par des volontés de Dieu particulières et ajustées en cours de création. Mais, étant dans l'ordre, Adam avait l'entier pouvoir d'empêcher les ébranlements sensibles de parvenir au cerveau. La chute entraîna la perte de ce pouvoir et l'homme n'est plus conduit par plaisir prévenant.

Malebranche refuse dès 1674 cette hypothèse soutenable comme « insuffisante ». Il construit un troisième modèle, qu'il ne cessera d'améliorer, « certainement plus raisonnable », « très raisonnable », qui lui apparaît comme l'hypothèse « véritable ». Car ce que négligent les jansénistes avec leur doctrine de la grâce efficace de sentiment, c'est le rôle de la raison dans la psychologie d'Adam. Seule la lumière guide l'esprit du premier homme pour la recherche des biens spirituels. Seul un « amour éclairé », dépendant d'une détermination intellectuelle pure peut conduire l'esprit à son état de perfection. La « pleine liberté » dont jouissait Adam le faisait se diriger par la voie claire du devoir, par la seule cause occasionnelle de l'attention intellectuelle. Malebranche gardait de l'hypothèse précédente cette liberté qu'avait Adam d'être « le maître absolu des mouvements qui s'excitaient dans son corps ; il les arrêtait incontinent après qu'ils l'avaient averti, s'il le souhaitait ainsi » (RV, I, 75). Adam suspendait la communication à l'endroit du cerveau où l'âme est jointe au corps. C'était seulement la loi physiologique qui était suspendue, l'union restant indemne.

Malebranche émettra plusieurs explications concernant la perte de ce pouvoir : celle qu'il retiendra est de s'être « attardé » auprès d'Ève, partie pour des raisons d'espèce, comme dirait Kant, mais surtout en fonction de la loi transhistorique qui fait du couple Adam / Ève dans l'Ancien Testament la « figure », le « signe », dirait aussi bien Kant, de l'union Christ / Église dans le Nouveau Testament, assurant ainsi la rationalité allégorique de l'histoire.

Une troisième remarque porte sur le retour à l'état d'innocence. L'interprétation de Kant prétend que Rousseau « ne conclut pas foncièrement que l'homme dû revenir à l'état de nature ». Si je puis dire, pour Malebranche encore moins. La conception malebranchiste de l'histoire repose sur une rupture originelle qu'il appelle péché et donc s'ensuit ce que Malebranche, comme Kant, appelle « corruption de la nature humaine ». La perspective historique du christocentrisme de Malebranche ne saurait admettre un tel retour. L'exclusion du paradis a été proférée. Il faudra au minimum deux autres catastrophes pour que l'Histoire en revienne à ses débuts. La première est celle qui s'est produite dans l'Histoire avec la mort du Christ par laquelle était légitimée rationnellement l'infinité de la création, le créateur étant par son Fils présent dans le créé. La seconde est celle qui affecte la renaissance des corps glorieux. Si l'Adam futur est bibliquement le Christ, l'homme futur est celui dont il va falloir composer le modèle à partir de la description révélée, mais à nouveau en fonction de la physique sur laquelle s'appuie l'herméneutique de la connaissance actuelle. Du même coup cette projection grossit les contrastes entre la nature humaine de ce monde et la reconquête d'un état de lumière et de bienheureuse félicité. Ce modèle anthropologique par ses grossissements et ses déformations établit d'autant mieux le profil que n'a pas la nature humaine actuelle.

Dans cette recherche d'évidences négatives, Kant est-il si indemne de tout imaginaire mythique quand il dirige l'anthropologie comparative hors du rapport entre espèces et races, vers les apports de Rousseau et vers cette autre construction qui fait interférer la nature angélique avec la nature humaine ? Il invoque à la fin de l'*Anthropologie* les êtres raisonnables d'une autre planète qui « seraient incapables de penser autrement que tout haut ». Ils expriment au même instant toutes les pensées qu'ils ont, un peu comme le Dieu de Spinoza qui énonce tous les possibles. La comparative peut être satisfaite : « Quel comportement réciproque différent de celui de notre espèce humaine ! » De plus, Kant introduit une autre hypothèse dans le montage de sa réflexion : « S'ils n'étaient pas tous d'une pureté angélique, on ne voit pas comment ils pourraient parvenir à coexister... » Et la conclusion tombe par réciprocité du modèle et du réel : « Donc, il est de la constitution originelle d'une créature humaine et du concept attaché à son espèce... » de déguiser, de mystifier, de mentir. « L'image serait caricaturale si elle ne trahissait en nous la présence d'une disposition morale... » (VII, 332). Le modèle fait donc apparaître une tendance maléfique en l'homme que vient compenser la raison tendue vers un progrès continu.

Reste cette finalité inspirant ici la cosmotéléologie qui emporte le citoyen du monde vers ces fins hospitalières que décrivait le *Projet de paix perpétuelle*. Car voici que Kant rédige comme le ferait un métaphysicien dogmatique : « Les incitations les plus fortes de la nature, représentantes de la raison (celle de l'être qui régit l'univers) qui, invisible veille dans son intention supérieure sur le genre humain, et dans son intention générale sur le meilleur bien physique de l'Univers sans que la raison de l'homme y joigne sa contribution, sont l'amour de la vie et l'amour sexuel », l'effet des deux « maintenant dans son ensemble le progrès de la vie de notre espèce raisonnable... » (VII, 276). Si l'on ajoute une inséparable « Providence », c'est quand même toute une pesée métaphysico-théologique qui continue à orienter la philosophie de l'homme.

Au demeurant, les concepts de philosophie politique de Malebranche sont plus « progressistes » que ceux de Kant. Comme le dit Kant, la liberté de l'homme peut entrer en conflit avec la conduite du citoyen. Or Malebranche affirme que « faire usage de sa liberté *autant qu'on le peut*, c'est le précepte essentiel et indispensable de la Logique et de la Morale : il ne faut jamais aimer ce qu'on peut sans remords s'empêcher d'aimer. Je parle de l'homme raisonnable, ou de l'homme qui se conduit uniquement par raison. Car le fidèle, en tant que fidèle, a d'autres principes que la lumière et l'évidence. Le politique même, le citoyen, le religieux, le soldat a ses principes : et il est raisonnable qu'il les suive quoiqu'il ne voie pas encore clairement et évidemment qu'ils soient conformes à la Raison... quoique l'autorité humaine décide, et que la coutume autorise, si l'on reconnaît clairement et évidemment qu'on se trompe, il vaut mieux renoncer à tout qu'à la Raison » (XI, 71). Il faut à tout moment « faire usage de la force et de la liberté de son esprit » (XI, 72). « Il n'y a donc rien de plus nécessaire que la liberté de l'esprit pour n'aimer que les vrais biens, pour vivre selon l'Ordre, pour obéir inviolablement à la Raison, pour acquérir la vraie et solide vertu » (XI, 79). Cette vertu accomplie s'exercera « par une obéissance exacte à la loi divine, une délicatesse générale sur tous ses devoirs, une disposition stable et dominante de régler sur l'Ordre connu tous les mouvements de son cœur et toutes les démarches de sa conduite, en un mot l'amour de l'Ordre... loi inviolable, loi éternelle, loi divine... » (XI, 81). « L'Ordre ou la loi divine doit être sa loi ou la règle de ses désirs et de ses actions, puisque les désirs ne sont efficaces que par la puissance et l'action de Dieu seul » (XI, 165). Car il ne suffit pas de rechercher la conformité matérielle de l'acte avec la loi pour que la moralité soit accomplie. « Afin qu'une action soit vertueuse de toutes manières, il ne suffit pas qu'elle procède d'un homme de bien, ni d'un homme actuellement ému de l'amour de l'ordre : il faut qu'elle soit conforme à l'ordre dans toutes ses circonstances, et cela même, non par une espèce de hasard, mais par la force de la raison qui nous conduise de manière que nous remplissions tous nos devoirs » (XI, 30).

Cette exigence impérative de la liberté conduit le citoyen malebranchiste à plus de détermination en faveur du devoir de résistance. Nous avons largement diffusé naguère les textes de son ami Bernard Lamy qui concernaient aussi bien l'état de nature et l'état civil que l'organisation de l'état de société. Lamy trouvait dans les textes de son ami Malebranche un encouragement à la critique de la monarchie absolue et à la préparation des Conseils de la Régence qui avaient pour mission de faire partager la politique par l'ensemble des êtres rationnels. Si l'estime est un devoir qu'on doit rendre à tous les hommes, la loi morale consiste à « rendre égalité d'estime à l'égalité des natures » (XI, 206). Cette remarque conduit Malebranche à pousser fort loin le devoir de résistance puisque l'égalité des raisons est la même en tous les membres de la société humaine. Les devoirs dus aux princes, civils ou ecclésiastiques, portent sur le respect et sur l'obéissance. On ne saurait se dispenser des devoirs de respect dus aux personnes, mais en ce qui concerne les limites de l'obéissance, Malebranche est formel : « quand la loi éternelle ne nous est pas évidente et quand la loi écrite est obscure, c'est une nécessité de s'instruire des droits naturels ». « Enfin lorsqu'on se voit obligé, par l'obéissance qu'on doit à Dieu, de désobéir à quelqu'une des puissances qui le représentent, il faut le faire généreusement et sans crainte... Et les supérieurs de leur côté doivent se souvenir qu'il est un maître qui les traitera comme ils auront fait avec leurs sujets et qu'ils doivent aussi bien qu'eux se soumettre à la loi divine, à laquelle Dieu même se soumet... Et quoiqu'ils soient peut-être persuadés du droit qu'ils ont de se faire obéir dans certaines circonstances difficiles et embarrassées, ils ne doivent point trouver mauvais qu'on hésite, ou qu'on n'obéisse pas promptement. Car il ne faut pas forcer les hommes à agir contre leur conscience » (XI, 226).

L'amour de l'Ordre-loi subsiste après la chute sous la forme de cette voix intérieure prononçant « il faut », « on doit », « il est juste de... ». Cette conscience morale est précisément pour Malebranche « la conformité de cette action avec cet ordre qui la rend intentionnellement bonne » (XIV, 351).

On n'est donc pas si loin de l'impératif kantien et on s'en rapproche par une proposition de ce genre : « la fin du gouvernement quel qu'il puisse être, c'est la paix, la charité ; les moyens de l'entretenir, c'est de faire partout régner la raison, parce qu'il n'y a que la Raison qui puisse réunir les esprits » (XI, 245). L'idée d'un droit cosmopolitique qui vienne encadrer le droit naturel en soulignant sa portée, est largement explicitée dans le *Traité de morale* (OC, XI) sous forme de la Jérusalem future, mais aussi sous la forme intermédiaire de la société en voie de développement vers la Jérusalem céleste, c'est-à-dire dans le monde actuel. D'autant plus hospitalière que Malebranche, aussi bien que Leibniz, s'élèvent contre la réduction janséniste du nombre des élus et ouvrent largement la porte étroite.

De plus cette société a une destination qui traverse la science de l'homme aussi bien que l'*Anthropologie*. Nous sommes faits pour vivre en société et nous faisons avec les autres hommes deux sortes de sociétés.

La société de commerce est celle qui est vouée aux passions ; mais dès cette société de commerce commence à s'édifier la Jérusalem future, cette cosmopolis du « culte intérieur » et de la pratique du « devoir intérieur ». « Tout le monde ne peut porter la vie des Solitaires... Il faut donc vivre avec les hommes. Mais il en faut choisir qui soient raisonnables, ou du moins capables d'entendre raison et de se soumettre à la foi, afin de travailler ensemble à notre sanctification et à la leur. Car il faut maintenant bâtir pour l'éternité, commencer ici-bas une société éternelle » (XI, 200).

Ces brèves notations conduisent au vecteur valorisant qui parcourt l'*Anthropologie* de 1798. De l'« ego » résorbé en soi par les trois égoïsmes (ce qui n'était pas du lexique malebranchiste) à une « citoyenneté du monde » épanouie et réglée par le cosmopolitisme des derniers écrits de Kant, la mise en place de cet axe montant révèle une orientation de cette vision du monde. L'« humanité » (qui n'est pas plus du lexique malebranchiste) aurait « une destination ». Les facteurs de cette finalité admise à titre de pensée du monde s'inscrivent dans un cadre politique auquel il faut en venir dans le présent parallèle. Kant avait sur Malebranche l'impact direct d'une Révolution dont l'Oratorien n'avait l'épreuve qu'au travers de ses relations avec Jacques II. Mais la Révolution anglaise de 1689 ne faisait que remplacer un monarque par un autre. Elle relevait d'une querelle de famille inscrite dans le droit domestique princier. Il en allait tout autrement un siècle plus tard puisque la Révolution échangeait le prince contre le peuple, rendait ce peuple souverain, bannissait l'autorité au profit de la liberté, la hiérarchie féodale pour l'égalité, les discontinuités de la charité pour la loi de fraternité. On a déjà exposé comment Kant saisissait l'acte révolutionnaire. Il y revient en 1798. Il en semble encore plus éloigné quand il évoque « cette tautologie grandiloquente ». « Ce que l'homme veut, il le peut. Il y eut pourtant, voici quelques années, des fats de cette espèce pour étendre cette vantardise au sens physique et se proclamer les assaillants du monde établi ; leur race, en vérité, s'est éteinte depuis un moment ». La « vision du monde » reposerait-elle sur « le monde établi » ? Si l'humanité n'est pas le bétail, elle reste ruche et « dans cette ruche, soumise à la présence du guide (monarchie) ». On pourrait espérer une anthropologie plus indépendante d'un tel modèle zoologique. Mais la structure monarchique de la société réelle reste plus vivace que « la vision du monde ».

Au fond, et j'outrepasse maintenant les bornes de l'actuel sujet, la question débattue porte non seulement sur la possibilité de l'extension des connaissances théoriques de la raison, mais sur cette extension effective développée à partir de la nécessité subjective d'admettre les postulats de la raison pratique. Il ne fait pas de doute que Malebranche admette à la fois l'ordre-commandement et l'ordreordonnancement comme résultant de la même exigence d'unicité de la Raison. Or Kant estime impensable de transformer une assertion en problème. Le besoin-loi ne concerne pour lui que la loi morale. Son anthropologie devrait recueillir à part cette interrogation : peut-on fonder l'universalité cosmopolitique sur une humanité non pas discordante par corruption, mais ignorante par les effets du progrès même de la culture, et qui n'a pas la moindre appréhension ni le moindre sentiment de l'exercice de la liberté, de l'immortalité de l'âme, de l'existence de Dieu ?

En estimant légitime et légale la présence de l'ordre moral aussi bien dans la nature que dans l'histoire, Malebranche en revenait-il à un percept abusif, ou bien la beauté de l'univers perçu était-elle si resplendissante qu'elle exprimait un sentiment de haute moralité formelle dans les intentions qui la manifestent ? Kant n'a-t-il pas été abusé à son tour par une philosophie de l'expérience réduite à la constitution des sciences de la nature suite à l'accord d'un concept de l'entendement avec une impulsion de l'intuition ? Y a-t-il et l'anthropologie se doit de s'y intéresser, une intuition des valeurs ainsi qu'une expérience de l'existence et pas seulement des objets ? On en reviendrait alors à cette conclusion ontologique dont Alquié partait : la chose en soi reste inconnaissable parce que réalistiquement connotée. Il est manifeste qu'avec ses quatre types de connaissances qui n'interfèrent en rien, mais qui ne se contrarient pas plus, Malebranche prenait une option capable de diversifier les ressources de l'expérience et le champ des intuitions. Car que serait pour lui un concept moral sans percept, sinon précisément une superstition ? Ce n'est pas d'une spéculation dogmatique que Malebranche partait et il n'avait pas de mots assez durs contre les « spéculatifs ». Mais il partait et restait attaché à la loi qui se manifestait en lui nécessairement dans l'ordre naturel et impérativement pour la fondation d'un bien plus accordé au bonheur qu'il ne le devint pour Kant. Kant aurait historiquement raison si Malebranche avait déduit ses principes à partir des lois physiques. Par contre si Malebranche a saisi par sa liberté un système cosmopolitique qui conduisait à la société de raison, alors il était kantiennement en droit de conclure à l'ordre de l'univers.

DE ROUSSEAU À KANT À PROPOS DE L'*ANTHROPOLOGIE*

Guy LAFRANCE

Quand on cherche à établir le rapport entre Kant et Rousseau au sujet de l'anthropologie, il importe de bien s'assurer au départ de la perspective de chacun. Dans le *Discours sur l'inégalité*, où se trouve posée d'emblée la question de l'homme, Rousseau s'intéresse à la genèse de l'homme, à son histoire hypothétique depuis qu'il est sorti des « mains de la nature » jusqu'au développement de ses facultés et des formes les plus complexes qu'a pu prendre sa vie sociale. Kant, pour sa part, s'intéresse, du moins dans son ouvrage de 1798, à l'anthropologie d'un point de vue pragmatique, c'est-à-dire, dans les termes même de Kant, du point de vue de la connaissance « de ce que l'homme, comme être agissant par liberté, fait ou peut et doit faire de lui-même »[1]. Il s'agit donc de la connaissance de l'homme « en tant que *citoyen du monde* »[2]. Au départ, les perspectives de Kant et de Rousseau sont donc profondément différentes. D'où l'importance, chez Kant en particulier, d'une définition préalable et suffisamment complexe de l'homme comme « Je », comme « conscience de soi » et comme « personne » douée de l'entendement[3]. Kant suppose, en outre, dans sa définition initiale de l'homme, le développement de la sociabilité et de l'amour-propre. Aussi, la majeure partie de sa réflexion sur l'homme reste-t-elle fidèle à son postulat pragmatique et ne rejoint que sur peu de points certaines considérations de Rousseau, notamment celles portant sur la politesse, le goût et le luxe.

À vrai dire, la comparaison entre Kant et Rousseau devient intéressante et significative à partir des réflexions de Kant sur le caractère du peuple et sur le caractère de l'espèce, réflexions qui nous sont livrées à la toute fin de son ouvrage sur l'*Anthropologie*, et où il fait référence aux écrits et à la pensée de Rousseau. Dans ses réflexions sur les dispositions et la destination de l'espèce humaine, Kant n'a pas pu éviter la question des origines et de la spécificité de l'espèce humaine qu'il relie à sa destination. Pour traiter cette question, il avait manifestement à l'esprit les thèses de Rousseau qu'il connaissait bien. L'analyse

1. E. KANT, *Anthropologie du point de vue pragmatique »*, trad. Alain Renaut, Garnier-Flammarion, Paris, 1993, p. 41.

2. *Ibid.*, p. 42.

3. *Ibid.*, p. 51.

faite par Kant des trois dispositions que la nature a mise en l'homme, soit la disposition *technique*, la disposition *pragmatique* et la disposition *morale*, outre qu'elle fait explicitement référence à Rousseau, poursuit l'objectif annoncé dès la *Préface*, soit la connaissance de l'homme en tant qu'être libre qui réalise « sa propre fin dernière »[4] en s'appropriant ce que la nature a fait de lui.

Dans son analyse de la disposition technique de l'homme, Kant rejoint dans ses grandes lignes les conclusions de Rousseau sur l'homme physique. Sans entrer dans la discussion des hypothèses formulées par les naturalistes sur la disposition physique originelle de l'homme, bipède ou quadrupède, fructivore ou carnivore, animal prédateur ou animal de proie et de paix, Kant tranche rapidement ces questions en choisissant, comme l'avait fait Rousseau, l'hypothèse la plus favorable à la survie de l'espèce. « La réponse à ces questions n'est guère douteuse »[5], affirme Kant, liant du même coup ces interrogations à celle de la sociabilité naturelle de l'homme ou de sa solitude et sa crainte du voisinage. C'est cette dernière éventualité qui lui apparaît la plus vraisemblable. Mais l'aspect de cette question qui intéresse surtout Kant est aussitôt présenté dans son rapport avec la liberté et la raison qui trouvent leur premier enracinement, ou leur première possibilité, dans la disposition physique de l'homme : « Ce qui permet de caractériser l'homme comme un animal raisonnable, affirme Kant, se trouve déjà dans la forme et dans l'organisation de sa *main*, de ses *doigts* et de leurs dernières *phalanges* »[6]. Sur le plan physique, la nature a doté l'homme d'une certaine variabilité, d'une indétermination qui le rend apte, grâce à l'organisation de sa main, « à toutes les formes de manipulation »[7] ; ce qui, aux yeux de Kant, permet de tirer immédiatement la conséquence que la nature a rendu l'homme apte « à utiliser la raison ». Le lien entre l'aptitude technique et l'aptitude raisonnable est ainsi établi directement par Kant : « l'aptitude technique ou la disposition à l'habileté qui caractérisent son espèce sont celles d'un animal *raisonnable* »[8], conclut-il sur ce point.

L'analyse de Kant est ici beaucoup plus rapide que celle de Rousseau qui se limitait plutôt à marquer la distinction chez l'homme entre l'instinct et la liberté sans faire intervenir la dimension raisonnable. Du reste, sur la seule question de l'instinct chez l'homme, Kant soulève une difficulté non résolue, puisqu'il faut bien, selon lui, formuler l'hypothèse d'un instinct naturel chez l'homme si on veut comprendre la conservation de l'espèce ; mais en même temps, comment expliquer que cet instinct implanté par la nature, dans le premier couple humain, ne se soit pas transmis à tous ses descendants et que l'apprentissage soit devenu nécessaire pour la survie même des individus et de l'espèce ? Sur ce point,

4. *Ibid.*, p. 41.
5. *Ibid.*, p. 311.
6. *Ibid.*, p. 312.
7. *Ibidem.*
8. *Ibidem.*

Rousseau a frôlé la difficulté de Kant tout en l'évitant puisqu'il ne reconnaît pas d'instinct inné chez l'homme, même chez l'homme sauvage, bien que celui-ci ait acquis une sorte d'instinct comparable à celui des animaux, mais supérieur et davantage perfectionné en raison de sa variabilité qui lui permet d'échapper au déterminisme de la fonction. « Les hommes, écrit Rousseau, dispersés parmi eux (les animaux), observent, imitent leur industrie, et s'élèvent ainsi jusqu'à l'instinct des bêtes, avec cet avantage que chaque espèce n'a que le sien propre, et que l'homme n'en ayant peut-être aucun qui lui appartienne, se les approprie tous »[9].

Si l'homme naturel échappe ainsi au déterminisme de l'instinct, selon Rousseau, c'est en raison de sa liberté inscrite au départ dans sa nature qui le fait même se percevoir comme « agent libre »[10] et non pas comme animal raisonnable. Sur ce point, la distance entre Rousseau et Kant est importante. Bien que les termes entendement et raison n'aient pas la même signification chez Rousseau et chez Kant, ce dernier fait de la dimension raisonnable la caractéristique de l'espèce humaine qui se manifeste, en premier lieu, par l'aptitude technique ; alors que pour Rousseau, l'entendement, entendu dans le sens de la capacité à avoir des idées, n'est pas, de manière évidente, propre à l'homme. L'entendement, compris en ce sens, ne permettrait pas d'établir nettement la distinction entre l'homme et l'animal. D'où le choix clair de Rousseau en faveur de la liberté. « Ce n'est donc pas tant l'entendement, écrit-il, qui fait parmi les animaux la distinction spécifique de l'homme que sa qualité d'agent libre. La Nature commande à tout animal, et la bête obéit. L'homme éprouve la même impression, mais il se reconnaît libre d'acquiescer, ou de résister ; et c'est surtout dans la conscience de cette liberté que se montre la spiritualité de son âme »[11].

L'analyse de la disposition pragmatique de l'homme « au progrès de la civilisation par la culture »[12], faite par Kant, se rapproche quelque peu du point de vue de Rousseau sur la perfectibilité, bien que Rousseau, dans sa perspective minimaliste et sa vision plutôt négative de la civilisation, aurait sans doute été réfractaire à l'expression de Kant : « progrès de la civilisation par la culture ». Il n'en reste pas moins que l'idée directrice au départ est la même puisqu'elle consiste à reconnaître chez l'homme la disposition à échapper au déterminisme et la possibilité de devenir autre qui suppose une certaine plasticité. Mais là s'arrête la comparaison entre l'idée de progrès chez Kant et la notion de perfectibilité chez Rousseau. Dans son analyse de la disposition pragmatique, Kant s'intéresse à la destination de l'espèce humaine beaucoup plus qu'à celle de

---

9. J.-J. ROUSSEAU, *Discours sur l'origine et les fondements de l'inégalité parmi les hommes*, dans *œuvres complètes*, Bibliothèque de la Pléiade, Gallimard, Paris, 1966, t. III, p. 135.

10. *Ibid.*, p. 141.

11. *Ibid.*, p. 141-142.

12. E. KANT, *Anthropologie*, p. 312.

l'individu, d'où cette remarque rapide au sujet de l'éducation qui vise d'abord l'individu : « L'être humain, dit-il, est capable et a besoin de recevoir une éducation, aussi bien sous la forme de l'enseignement que sous celle du dressage (discipline) »[13] ; affirmation qui n'est pas sans rappeler certains passages du début de l'*Émile*, avec toutefois un accent plus extérieur et plus interventionniste. Du reste, cette interprétation semble justifiée par les remarques même de Kant au sujet de la vision plutôt négative de Rousseau sur la culture. Sans ouvrir le débat ni chercher à trancher la question, Kant a néanmoins jugé bon de rappeler le dilemme posé par Rousseau entre la nature et la culture ; « C'est ici, dit-il, que se pose (avec ou contre Rousseau) la question de savoir si le caractère de son espèce, en vertu de sa disposition naturelle, se trouve à son meilleur niveau dans la *rusticité* de sa nature plutôt qu'à travers les *artifices de la culture*, auxquels on ne peut apercevoir aucune limite »[14]. La suite du texte de Kant montre cependant que, pour lui, le dilemme n'existe pas véritablement puisque dans la perspective de la destination de l'espèce la nature poursuit un but final qui va dans le sens du progrès de la civilisation et par le moyen des artifices de la culture. Pour Rousseau, la nature indique une direction à prendre, elle en trace les balises sans pour autant en fixer le terme, alors que pour Kant, la nature, à travers la disposition pragmatique de l'homme indique davantage le but à atteindre, malgré les avatars qui peuvent survenir en cours de route. Si la nature n'indique pas ce but à chaque individu, comme elle le fait pour les animaux, elle l'indique cependant à l'espèce dans son ensemble et à travers son parcours dans le temps et les générations. « La race humaine, nous dit Kant, ne peut œuvrer à atteindre sa destination qu'à la faveur de ses *progrès*, à travers une série de générations incalculablement nombreuses ; dans cette succession, le but reste néanmoins pour elle toujours en perspective, et si la tendance vers ce but final peut assurément être souvent entravée, du moins est-il impossible qu'elle soit jamais obligée de complètement revenir en arrière »[15].

Cette façon de considérer la destination de l'espèce humaine, dans les dernières pages de l'*Anthropologie*, rejoint les mêmes positions soutenues par Kant en 1784 dans l'*Idée d'une histoire universelle* alors qu'il parlait du dessein de la nature vers lequel s'orientent, sans le savoir, les hommes en tant qu'individus et même des peuples entiers, sans que cela corresponde au dessein personnel raisonnable ou même à la « marche absurde des choses humaines », derrière lesquels se dessine, comme par un fil conducteur, « un plan déterminé de la nature »[16]. Cette téléologie de la nature, comme le précisent la première et la deuxième propositions, suppose que le dessein de la nature chez l'homme vise

---

13. *Ibidem.*

14. *Ibidem.*

15. *Ibid.*, p. 312-313.

16. *Op. cit.*, dans *Oeuvres philosophiques*, trad. L. Ferry, Bibliothèque de la Pléiade, Gallimard, 1985, t. II, p. 189.

au développement de l'usage de sa raison qui ne pourra se faire « complètement que dans l'espèce, mais non dans l'individu »[17].

C'est enfin dans l'analyse que fait Kant de la disposition morale de l'homme que se perçoivent le mieux les rapprochements et les distances par rapport à Rousseau, en particulier sur la bonté naturelle de l'homme et sur la sociabilité à tous ses différents niveaux. Les hésitations de Kant au sujet de la bonté naturelle de l'homme sont bien connues. Déjà dans les *Conjectures sur le commencement de l'histoire humaine* de 1786, Kant, manifestement imprégné des lectures de Rousseau, se penche sur le problème de la bonté naturelle et de l'origine du mal, en distinguant soigneusement le point de vue de l'individu de celui de l'espèce et en distinguant aussi l'histoire de la nature de l'histoire de la liberté. Puisque tout commence par la nature qui est « *l'œuvre de Dieu* », « l'histoire de la *nature* commence donc par le Bien », nous dit Kant, alors que « l'histoire de la *liberté* commence par le Mal, car elle est *l'œuvre de l'homme* »[18]. D'où il suit que le mal est l'œuvre de l'homme. « Homme, ne cherche plus l'auteur du mal, disait le Vicaire Savoyard, cet auteur c'est toi-même. Il n'existe point d'autre mal que celui que tu fais ou que tu souffres et l'un et l'autre te vient de toi »[19]. Dans des termes fort ressemblants, Kant dira dans ses *Conjectures* : « l'individu est donc fondé à se tenir pour responsable de tous les maux qu'il subit comme du mal qu'il fait »[20]. Tout en faisant reposer sur la liberté de l'individu la responsabilité du mal, Kant soutient que la marche de l'espèce « représente un progrès vers le mieux » et que dans sa destination finale l'espèce se dirige « dans la *progression* vers la perfection »[21].

Il est intéressant de souligner ici l'interprétation que fait Kant de la perspective de Rousseau à qui il attribue l'intention de chercher une solution au conflit nature-culture et qu'interprétée de cette façon, la pensée de Rousseau apparaît moins comme une critique négative de la culture que comme une tentative de trouver dans la culture un moyen de sauver l'espèce humaine de son malheur. Ainsi comprise, la pensée de Rousseau serait dégagée de ses apparentes contradictions. « On peut également accorder entre elles et avec la raison les affirmations si souvent mal comprises, et en apparence contradictoires, du célèbre *J.-J. Rousseau*, écrit Kant. Dans ses ouvrages *Sur l'influence des sciences* et *Sur l'inégalité des hommes*, il montre très justement le conflit inévitable de la culture avec la nature du genre humain comme espèce *physique* au sein de laquelle tout individu devrait atteindre pleinement sa destination ; mais, dans son *Émile*, dans son *Contrat social* et d'autres écrits, il cherche à

17. *Ibid.*, Deuxième proposition, p. 189.

18. *Conjectures sur le commencement de l'histoire humaine*, dans *Oeuvres philosophiques*, t. II, p. 511.

19. J.-J. ROUSSEAU, *Émile*, dans *Oeuvres complètes*, Bibliothèque de la Pléiade, t. IV, p. 588.

20. *Op., cit.*, p. 511.

21. *Ibidem.*

nouveau à résoudre ce problème plus difficile : comment la culture doit-elle progresser pour développer convenablement, jusqu'à leur destination, les dispositions de l'humanité en tant qu'espèce *morale*, de sorte que la culture ne s'oppose plus à l'humanité en tant qu'espèce naturelle »[22]. Il est bien évident que Kant interprète en ses termes et dans sa propre perspective la pensée de Rousseau. Bien que ce dernier aurait sans doute manifesté beaucoup de réticence à parler de la destination de l'espèce, comme le fait Kant, il n'en demeure pas moins que certains passages du *Contrat social* et de l'*Émile* donnent raison à Kant dans son interprétation. Le *Contrat social*, en particulier, n'a rien d'un procès fait à la culture, bien au contraire, il suppose la possibilité même de l'édification du droit par la raison et le vouloir, avec tout ce que cela comporte d'artifices liés à la culture.

Les considérations de Kant sur la bonté naturelle et la destination de l'espèce, au terme de son *Anthropologie*, ne diffèrent pas, dans leur ligne directrice, des propos exprimés dans les *Conjectures*. Kant maintient toujours que la destination naturelle de l'espèce « réside dans le progrès continu vers le meilleur »[23] ; toutefois, sa réponse à la question de la bonté ou de la méchanceté naturelle de l'homme ne présente pas la même clarté ni peut-être la même cohérence. Après avoir écarté l'hypothèse selon laquelle l'homme serait par nature également réceptif au bien et au mal, hypothèse qu'il juge contradictoire, Kant rétablit aussitôt cette hypothèse et la soutient à partir de la distinction déjà formulée dans la *Critique de la raison pure*, entre le *caractère intelligible* de l'humanité et le *caractère sensible* de l'homme[24]. Considéré selon le caractère intelligible de l'humanité, « l'être humain est, selon ses dispositions innées (par nature), bon ». soutient Kant ; mais, considéré selon son caractère sensible, ajoute-t-il aussitôt après, « l'homme doit aussi [...] être jugé comme (par nature) mauvais »[25]. Ce penchant au mal lui viendrait de l'usage qu'il fait de sa liberté, et en ce sens il peut aussi être considéré comme inné.

Quoi qu'il en soit de la subtilité de cette distinction et de l'éclairage qu'elle peut apporter à l'opinion de Kant sur la bonté naturelle, ce qui intéresse Kant par dessus tout c'est la destination de l'homme qui passe par sa raison et sa vie en société qui le conduisent à devoir « se *cultiver*, se *civiliser*, se *moraliser* »[26]. Aussi la question de l'éducation revient-elle toujours puisqu'elle symbolise le devenir de l'humanité, le progrès vers le meilleur. De nouveau, c'est Rousseau qui est invoqué par Kant pour illustrer les étapes de ce progrès à parcourir, mais

---

22. *Ibid.*, p. 511-512.

23. *Anthropologie*, p. 313.

24. *Critique de la raison pure*, dans *Oeuvres philosophiques*, Bibliothèque de la Pléiade, t. I, p. 1171-1172. « On devrait accorder au sujet encore un *caractère intelligible*, affirme Kant, par lequel à la vérité il est la cause de ses actes comme phénomènes, mais qui lui-même n'est soumis à aucune des conditions de la sensibilité et n'est pas même un phénomène ».

25. *Anthropologie*, p. 313.

26. *Ibid.*, p. 314.

que Rousseau, selon Kant, aurait surtout présentées sous leur angle négatif, en faisant le constat des dommages causés par le passage de la nature à la culture qui a entraîné « l'affaiblissement de notre énergie », le passage à la civilisation qui a entraîné « l'inégalité et l'oppression mutuelle », et le passage à la prétendue moralisation « par une éducation contre nature et une déformation de la manière de penser »[27].

Mais Kant, comme il l'avait fait dans les *Conjectures*, interprète de façon positive « la description hypocondriaque que Rousseau propose de l'espèce humaine tentant de sortir de l'état de nature »[28], selon son expression. C'est que Rousseau, en retraçant l'état de nature comme un état d'innocence, préparait ainsi le fil conducteur pour l'*Émile* et le *Contrat social* dont l'objectif, selon Kant, est de découvrir « le moyen de sortir du labyrinthe de maux dans lequel notre espèce s'est enfermée par sa propre faute »[29]. D'où la difficulté considérable que pose la démarche de Rousseau, aux yeux de Kant, puisqu'elle pose le défi qui consiste à enrayer la corruption par l'éducation morale faite par des hommes qui ne portent pas en eux la marque de la corruption. Ce qui semble impossible à obtenir. C'est pourquoi Kant tire sa conclusion pessimiste ou réaliste sur le problème de l'éducation morale, en affirmant qu'elle reste « sans solution » en raison même de la qualité de son principe qui vise à corriger « un mauvais penchant inné à l'espèce » ; penchant que l'on peut « blâmer » ou même « freiner », mais qu'on ne peut pour autant « extirper »[30].

Les dernières considérations de Kant sur le caractère de l'espèce humaine portent sur le but final de sa destination qui est d'œuvrer à la mise en place d'une constitution civile. Dans les cinquième et sixième propositions de l'*Idée d'une histoire universelle*, Kant voyait dans ce but ultime assigné à l'espèce « le plus grand problème... à résoudre », le problème le plus difficile et « celui que l'espèce humaine résoudra en dernier »[31]. Les difficultés présentées alors par Kant, surtout dans la sixième proposition, sont de taille et apparaissent presque insurmontables. L'homme est un animal qui « a besoin d'un maître », mais où le prend-il ? À l'intérieur de sa propre espèce inévitablement. « Mais ce maître, ajoute Kant, est, tout comme lui, un animal qui a besoin d'un maître »[32]. Plus grande encore est la difficulté de trouver un maître ou un chef suprême qui soit « juste par lui-même » puisqu'il sera toujours un homme. La solution parfaite à ce problème est donc impossible parce que fondamentalement, nous rappelle Kant, « le bois dont l'homme est fait est si courbe qu'on ne peut rien y travailler

27. *Ibid.*, p. 316.
28. *Ibidem.*
29. *Ibidem.*
30. *Ibid.*, p. 317.
31. *Op. cit.*, p. 193,195.
32. *Ibid.*, p. 195.

de bien droit »[33]. Néanmoins, et en dépit de ces difficultés insurmontables, Kant maintient toujours que la nature contraint l'homme à s'approcher de cette Idée d'une société civile administrant universellement le droit.

Sans revenir, de manière détaillée, sur les difficultés déjà exprimées dans le texte de 1784, Kant, dans les dernières pages de son *Anthropologie*, insiste davantage sur la signification et la place qu'occupe la réalisation de cet objectif pour l'espèce humaine, objectif qui constitue, dit-il « le degré suprême d'élévation artificielle des bonnes dispositions de l'espèce humaine en vue d'atteindre le but final de sa destination »[34]. Cet ultime dessein de la nature pour l'espèce humaine, Kant l'inscrit dans l'éducation du genre humain puisqu'il représente le volet le plus complexe de l'histoire de la liberté dans la nature. Ce dessein est toujours relié à l'Idée d'une constitution civile conçue comme principe régulateur inspiré d'une sagesse qui relève bien plus de la Providence que de l'homme lui-même. Mais l'homme se voit poussé par la nature même, et en dépit de son penchant au mal, à réélaborer le plan ultime de la nature dans sa progression vers le mieux. Tâche ardue puisqu'elle consiste à faire jaillir le bien à partir du mal ; tâche risquée aussi puisque la menace de destruction de l'espèce est toujours présente.

Mais Kant ne se laisse pas emporter par le pessimisme et mise sur la disposition favorable que la nature a aussi mise en l'homme, soit un certain penchant au bien qui guide l'ultime destination que la nature a fixée à l'espèce. C'est là le caractère profond de l'espèce humaine qui constitue, selon les dernières remarques de Kant, « une masse de personnes se succédant ou coexistant qui ne peuvent se passer de vivre ensemble dans un état de paix et pourtant ne parviennent pas à éviter de continuellement se causer les uns aux autres du désagrément ; ces personnes, par conséquent, se sentent, du fait de la contrainte réciproque, destinées par la nature à former, sous des lois procédant d'elles, une coalition constamment menacée de se désunir, mais progressant globalement en vue d'atteindre à une société de *citoyens du monde (cosmopolitisme)* »[35]. Si l'espèce humaine se sent poussée dans cette direction, c'est aussi par ce que nous éprouvons en nous « une disposition morale », « une exigence congénitale de la raison », dira Kant, à travailler contre le penchant au mal, et qui permet, en fin de compte, de considérer l'espèce humaine « comme une espèce d'êtres raisonnables s'efforçant de s'élever du mal vers le bien à la faveur d'une constante progression au milieu des obstacles »[36].

Ces ultimes considérations de Kant, dans son *Anthropologie*, sont plutôt éloignées des vues de Rousseau puisque ce dernier n'a pas considéré l'homme, ni l'espèce humaine, en fonction d'une destination de la nature comprise dans le

33. *Ibidem.*
34. *Anthropologie*, p. 317.
35. *Ibid.*, p. 322.
36. *Ibid.*, p. 324-325.

sens d'une perspective téléologique, comme c'est le cas chez Kant. Encore moins Rousseau aurait-il pu partager avec Kant cette vision cosmopolitique à laquelle serait destinée l'espèce humaine par la nature, ne serait-ce qu'en fonction d'une idée régulatrice. Et pourtant, Rousseau aurait bien partagé avec Kant son idéal de constitution civile inspirée des idées républicaines qui présentent le pouvoir politique comme l'accord de la liberté avec la loi.

L'INFLUENCE DE JEAN-JACQUES ROUSSEAU SUR KANT : MYTHE OU RÉALITÉ ?[1]

Brigitte GEONGET

Tout d'abord Rousseau a-t-il influencé Kant ? La cause peut sembler entendue puisque nous avons le témoignage direct de Kant soulignant à maintes reprises et à diverses époques de sa vie, l'importance qu'eut pour lui la lecture des œuvres de Rousseau. Cet élément a l'avantage de pouvoir être en quelque sorte quantifié, à travers le nombre de références faites par Kant à Rousseau — désigné aussi comme « Monsieur R. » ou « Jean-Jacques » ou « le citoyen de Genève » — ou au titre d'un de ses ouvrages, ou au nom d'un personnage de ses romans : le recensement établi sur la base de l'Index Martin, donne 79 occurrences du nom « Rousseau » et 29 références aux œuvres, auxquelles il faudrait ajouter nombre d'allusions. On notera la particulière fréquence de ces indications référentielles dans les années 1764-1765, période pendant laquelle Kant découvre la pensée de Rousseau à travers la lecture enthousiaste de ses grandes œuvres, comme cela apparaît de façon manifeste dans les *Bemerkungen*, AK. XX (*Remarques touchant les Observations sur le sentiment du beau et du sublime*).

La question ne porte donc pas sur le fait : Kant a longuement lu Rousseau, médité ses paradoxes et au-delà des contradictions que présente son œuvre, il s'est toujours attaché à dégager la cohérence philosophique du propos rousseauiste. Pour autant la question n'est pas close et l'on est en droit de s'interroger sur ce qu'il en est de la réalité de l'influence exercée par le philosophe de Genève sur le philosophe de Königsberg et de son orientation philosophique.

Qu'il y ait lieu à débat, on en a l'attestation dans la vigueur de l'affrontement qui se poursuit sur ce point entre les historiens de la philosophie et qui n'en finit par de rebondir au cours des années.

Pour baliser des positions extrêmes dans la querelle d'interprétation qui se joue ici, on peut opposer d'une part les affirmations d'E. Weil qui, dans son fameux article « Rousseau et sa politique » publié dans *Critique* en 1952,

1. Introduction à la table ronde sur ce thème

présente Kant comme celui qui a réussi à penser jusqu'au bout, à travers l'idée de raison pratique, ce qui était engagé, mais de façon ineffectuée ou inaboutie, dans l'œuvre de Rousseau[2] et d'autre part l'argumentation développée par Monsieur A. Philonenko en faveur d'un désaccord de fond entre Kant, homme des Lumières et penseur du progrès de l'humanité et Rousseau, prophète de l'inéluctable décadence, tant sur le plan de l'histoire que sur celui de la politique et de la morale[3].

Le différend interprétatif étant patent, la question reflue bien évidemment du côté de Rousseau où elle se monnaie en de multiples problématiques que l'on peut, semble-t-il, ordonner autour de deux axes principaux.

– Qu'en est-il de l'attitude de Rousseau par rapport à la raison ? L'enjeu de la question est considérable puisqu'il s'agit de confirmer ou d'infirmer la lecture « romantique », ancienne ou moderne, qui voit en Rousseau essentiellement un philosophe du sentiment. En opposition à tout ce courant interprétatif, il faut situer l'intervention magistrale de R. Derathé qui dans sa thèse complémentaire, soutenait vigoureusement le « rationalisme » conséquent, voire militant, de Rousseau.[4]

– Peut-on défendre l'idée de l'unité théorique de l'œuvre de Rousseau, et si oui, jusqu'où ? Si l'on accepte en effet de la rechercher au-delà des trop apparentes contradictions qui émaillent les ouvrages rousseauistes, ne risque-t-on pas, dans l'élan d'un parti pris bien intentionné mais non pour autant justifié, de reconstruire une unité qui devrait plus à la décision de lecture qu'à la cohérence du propos de l'auteur ?

On sait l'importance qu'eut dans l'histoire de ce questionnement la réponse fortement affirmative apportée par E. Cassirer en 1932 dans une célèbre communication à la Société française de Philosophie[5]. Mais justement, le

---

2. « Ne fallait-il pas un Kant pour voir ce que Rousseau avait exprimé sans avoir su le penser au sens fort du terme, sans avoir réussi à en développer les présupposés et les conséquences, les suites pratiques et les conditions théoriques. » *op. cit.*

3. « Kant se débarrassa littéralement de Rousseau en l'interprétant. Mais on ne peut plus accepter les thèses de Gurvitch, V. Delbos et E. Cassirer qui voyaient en cette interprétation [...] une lecture correcte de l'œuvre de Rousseau. La signification de l'œuvre de Rousseau échappe à quiconque se refuse à voir en lui un prophète de la décadence inéluctable, soucieux de retarder la catastrophe finale dans de petites sociétés fermées. Or c'est cette idée de la décadence et de la catastrophe que Kant a repoussée, comme il devait plus tard repousser le jugement sceptique de Rousseau sur la paix perpétuelle. En fait l'accord de Rousseau et de Kant est un mythe que détruit toute analyse sérieuse. » « L'idée de progrès chez Kant » in *Revue de Métaphysique et de Morale*, 1974.

4. *Le rationalisme de Jean-Jacques Rousseau,* P.U.F., 1948. On notera que les travaux de R. Derathé sont à la base de l'argumentation déployée par E. Weil.

5. « L'unité dans l'œuvre de Rousseau » in *Bulletin de la Société française de Philosophie*, XXXII, 1932.

Rousseau qu'il croyait déchiffrer n'était-il pas en fait celui que lui avait donné à percevoir le prisme de l'interprétation kantienne ?

Faudrait-il alors se résoudre à abandonner comme définitivement aporétique la question du « vrai Rousseau » pour lui substituer une recherche portant sur le Rousseau de Kant ? Née dans le champ de la critique littéraire, la problématique de la réception semble ouvrir à notre débat des perspectives intéressantes, à condition de la déployer de façon analytique sur la base de la distinction des grands moments dans lesquels s'ordonne la relation intellectuelle que Kant entretint avec Rousseau.

On se limitera dans cette rapide introduction au débat, à proposer quelques repères le long de l'axe de l'investigation anthropologique.

– Le premier temps est incontestablement celui de la rencontre où Kant reçoit de plein fouet la puissance de questionnement des thèses rousseauistes et accueille avec enthousiasme, mais pas sans réserve, les vues anthropologiques et morales de l'auteur du *Discours sur l'origine de l'inégalité*... Rousseau est alors pour lui « le Newton du monde moral »[6].

– Avec la remontée en puissance de l'intérêt anthropologique qui se manifeste à travers les publications faites au cours des années 1784-1786 et particulièrement celles consacrées à la question de l'histoire, Kant retrouve en Rousseau un interlocuteur majeur avec lequel il a à s'expliquer lors même qu'il conclut en un sens opposé au sien, puisque son optimisme téléologique vient en définitive s'inscrire en faux contre le pessimisme historique de Rousseau[7], même si ce dernier n'est pas seulement pour lui le partisan de la « conception terroriste » de l'histoire, mais aussi le penseur de l'unité de la nature humaine et la perfectibilité infinie de l'homme.

– Au cours des dernières années de la production intellectuelle kantienne, la référence à Rousseau se maintient mais devient fortement critique. Des points d'achoppement décisifs se font jour et l'opposition se focalise autour du problème du mal, qu'il ait son lieu dans la société ou dans l'individu. L'écart maximal de Kant à Rousseau nous paraît être atteint dans le texte de 1793 *La religion dans les limites*... où le penseur du mal radical se positionne aux antipodes de la thèse rousseauiste affirmant la bonté naturelle de l'homme et l'origine sociale du mal, y compris du mal moral.

---

6. *Bemerkungen* AK. XX 058-059. *Remarques...*, trad. B. Geonget, Vrin, 1994, p. 140.

Dans ce texte Kant va jusqu'à faire hommage à Rousseau d'être au principe de la « conversion » qui l'a conduit à priser plus hautement la rectitude morale que tous les biens du savoir : « C'est Rousseau qui m'a remis sur le droit chemin. Cette supériorité qui m'aveuglait disparaît ; j'apprends à honorer les hommes... » *ibid.* AK. XX O44, Vrin, p. 127.

7. Sur le dialogue intérieur que Kant poursuit avec Rousseau au-delà même des divergences et des oppositions doctrinales, voir les analyses menées par J.-M. MUGLIONI dans *La philosophie de l'histoire de Kant*, P.U.F., 1993 (en particulier p. 141-148).

Bien évidemment le point de vue anthropologique gagnerait à être éclairé par des investigations menées dans les domaines de la réflexion morale, politique ou pédagogique, ce qui permettrait bien souvent de faire le lien avec des thématiques classiques.

Ainsi dans l'ordre moral, la critique de tout eudémonisme, déjà anticipée dans le procès des ambiguïtés des morales du sentiment et qui constitue la ligne de force du rigorisme kantien, porte-t-elle aussi contre la jouissance de soi de la conscience vertueuse rousseauiste. Dès lors qu'est acquis le statut de pleine autonomie de la moralité, se trouve conséquemment récusée la fonction antérieurement accordée à l'anthropologie qui la haussait au rang de « science normative »[8]. Car si la moralité vaut pour tout être raisonnable de par le commandement inconditionnel de la raison, elle cesse d'être cette sagesse prudentielle de l'auto-limitation vertueuse dont les recherches anthropologiques antérieures avaient cru pouvoir dessiner les contours. Ici s'opère un décrochage d'importance décisive entre l'ordre du pratique et le champ du pragmatique.

Tels sont, parmi bien d'autres possibles, quelques uns des questionnements que nous proposons de mettre à l'ordre du jour de la discussion.

8. Nous empruntons cette expression qui nous semble particulièrement heureuse, aux analyses que Monsieur J.-M. Beyssade a consacrées à Rousseau. Sur la caractérisation de la pensée de Rousseau comme étant simultanément pensée du développement et pensée de l'altération, on consultera avec profit sa contribution intitulée « Rousseau et la pensée du développement » dans l'ouvrage publié sous la direction d'O. BLOCH sous le titre *Entre forme et matière*, Klincksieck, 1988.

II

LES GRANDS THÈMES

LA PLACE DE L'*ANTHROPOLOGIE* DANS LA THÉORIE KANTIENNE DU SUJET

Alain RENAUT

Cerner la place de l'anthropologie dans la théorie kantienne du sujet soulève une série de difficultés, au repérage desquelles (en tout cas, pour ce qui est des plus flagrantes), je voudrais consacrer le premier moment de mon intervention[1].

I. – LES DIFFICULTÉS INHÉRENTES À LA PLACE DE L'ANTHROPOLOGIE

Tout d'abord, ce qui se présente comme une anthropologie développée d'un point de vue qui est dit « pragmatique » n'est pas toute anthropologie : non seulement Kant, dans sa Préface, distingue, en des termes apparemment simples sur lesquels je reviendrai, la connaissance *physiologique* de l'homme, qui explore ce que la nature fait de l'homme, et la connaissance *pragmatique*, comme connaissance de ce que l'homme fait de lui-même, — mais encore faut-il distinguer aussi, comme le dernier alinéa de cette Préface nous y invite, l'ouvrage qui porte le titre *d'Anthropologie du point de vue pragmatique* et le projet même d'une telle Anthropologie. Kant nous indique en effet que l'ouvrage qu'il publie correspond en fait à une mise en œuvre particulière de ce projet, à savoir, dit-il, à sa mise en œuvre « d'une manière populaire (par référence à des exemples que chaque lecteur peut découvrir) » : cette version « populaire », souligne-t-il, « a un avantage pour le public qui lit les livres », parce qu'il a affaire à une liste des diverses qualités humaines observables et qu'il peut au fond y vagabonder au gré de sa réflexion ; j'ajouterai que ce choix d'une version « populaire » a aussi un « avantage », si je puis dire, pour l'interprète — à savoir qu'il lui permet de s'interroger à loisir sur ce qu'aurait pu être ou pourrait être une version moins populaire, plus savante, d'une entreprise dont nous n'avons donc à notre disposition qu'une exposition non technique.

Cette interrogation est d'autant plus légitime, voire nécessaire pour le spécialiste de Kant, qu'elle lui est imposée, je crois, au moins par deux types de considérations :

– D'une part, des considérations tenant à la formulation même du projet anthropologique dans la pensée de Kant. Les commentateurs l'ont souvent noté : au-delà de l'évocation encore imprécise, dans la Méthodologie de la première

Critique (A 849 / B 877), d'une anthropologie destinée à relayer la psychologie empirique au sein de la philosophie appliquée (passage sur lequel je reviens dans un instant), c'est dans la Préface de la *Fondation de la métaphysique des mœurs*, en 1785, que Kant mentionne pour la première fois expressément la possibilité de donner une « partie empirique » à l'Ethique (à côté de la « Morale », qui en est la « partie rationnelle ») et suggère que cette « partie empirique » de l'Ethique « pourrait recevoir le nom d'anthropologie pratique » : une telle « anthropologie pratique » correspond-elle exactement à ce qui s'est appelé en 1798 « anthropologie pragmatique », comme beaucoup de commentateurs, notamment Delbos, le soutiennent (en expliquant, comme le fait Delbos, que Kant a simplement remplacé le terme de « pratique » par celui de « pragmatique », dans la mesure où, entendu avec la rigueur que lui donna la deuxième Critique, le « pratique » ne pouvait plus s'appliquer à la dimension empirique de l'éthique) ? Je ne suis pas sûr que cette équivalence aille de soi, la partie empirique de l'éthique (donc l'anthropologie pratique) de 1785 évoquant la perspective d'une éthique appliquée qui fait plutôt songer à ce qui s'est amorcé, à l'horizon de la *Doctrine de la vertu*, qu'à l'*Anthropologie pragmatique* de 1798, dont le projet s'énonce en des termes qui n'ont pas grand chose à voir avec ce que serait une « partie empirique » de l'Ethique, puisqu'il s'agit d'élaborer (selon la formule de la Préface, qui a elle-même quelque chose d'approché ou de tâtonnant) une connaissance « de ce que l'homme, comme être agissant par liberté, fait ou peut et doit faire de lui-même » : formule difficile à cerner, avec ce qui s'y exprime d'une oscillation entre le descriptif et le prescriptif (« *fait* ou *peut* et *doit* faire »), mais qui, en tout cas, en raison même de cette oscillation, ne correspond pas à la perpective d'une partie empirique de l'éthique (qui, comme telle, serait, bien sûr, toute à sa dimension prescriptive ou normative, même si la dimension prescriptive y prenait l'allure de l'application, donc de l'éthique appliquée, par opposition à la partie rationnelle comme éthique pure). Bref, on a bien là, avec l'*Anthropologie pragmatique* de 1798, une entreprise originale du point de vue systématique ou systémique (du point de vue de sa place dans le système critique de la philosophie), dont, du même coup, l'interprète regrette d'autant plus que Kant n'ait souhaité ou n'ait pu, en 1798, avec les forces qui étaient les siennes à cette époque tardive de sa vie, nous en laisser que la « version populaire ».

– Un second ordre de considérations vient renforcer encore la nécessité de s'interroger sur la teneur de ce projet. Elles tiennent à la façon dont Kant a progressivement majoré l'importance qu'il accordait aux préoccupations anthropologiques. Je viens de rappeler que la construction d'une anthropologie était certes mentionnée dès les dernières pages de la *Critique de la raison pure*, mais avec un statut relativement subalterne et selon une perspective dont on peut même considérer qu'ainsi comprise elle n'a été intégrée que de façon provisoire dans les objectifs reconnus par Kant comme légitimes. Statut subalterne, comme l'était celui que la *Critique* reconnaissait à la psychologie empirique : comme chacun sait, la psychologie empirique, que Kant avait désignée, à la suite de la critique des paralogismes, pour relayer la psychologie rationnelle défunte, ne se trouvait maintenue que dans la philosophie appliquée, au sein de laquelle elle se voyait appelée à être refondue dans une « anthropologie précise et détaillée (« formant le pendant de la théorie empirique de la nature »). Statut subalterne, donc, mais dont la reconnaissance n'était même que provisoire, puisque ce relais de la psychologie rationnelle par une psychologie empirique de statut scientifique, possible en principe au terme de la *Critique*, s'est trouvé en fait exclu dans la suite de l'œuvre — ainsi qu'en témoigne le texte décisif que constitue à cet égard, dès 1786, la Préface des *Premiers principes métaphysiques de la science de la nature*. On se rappelle en effet comment Kant y refusera à la psychologie l'accès au rang de science, dans la mesure où elle ne peut mathématiser son objet — en vertu de quoi, si la psychologie empirique peut bien exister (puisqu'elle dispose d'un champ phénoménal spécifique), elle « ne pourra donc jamais être autre chose qu'une théorie naturelle historique du sens interne et comme telle aussi systématique que possible, c'est-à-dire une description naturelle de l'âme, mais non une science de l'âme, pas même une théorie psychologique expérimentale » : comment, dans ces conditions, l'anthropologie, que la *Critique* avait désignée comme ce en quoi la psychologie empirique pourrait établir son domicile propre (bref, comme la vérité de la psychologie), ne serait-elle pas affectée elle-même, quant à son statut de connaissance, par ce discrédit de la psychologie, tant rationnelle qu'empirique ? Or, chacun connaît pourtant les deux textes célèbres, de mai 1793 (Lettre à Stäudlin) et du milieu des années 1790 (*Cours de logique*), où Kant évoque l'anthropologie comme tentative pour répondre à la question : « Qu'est-ce que l'homme ? », en indiquant, dans le *Cours de logique,* que c'est là la question qui rassemble en elle tout le champ de la philosophie — celle à laquelle se laissent ramener les trois questions fameuses : que puis-je savoir ?, que dois-je faire ?, que m'est-il permis d'espérer ?, que la *Critique de la raison pure* avait bien déjà mentionnées expressément au début du « Canon de la raison pure » (A 805 / B 833), mais sans évoquer leur possible rassemblement ni dans la question de l'homme, ni dans l'anthropologie comme prise en charge de cette question de l'homme. De la *Critique de la raison pure* aux années 1790, il y a donc eu, incontestablement, promotion de l'anthropologie au sein du système critique de la philosophie — et, qui plus est (et cela renforce la difficulté), à en croire Kant, promotion systématique de la *même* anthropologie, d'abord subalterne, finalement, en un sens, centrale (du point de vue de la logique du système), puisque, lorsque Kant, dans la lettre de mai 1793 à Stäudlin, évoque la question : « Qu'est-ce que l'homme ? » comme question de l'anthropologie, il précise entre parenthèses : « Anthropologie : sur laquelle j'ai depuis plus de vingt ans chaque année donné un cours » (et l'on sait, de fait, que Kant, dans sa carrière, enseigna

28 fois l'anthropologie, qu'il avait été le premier à introduire des cours périodiques d'anthropologie dans les universités allemandes, et que ces cours étaient « pour lui comme pour son auditoire », selon Cassirer, un « thème favori »).

C'est la logique de ce déplacement favorable à l'anthropologie au sein du système critique de la philosophie qui me semble mériter d'être interrogée, en tenant compte, je le répète, que de cette entreprise, telle que Kant avait pu en élever à ce point le concept, nous ne possédons *de fait* qu'une version populaire - ce qui ne nous interdit pas, bien au contraire, d'essayer d'en concevoir ce que pouvait en être *en droit*, aux yeux de Kant, la fonction systématique et même *systématisante* (puisque la question de l'homme est celle où vient se rassembler tout le champ de la philosophie).

Pour ce faire, il m'a semblé indispensable, puisqu'aussi bien le criticisme est une philosophie qui, selon le mot de Fichte, part du sujet, d'essayer d'indiquer ce que peut être la place de l'anthropologie dans la théorie kantienne du sujet. A cette fin, il faut rappeler rapidement — ce sera la deuxième étape de mon exposé — la structure de cette théorie kantienne du sujet, pour essayer d'y situer ou de situer par rapport à elle l'anthropologie, avec sa question : « Qu'est-ce que l'homme ? ».

II. –LA THÉORIE KANTIENNE DU SUJET

Si l'on voulait reconstruire et exposer systématiquement la théorie kantienne du sujet, je crois que l'on n'y parviendrait qu'à travers l'articulation de cinq moments dont je me borne à rappeler ici succinctement la teneur respective, pour faire ressortir, précisément, comment ils s'agencent systématiquement les uns par rapport aux autres :

1. Le premier moment — moment fondateur, véritable socle de la théorie kantienne du sujet — correspond à la théorie de la finitude radicale comme structure de la subjectivité : c'est le moment qui, pour l'essentiel, se compose, dans la première Critique, de l'Esthétique transcendantale et se prolonge dans le chapitre sur le schématisme. En définissant la sensibilité comme réceptivité, comme capacité d'être affecté, par opposition à la spontanéité de l'entendement, l'Esthétique inclut dans la subjectivité ce qu'on peut appeler une dimension d'ouverture, au sens où E. Lévinas verra dans l'ouverture le signe même de la subjectivité comme « incapacité de s'enfermer du dedans » : il n'est pas nécessaire d'expliquer en quoi cette rupture de la clôture sur soi correspond, chez Kant, à une irruption de la finitude dans le sujet, puisque l'être-affecté suppose une extériorité, un « dehors » ou un « autre », donc une limitation par rapport à cette altérité. Encore faudrait-il préciser l'originalité de cette approche kantienne de la finitude en rappelant (je vais en avoir besoin dans la suite de mon propos) comment la finitude humaine par là affirmée n'implique,

contrairement au concept classique de l'être fini, aucun relativisme. Pour le dire très vite : dans les doctrines traditionnelles de la finitude, par exemple chez Descartes ou chez Leibniz, la démarche consistait à poser l'Absolu (l'identité entre être et pensée, la coïncidence du réel et du rationnel, c'est-à-dire une pensée pour qui cette coïncidence existe, = Dieu), puis à enregistrer comment, par rapport à cet Absolu, l'homme se trouve, de fait, limité, donc relativisé ; en ce sens, conçue sur fond d'un infini posé comme réel, la finitude était inévitablement perçue comme un manque, comme un mal, voire comme une chute — et la sensibilité, marque de cette limitation au fond contingente (puisqu'en soi l'infini peut exister), ne pouvait qu'être désignée comme une souillure et être dépréciée comme un obstacle condamnant la connaissance humaine à déchoir de l'absolu dans le relatif. Selon un renversement bien connu, le trajet kantien pose d'abord la finitude, comme une structure de la connaissance (le concept, sans l'intuition, est vide), comme condition de possibilité de la représentation. Posée en quelque sorte *a priori*, par simple réflexion sur la nature du concept (qui ne produit pas de lui-même son contenu), la finitude, comme passivité *a priori* de la sensibilité, devient ce par rapport à quoi l'Absolu est relativisé : il n'est, en raison même de la structure finie de la connaissance humaine, qu'une Idée et non une réalité en soi. Bien loin donc que la sensibilité soit relativisée, comme une déplorable marque de finitude, par rapport à l'Absolu, la passivité de la sensibilité, à travers la théorie de l'intuition pure, apparaît comme une condition nécessaire de la connaissance (et non comme une dimension inessentielle ou accidentelle, par rapport à ce que serait en soi l'esprit s'il n'avait « chuté » dans un corps) : corrélativement l'Absolu n'est, relativement à notre connaissance, qu'une exigence pensable à partir de cette finitude comme son horizon par définition inaccessible. Dans une telle perspective, où la finitude n'est plus relative à un Absolu posé comme l'en soi par rapport auquel on la mesurerait, c'est en fait la finitude qui, pour ainsi dire, devient l'Absolu : bref, la finitude devient finitude radicale. C'est évidemment ce premier moment de la théorie kantienne du sujet qui a motivé tout particulièrement, je ne fais que le rappeler au passage, l'intérêt du premier Heidegger pour Kant : on sait en effet comment, en 1929, il souligne que la radicalité de la finitude se décide au niveau même de la notion d'intuition pure, où « pure » (*a priori*) signifie précisément que la passivité (la capacité d'être affectée, l'« ouverture »), n'est pas constatée empiriquement (comme une déchéance), mais que cette passivité est élevée au rang d'un *a priori*. C'est aussi en ce sens qu'on a pu parfois, insistant sur la manière dont cette radicalisation de la finitude conduit à débouter l'Absolu de tout statut ontologique, voir s'accomplir dans la *Critique de la raison pure* un premier retrait du divin, voire une première « mort de Dieu », en un geste que les philosophies contemporaines ne feront plus, pour la plupart, que répéter. Même si de telles lectures ont assurément à prendre en compte la question, redoutable, de savoir ce que devient, au-delà même de la première Critique, l'Absolu divin, reste que la dévalorisation ontologique de l'Absolu qu'implique déjà, par elle-même, l'Esthétique transcendantale, n'est pas douteuse. Elle n'engage d'ailleurs pas le seul Absolu divin, mais aussi bien, puisque les trois Idées sont autant de figures de l'Absolu ou de l'Inconditionné, l'Absolu psychique — l'Idée d'Âme ou, si l'on veut, de Sujet se trouvant elle aussi relativisée et désontologisée par la mise en lumière de la finitude radicale.

2. De là, justement, le deuxième moment de la théorie kantienne du sujet, à savoir la critique de la psychologie rationnelle, dans le chapitre de la Dialectique transcendantale consacré aux « paralogismes ». En examinant à quelles illusions, chez Descartes, Leibniz ou Berkeley, l'idée de sujet a pu donner lieu, il s'agit surtout de montrer que ces illusions résultent directement de l'oubli de la finitude radicale, — au sens quasiment heideggerien de l'« oubli », c'est-à-dire au sens d'un oubli qui a une nécessité et est inscrit dans la structure même de la raison. Au-delà de leur portée déconstructrice, qui fait de ce chapitre le lieu d'une rupture capitale dans l'histoire de la subjectivité, les pages sur les paralogismes présentent en outre l'intérêt de ne pas conduire à un abandon pur et simple de l'Idée de sujet : le propre de la critique criticiste de la métaphysique, c'est en effet d'offrir en elle une place à une théorie du destin des Idées après leur critique, et l'on sait comment, au plan de l'Idée de Dieu (comme Idée de système), l'Appendice à la Dialectique transcendantale montre qu'une fois désontologisée, elle conserve un usage régulateur pour la connaissance, en tant que l'Idée d'une unité totale du savoir (articulation intelligible de tous les possibles) constitue comme le *focus imaginarius* de la connaissance humaine : ce qui vaut pour l'Idée de Dieu ne peut que valoir aussi — et sur ce point, bien évidemment, Heidegger, à mon sens à tort, a prêté bien moins attention à l'enseignement de Kant — pour l'Idée d'Âme, créant ainsi pour la théorie kantienne du sujet la possibilité d'articuler à ce moment de déconstruction un troisième moment, de portée cette fois positive.

3. La désontologisation criticiste du sujet de la psychologie rationnelle ouvre en effet, au moins en droit, sur sa transformation en *focus imaginarius*. Au moins en droit, parce qu'à l'égard de ce troisième moment, la difficulté est simplement qu'ici Kant n'a pas lui-même produit d'exposé complet et synthétique de l'opération : nous ne disposons pas d'un texte remplissant un rôle analogue à celui qui se trouve joué, vis-à-vis de l'Idée de Dieu, par l'Appendice à la dialectique transcendantale. Qu'en est-il néanmoins du résultat de la déréification de l'Idée de sujet ? Des éléments de réponse sont fournis à propos des quatre paralogismes, Kant indiquant à chaque fois ce que devient la notion de sujet après sa critique et quelle peut en être la fonction. Ainsi, par exemple, l'examen du premier paralogisme montre-t-il, contre Descartes, qu'on ne peut déduire le « je suis » à partir du « je pense », lequel reste donc une pure structure formelle à laquelle on ne saurait faire correspondre aucun savoir (intuitif ou

déductif) d'une existence. Ce disant, je laisse de côté un certain nombre de passages délicats, à cet égard, de la deuxième édition de la *Critique de la raison pure*, qu'il m'est arrivé d'étudier par écrit, mais je retiens uniquement l'effet global de cette désubstantialisation : du fait que le sujet, notamment à la fin des deux premiers paralogismes, se trouve entièrement désubstantialisé, l'impression peut se forger que le produit de la déconstruction des illusions métaphysiques relatives au sujet se réduit à la seule notion du sujet transcendantal, comme pure structure formelle de la subjectivité en général (soit : la structure catégoriale et, version déréifiée du paralogisme de la simplicité, l'identité du « je pense » comme accompagnant la diversité des représentations). Impression qui, sans doute, n'est pas fausse, mais qui n'est toutefois, même si elle nourrit bien des interprétations, que partiellement juste : si la désontologisation du sujet métaphysique se réduisait à l'émergence du sujet transcendantal, la théorie kantienne de la subjectivité serait en effet, convenons-en, très pauvre dans sa dimension positive, tant il est vrai que — contrairement à ce qu'ont cru parfois les premiers post-kantiens — le sujet transcendantal ne constitue ni l'objet d'une connaissance, ni le fondement réel du divers des représentations, — mais seulement une structure formelle, vide, extraite réflexivement au terme d'une analyse régressive et par abstraction du divers des représentations. En un sens, ce statut du sujet transcendantal peut certes rassurer quant à la détermination post-métaphysique de la théorie criticiste du sujet : de fait, rien, dans la notion ou dans la fonction du sujet transcendantal, n'autorise à y voir la persistance de la vieille notion métaphysique du sujet conçu comme fondement, possible objet d'une intuition intellectuelle (le *cogito me cogitare* de Descartes). Mais d'autre part ce sujet en mérite-t-il encore le nom, alors que les deux caractéristiques majeures de la subjectivité (la conscience de soi et la fondation de l'objectivité) lui sont retirées ? Au point que, plutôt que d'un « sujet », on semblerait ici se rapprocher de la simple notion heideggerienne de « précompréhension ontologique » telle que, aussi bien dans *Kant et le problème de la métaphysique* que dans *Etre et Temps*, elle caractérise le *Dasein*, qui précisément n'est plus un sujet. Si la théorie kantienne du sujet, sur son versant positif, se réduisait donc à la mise en place du sujet transcendantal, la déconstruction de l'Idée de sujet se serait alors soldée, en réalité, par sa destruction pure et simple — auquel cas rien, chez Kant, ne nous conduirait plus loin que n'a su le faire Heidegger pour repenser le sujet après sa critique : déficit que je crois insurmontable chez Heidegger, mais non point chez Kant, précisément parce que sa théorie du sujet ne se clôt pas sur ce troisième moment.

4. Pour échapper en effet à l'impression que je viens de décrire, il faut souligner le rôle capital que joue, en un quatrième moment, la transformation de la subjectivité en activité : j'entends par là la substitution, préfigurant la *Tathandlung* fichtéenne, du sujet-acte au sujet-substance. Elle intervient au fond, dès la *Critique de la raison pure*, au niveau de la théorie du schématisme —

point que Heidegger, malgré son intérêt pour le schématisme, n'a absolument pas perçu, à savoir que, de fait, l'on voit à l'œuvre, avec le sujet du schématisme, une tout autre notion du sujet que celle du sujet transcendantal : le sujet du schématisme (le sujet schématisant) est en effet cette pure activité de temporalisation qui transforme les catégories en méthode. Dimension de la subjectivité (en tout cas, de la subjectivité théorique) qui excède clairement le sujet transcendantal, puisque le sujet schématisant, en tant qu'ouverture au temps, ne se réduit plus à la structure catégoriale, dont il accomplit la mise en œuvre comme méthode : mise en œuvre qui requiert bien un *sujet* de cette méthode ou l'idée de cette méthode comme sujet, puisqu'il s'agit d'une activité et que cette activité a donc un auteur. En ce sens la théorie du schématisme fournit une première réponse à la question « qu'est-ce que l'homme ? », à savoir que l'homme est le sujet du schématisme : réponse qui met bien en présence d'un sujet (comme auteur d'une activité), mais d'un sujet non clos sur lui-même (il est ouverture au temps) et, plus généralement, non métaphysique (puisqu'il reçoit la structure catégoriale, mais ne la fonde pas).

5. C'est alors cette pensée du sujet comme activité (ni substance, comme le sujet métaphysique, ni structure formelle, comme le sujet transcendantal) qui s'explicite dans un ultime moment, atteint avec la théorie du sujet pratique : dans la deuxième Critique en effet, le sujet se trouve bien pensé comme sujet pratique, plus précisément, à travers l'idée d'autonomie, comme activité d'auto-fondation, posant lui-même la loi de ses actions. En ce sens, au-delà du schématisme, l'horizon de la désubstantialisation de la subjectivité et de sa transformation en activité pure serait à situer dans un sujet pratique qui constituerait tout autant la vérité du sujet théorique que, d'une manière générale, la philosophie pratique — comme l'a fortement souligné Fichte — constitue dans l'espace du criticisme la vérité de la philosophie théorique. Et ce serait bien comme autonomie que le sujet trouverait son statut post-métaphysique : ménagée dès l'« ouverture » aux impressions que l'Esthétique transcendantale fait surgir au cœur du sujet théorique, ce désemboîtement du sujet s'accomplirait dans l'ouverture à l'humanité que présuppose le sujet pratique. En ce sens, Kant ouvrirait alors une voie susceptible de renouveler profondément la teneur et la tonalité de l'humanisme, en donnant la formule d'un humanisme non métaphysique ou post-métaphysique.

Il n'entre évidemment pas ici dans mon propos, étant donné le thème de ce colloque, d'interroger ni la fécondité, ni l'actualité philosophiques de cette voie kantienne, mais plutôt d'essayer de situer dans cette théorie du sujet ou par rapport à elle l'entreprise qui correspond à l'*Anthropologie* : bref, dans cette articulation de cinq moments, quelle place assigner à une *Anthropologie du point de vue pragmatique* ? Ma réponse, et je voudrais consacrer la troisième et dernière étape de mon intervention à la justifier, serait qu'au fond, dans le dispositif dont je viens de tracer les grandes articulations, l'*Anthropologie* se trouve à la fois partout et nulle part — donc, proprement, insituable, et ce pour des raisons que je crois assez profondes.

III. – INSITUABLE ANTHROPOLOGIE

Si l'*Anthropologie* ne se laisse pas aisément situer dans ce dispositif, c'est tout d'abord, disais-je, parce qu'en un sens elle s'y trouve partout. Manière de répondre qui n'est pas, à mon avis, la plus radicale et ne va pas au fond de la question, mais qui a néanmoins sa part de vérité si l'on tient compte du fait que bien des développements de l'ouvrage publié par Kant en 1798 relèvent plus ou loin directement de tel ou tel des cinq moments considérés. A preuve, et pour me borner à un repérage non exhaustif :

1) Du premier moment de la théorie du sujet participent notamment, dans l'*Anthropologie*, les paragraphes de la Didactique sur la sensibilité, à commencer par la brillante « Apologie de la sensibilité » des § 8-11 du livre I, qui n'ont en effet de sens qu'à partir de la théorie de la finitude radicale, telle qu'elle implique une revalorisation de la sensibilité et de la réceptivité comme structure constitutive de la subjectivité finie.

2) A beaucoup d'égards, les vastes développements sur l'imagination, à partir du § 28, notamment sur l'imagination productrice, reprennent et complètent le principe même qui est au centre du quatrième moment de la théorie du sujet, à savoir le moment du schématisme, puisque Kant, ainsi d'ailleurs que le signale Heidegger dans son *Kantbuch* (§ 26), met à nouveau en évidence la fonction de l'imagination comme médiation entre la sensibilité et l'entendement.

3) De même, bien évidemment, n'aurait-on aucune peine à réintégrer l'essentiel du livre III, sur la faculté de désirer, dans le cinquième moment, c'est-à-dire dans l'élaboration de la dimension du sujet pratique, puisque, pour le dire très vite, la transformation d'un affect en passion marque très précisément le point-limite au-delà duquel la dynamique du désir exclut la possibilité même de la liberté — comme le soulignent expressément les fameuses et belles formules des §§ 80-81 : « Si l'affect est une ivresse, la passion est une maladie », plus précisément même une gangrène, au sens où « les passions sont des gangrènes pour la raison pure pratique ».

Je borne là cet exercice : on pourrait ainsi distribuer sans peine toute une série de développements de l'*Anthropologie* dans les divers moments de la théorie kantienne du sujet, tant et si bien qu'à la question de savoir où situer, dans cette théorie, l'*Anthropologie*, la tentation serait grande, je le répète, de répondre : partout, donc nulle part en particulier. Reste que, si cette réponse n'est sans doute pas fausse, elle manque assurément de radicalité philosophique, dans la mesure où, si Kant a consacré à l'Anthropologie un ouvrage spécifique, c'est bien qu'il considérait avoir encore à s'acquitter sous ce nom d'une entreprise particulière, remplissant une fonction particulière dans l'économie du système critique et notamment dans l'économie de la théorie critique du sujet — et n'entendait pas simplement rassembler des éléments déjà présents ailleurs, de manière éparse, dans son œuvre ; il indique d'ailleurs lui-même, à propos des rapports entre sensibilité et entendement tels qu'il les reformule, dans la Remarque du § 7 (ma trad., GF-Flammarion, 1993, p. 72), que ce qu'il vient de redire à cet égard, et qui reprend les acquis de la première Critique, « n'est pas véritablement du ressort de l'anthropologie » — suggérant par là clairement qu'il y en revanche des questions qui sont spécifiquement de son ressort et ne donneraient pas lieu à de simples rassemblements de matériaux épars ailleurs. Il faut donc ne pas se contenter de cette première réponse (« partout ») et reposer la question de la place de l'Anthropologie, en tenant compte des indications que Kant lui-même nous donne, et dont j'étais parti tout à l'heure, sur le projet anthropologique.

Or, si l'on tient compte de ces indications (à la fois de celles de la Préface, selon laquelle une Anthropologie pragmatique étudie ce que l'homme, comme être libre, fait de la nature présente en lui, et de celles des années 1790 sur la fonction systématisante de l'Anthropologie comme prenant en charge la question qui rassemble toutes les questions de la philosophie), il me semble qu'une autre réponse s'impose : effectivement, dans la théorie kantienne du sujet, avec ces cinq moments constitutifs, l'Anthropologie n'est nulle part, non pas tant, toutefois, parce qu'elle est partout, mais au fond parce qu'elle est ailleurs, comme un extérieur à la théorie dont elle permet de penser ou d'exiger l'unité. Ce que je voudrais en effet suggérer, c'est que l'Anthropologie, comme la troisième Critique (et, de ce point de vue, ce n'est pas un hasard, je crois, si sa véritable promotion philosophique a succédé chez Kant, dans les années 90, à la *Critique de la faculté de juger*), participe surtout d'une interrogation sur cela seul qui peut permettre de penser une cohérence et une unité systématiques de la théorie du sujet : participant d'une telle interrogation sur l'unité de la théorie, l'Anthropologie, en raison même de ce qu'est en général le statut kantien de l'unité de la philosophie, n'en constitue pas l'un des moments, mais correspond bien plutôt à la nécessité de penser, comme de l'extérieur, réflexivement, ce qui s'est distribué dans la succession des moments.

Pourquoi ce besoin d'unifier, comme après coup, la théorie du sujet ? Afin de demeurer suffisamment bref, je dirai seulement qu'à considérer le premier et le cinquième des moments que j'ai distingués dans la théorie du sujet, le problème de l'unité surgit à l'évidence : tout le problème, au demeurant classique dans l'exégèse kantienne, est en effet de déterminer si, en allant au-delà du sujet du schématisme, la théorie kantienne n'a pas aussi régressé en deçà des acquis, issus de la *Critique de la raison pure*, qui donnaient toute sa densité à son premier moment — dit autrement : faire de l'autonomie l'horizon du sujet (comme sujet pratique), n'est-ce pas mettre en péril l'idée même de finitude radicale ? Problème dont je disais qu'il n'y a rien d'original à en rappeler les termes, même si, en lui-même, le problème, qui avait été débattu notamment par Heidegger et Cassirer à Davos, reste à la fois redoutable et fascinant : on peut en effet se demander ce que devient la théorie de la finitude radicale quand on passe de la première à la deuxième Critique, donc du sujet théorique au sujet pratique. Dans la *Critique de la raison pure*, la Dialectique transcendantale, en mettant en évidence la stérilité de la connaissance par simples concepts, vérifiait négativement l'Esthétique : à utiliser les concepts sans ouverture à l'intuition, la pensée s'égare dans le champ de l'illusion. Donc, pour le sujet théorique, pas d'activité qui soit légitime sans une dimension intrinsèque de réceptivité. En revanche, la subjectivité pratique semble pensée comme une pure spontanéité : dans la mesure où le sujet moral se structure autour de l'Idée de liberté pensée en termes d'autonomie, on voit mal en effet, de prime abord, comment la subjectivité pratique, si l'autonomie se doit concevoir comme une spontanéité sans réceptivité, n'évoquerait pas davantage un sujet absolu (auto-position) qu'un sujet radicalement fini : qu'est-ce en effet qu'agir moralement, dans la perspective définie par la *Critique de la raison pratique*, si ce n'est poser dans l'être un acte dont la maxime est conforme à la loi de la raison en tant que pratique ? Perspective dont je répète qu'elle fut en 1929 au centre du débat sur le kantisme qu'eurent, à Davos, Cassirer et Heidegger, le premier s'appuyant sur cette spontanéité du sujet moral pour défendre la thématique (peu convaincante quant à la cohérence interne du kantisme) d'une percée pratique vers l'Infini, le second réinstallant à l'aide de mauvais arguments la radicalité de la finitude au cœur de la pensée kantienne du sujet, y compris comme raison pratique[2].

Je ne veux évidemment pas reprendre pour lui-même, ici, ce problème dans toute son ampleur, mais simplement souligner que si, au plan du sujet pratique, se pouvait désigner cette sorte de « percée vers l'infini » que croyait y trouver Cassirer, toute une série de conséquences s'ensuivrait : non seulement il serait possible de désigner dans la philosophie pratique une rechute du criticisme vers la « métaphysique de la subjectivité », non seulement la finitude, radicale dans la première Critique, serait à nouveau relativisée (par rapport à l'absoluité du sujet pratique), — mais du point de vue même de sa cohérence ou de son unité possible la théorie kantienne du sujet se trouverait exposée à des objections qu'il n'est pas besoin d'expliciter.

On sait que, d'une façon générale, la problématique de la cohérence entre philosophie théorique et philosophie pratique est ce qui a donné naissance, après les deux premières Critiques, à une *Critique de la faculté de juger* chargée de penser un passage entre nature et liberté, donc entre philosophie théorique et philosophie pratique. Le projet de l'Anthropologie pragmatique correspond, je crois, à une simple particularisation de cette problématique générale du passage,

---

2. Je me permets de renvoyer sur ce point à mes développements in : A. RENAUT, *Kant aujourd'hui*, Aubier, 1997.

réduite à ce qui, en elle, concerne plus particulièrement l'unité de la théorie du sujet et peut permettre de penser un passage, un *Übergang*, entre le sujet théorique (pensé en termes d'ouverture) et le sujet pratique (pensé en termes de spontanéité). Comment le projet d'une Anthropologie pragmatique vient-il s'inscrire dans cette problématique du passage ? La réponse me paraît requérir l'explicitation de trois équivalences qui président à la façon dont Kant s'est représenté ce projet et l'a au moins partiellement, sous une forme « populaire », mis en œuvre : 1) l'équivalence (qui fonde l'importance même du moment anthropologique dans le système critique) entre le problème de l'unité de la philosophie et la question de l'homme (l'humanisme) ; 2) celle qui intervient entre la fondation de l'humanisme et la réflexion sur l'histoire comme *progrès* (expliquant ainsi la place prise par cette thématique tout au long de l'*Anthropologie*) ; et enfin 3) celle qui s'établit entre cette question du progrès et celle de l'avènement historique du *droit* (par où s'éclaire la description finale du « caractère de l'espèce humaine » par référence à sa capacité de s'approcher sans cesse davantage de l'idéal d'une société civile administrant le droit de façon universelle[3]).

1) La question « qu'est-ce que l'homme ? » est apparue à Kant comme celle autour de laquelle « se laisse rassembler tout le champ de la philosophie ». Discerner le principe de ce « rassemblement » suppose que l'on prenne en compte la façon très particulière dont se pose à Kant ce problème de l'unité de la philosophie ou du « passage » entre la philosophie théorique et la philosophie pratique, entre la philosophie de la nature et la philosophie de la liberté : la première (*Critique de la raison pure*) pense les objets de la nature, en tant que simples phénomènes, comme soumis à la loi du déterminisme ; la seconde (*Critique de la raison pratique*) met au fondement de l'objectivité l'Idée de liberté, que l'on ne peut se représenter dans l'intuition, autrement dit une « chose en soi ». En conséquence d'une telle division de la philosophie, il paraît impossible de concevoir le moindre effet de la liberté (chose en soi) dans la nature (phénomènes), — auquel cas, la liberté n'ayant aucune influence dans la nature, on ne voit pas quel sens pourrait avoir l'impératif moral d'agir par liberté (= par devoir) : corrélativement, comment pourrions-nous, dans ces conditions, juger un homme pour ses actes, l'en tenir responsable, dès lors que de tels actes, puisque s'inscrivant dans l'univers phénoménal, seraient à penser comme pris dans le déterminisme naturel (et non comme produits par liberté) ? Bref, aussi bien pour assurer l'unité de la philosophie (pour trouver une cohérence entre philosophie théorique et philosophie pratique) que pour sauver la philosophie pratique elle-même, il fallait pouvoir penser une synthèse de la nature et de la liberté. On comprend par là même pour quelles raisons expliciter le principe

3. Voir les dernières pages de l'*Anthropologie*, IIe partie : « Traits fondamentaux du caractère de l'espèce humaine », II.

d'une telle synthèse, ce sera développer un discours sur l'homme : ne serait-ce en effet que dans la perspective esquissée par la solution de la troisième antinomie, l'homme est l'être qui se pense à la fois dans le registre de la nature et dans celui de la liberté, et si d'aventure cette dualité du sujet humain (nature/liberté) se pouvait approfondir en une articulation, la réponse à la question « qu'est-ce que l'homme ? » (si l'on veut, l'humanisme) fournirait bien, *ipso facto*, le principe de l'unité de la philosophie. Par là s'expliquent, non seulement l'importance prise par cette question de l'homme, mais aussi, et plus précisément, la façon dont cette question sera développée dans l'*Anthropologie*, puisqu'aussi bien, on va y revenir, l'« anthropologie *pragmatique* » visée par Kant entend explorer ce que l'homme, comme *liberté*, fait de la *nature* présente en lui, donc analyser comment s'accomplit en lui l'appropriation de la nature par la liberté[4].

2) Si c'est ainsi sur le mode d'une « connaissance pragmatique de l'homme » (= d'une connaissance de l'homme comme passage de la nature à la liberté) que la philosophie critique recherche la médiation d'où elle peut recevoir sa cohérence, on aperçoit aussitôt ce qui, suscitant une seconde équivalence, fait de la philosophie de l'histoire, conçue comme progrès de l'espèce humaine (= comme culture), le terrain concret sur lequel une telle approche « pragmatique » de l'homme prend tout son sens. Car l'histoire, aussi bien dans l'*Idée d'une histoire universelle d'un point de vue cosmopolitique* (1784) que dans les § 83-84 de la *Critique de la faculté de juger* (1790), Kant la décrit comme ce « progrès de la culture » qui développe en l'homme l'aptitude à dépasser la simple séduction des penchants et à se proposer de libres fins, donc à s'élever de la nature à la liberté, selon un processus infini qui fait de l'homme comme sujet de l'histoire (*individuelle* et *collective*), ou (ce qui revient au même) comme *être de progrès*, la médiation recherchée. De là que l'*Anthropologie* attache tant d'importance, en sa première partie, à tout ce qui — troubles mentaux, déficiences de l'esprit, maladies de l'âme (§ 45 sqq.), affects (§ 74 sqq.) et passions (§ 80 sqq.) — peut priver l'homme de cette capacité d'arrachement à la nature en quoi consiste la liberté ; de là aussi qu'en sa seconde partie, elle privilégie à ce point, dans ses développements sur le « caractère de l'espèce », la capacité de l'humanité « à se cultiver, à se civiliser et à se moraliser », selon le thème d'une « éducation collective du genre humain ».

3) Il reste alors, selon une dernière équivalence, à replacer dans ce processus de culture le *progrès du droit* : selon une argumentation développée plus largement dans les écrits juridico-politiques (des opuscules sur l'histoire à la *Doctrine du droit*), la condition sous laquelle se réalise, asymptotiquement, ce

4. Ce pourquoi précisément, par opposition à une anthropologie simplement *physiologique* (qui étudie ce que la nature a fait de l'homme), la *Préface* donne pour objet à l'anthropologie menée « d'un point de vue pragmatique » de scruter ce que l'homme, *en tant qu'être libre*, peut et doit faire de lui-même.

but final de la Providence qu'est l'élévation, en l'homme, de la nature à la liberté, c'est la construction politique d'un espace juridique. Car en résolvant, par le simple jeu de l'intérêt bien compris, le problème de savoir comment discipliner son égoïsme et le soumettre à la loi, l'homme (en l'occurrence : la nature en l'homme, puisque le seul ressort du progrès est l'égoïsme, s'apercevant qu'à se déployer sans frein et à faire de la société un champ de conflits incessants, il perd plus que ce qu'il gagne) devient capable de résister aux inclinations sensibles et donc de se proposer des « fins libres ». En ce sens, c'est en devenant sujet de droit, dans l'espace politique de la cité visant la réalisation de l'Idée républicaine, que l'homme comme sujet de l'histoire articule en lui la nature à la liberté. Plus précisément : le moment juridique, où la soumission à la loi est seulement extérieure, ne correspond pas encore à l'irruption véritable de la liberté ; du moins la prépare-t-il, en préparant la moralité, et c'est en tant que préparation à la liberté que le droit est médiation. Ainsi se révèle-t-il en tout cas qu'à travers l'explicitation du progrès de la culture en progrès du droit (ce dont s'acquittent les dernières pages de l'*Anthropologie*), se conquiert, à la question « qu'est-ce que l'homme ? », une réponse que Fichte venait de fournir lui aussi en 1796-1797, dans le *Fondement du droit naturel*, en définissant le propre de l'homme (= ce que l'humanisme valorise) en termes avant tout juridiques, à savoir par la « possibilité d'acquérir des droits ». Ce par quoi l'humanisme criticiste s'affirme, chez Kant aussi bien que chez Fichte, comme un *humanisme juridique*.

À travers cette triple équivalence, où le problème de l'unité de la philosophie communique avec la question de l'homme, et celle-ci, successivement, avec celles de l'histoire comme progrès, puis du progrès comme réalisation politique du droit, on aperçoit donc en quel sens l'interrogation anthropologique pouvait apparaître à Kant comme le lieu où venaient se rassembler les questions décisives de la philosophie — en quel sens aussi c'est autour du projet anthropologique que les divers moments constitutifs de la théorie kantienne du sujet trouvaient le principe de leur articulation. Ce que manifesterait tout autant la façon dont s'organise, dans la texture même de l'œuvre, cette interrogation anthropologique, où l'on pourrait aisément repérer la trace de cette fonction synthétique reconnue par Kant au discours philosophique sur l'homme : si l'interrogation sur l'homme rassemble en effet les trois questions : « que puis-je connaître ? », « que dois-je faire ? », et « que m'est-il permis d'espérer ? », ces trois questions correspondent respectivement aux trois facultés de l'esprit que distingue Kant, à savoir la faculté de connaître, le sentiment de plaisir (ou de peine) et la faculté de désirer ; or, le lecteur de l'*Anthropologie* ne peut manquer de constater que la première, et de loin la plus ample, des deux parties de l'ouvrage (*Didactique anthropologique*) se distribue selon trois livres correspondant explicitement à ces trois facultés dont avaient traité successivement les trois *Critiques*. Comme si ces trois *Critiques* trouvaient ici, dans ces trois livres, des compléments à la faveur desquels il leur devenait possible de manifester pour ainsi dire visiblement l'unité interne qui leur est conférée, à partir de la troisième et de ses prolongements, par la problématique du passage entre nature et liberté. Unité dont il faut dire et redire, bien sûr, qu'elle n'est qu'une unité visée par la réflexion du philosophe, puisque la constitution républicaine n'est qu'une exigence (la chose en soi, selon la formule de la *Doctrine de la Vertu*) : en ce sens, il faut convenir que la théorie kantienne du sujet ne trouve son unité que dans un *point de fuite*, l'Anthropologie constituant précisément un tel *point de fuite* (car telle est au fond ma réponse ultime à la question de la place de l'Anthropologie dans la théorie kantienne du sujet) ; il faut convenir aussi qu'assurément les successeurs de Kant pourront rêver pendant une trentaine d'années d'une unité plus assurée, ou qu'ils croiront plus assurée, mais que si Kant reste aujourd'hui plus près de nous que Hegel, c'est sans doute, en très grande partie, pour n'avoir jamais partagé ce rêve ou cette illusion.

L'ÉVOLUTION DE L'IMAGE DE L'HOMME CHEZ KANT, DEPUIS LES PREMIERS ÉCRITS JUSQU'À L'*OPUS POSTUMUM*

Georges ANTONOPOULOS

D'après une expression du jeune Kant, l'homme suscite un problème « inexplorable »[1]. Nous ne savons pas en réalité, ce qu'est l'homme. Le jeune Kant s'occupe incessamment de la question, mais qui reste sans réponse : « Qu'est-ce que l'homme ? » Ce qui montre bien que le philosophe se trouve en présence d'une énigme.

La nature mortelle de l'homme pose un problème encore plus sévère, plus profond et plus difficile à résoudre : « Que va-t-il advenir d'une telle créature ? »[2].

La temporalité de l'être humain, son destin après la mort, son engloutissement au fond de l'abîme (langage pascalien), suscitent une série de questions importantes et génératrices d'angoisse[3]. Déjà les changements impressionnants de la nature ont quelque chose d'inquiétant, de terrifiant[4]. Mondes et systèmes cosmiques passent et sont engloutis dans l'abîme de l'éternité. L'homme, au milieu de la nature, se sent, devant le spectacle de ces changements, insignifiant et menacé, il s'effraie de la suivie de son âme[5]. Cette image négative se réfère aux sentiments et à la position de l'homme dans la nature comme être temporel. Elle n'est pas inconnue dans la bibliographie philosophique et théologique, mais il faut souligner que

1. *Kant's gesammelte Schriften.* Hrsg. von der Königlich Preussischen Akademie der Wissenschaften, Band I-XXII. (« *Allgemeine Naturgeschichte...* » selon l'édition de Cassirer), ici I, 368. Heinz HEIMSOETH *Astronomisches uns Theologisches in Kants* Weltverständnis Akad. d. Wiss. Mainz 1963, aussi *Kant und Plato*, Kant — Studien Heft 3-4 1966 p.349-372. Vittorio MATHIEU, *Kants Opus Postumum*, Vittorio Klostermann, Frankfurth am Main, 1989. Hermann SCHMALENBACH *Kants Religion*, Berlin 1929. Voir aussi mes études *Der Mensch als Bürger zweier Welten*, Bonn 1958. *Kant et Pascal* (en grec), Athènes 1975. *Was ist der Mensch* (*Kr.d.pr.V.*) Existenzerfahrung und Existenzerhabenheit im Lichte von Kant's Entwiklungsgeschichte. Akten des Siebenten Internationalen Kant-Kongresses," Bonn Bouvier 1991. L'homme dans la B. partie de la *Kr.d.p.V.* (en grec). Communication, E' Int. Kant Kongress, Mainz 1981 fasc. « Philosophia » Akad. Athènes 1983-1984

2. I, 368

3. I, 324

4. I, 320

5. I, 324

chez Kant elle est accompagnée et demeure voisine de l'image positive du cosmos : l'infini et la beauté[6] de l'univers, le spectacle majestueux du macrocosme, remplissent l'âme du jeune Kant d'une sorte d'ivresse et de volupté mystiques. Admiration, enthousiasme, exaltation sont comprises dans cette contemplation passionnée que seules les âmes nobles[7], il faut le souligner, peuvent ressentir devant le spectacle de cette création, œuvre de la toute puissance de Dieu[8].

Selon les conceptions du jeune Kant, l'homme se compose de deux éléments : de l'invisible esprit qui est en lui et de la matière qui est visible. Esprit et matière sont séparés par une distance infinie. L'homme désire connaître Dieu, il conserve dans son cœur, l'espoir de la vie future[9]. Il serait l'être le plus méprisable si cet espoir ne l'élevait pas. Bien que mortel, faible, l'homme est le siège d'un esprit immortel. La grandeur de l'homme consiste, en ce que l'esprit immortel survit à tous les changements.

La description de la position de l'homme dans le monde, comme elle se manifeste ici et l'intérêt philosophique du jeune Kant qui y est lié est d'une grande importance pour la définition des buts fondamentaux de la pensée kantienne. On peut signaler, que les traits principaux de l'image que nous avons donnée ci-dessus, c'est-à-dire de la position de l'homme dans le monde, réapparaît et plus précisément dans la *Kr.d.p.V.*, dans la *K.d.U.* ainsi que dans certains passages de l'*O.P.* En résumé, on peut constater, que la cosmothéorie kantienne, a, dans ses grandes lignes, pris, en majeure partie, sa forme définitive.

Il nous semble qu'il est nécessaire ici de donner un schéma général de la méthode suivie dans cet exposé, d'une part pour faciliter la compréhension en donnant la structure globale de notre pensée, et d'autre part pour insister sur certains points qui nous permettront d'exprimer quelques réflexions personnelles de façon plus précise, avec un regard particulier sur la signification de Rousseau pour notre philosophe, et son actualité.

Il est bien connu qu'on peut diviser l'œuvre de Kant en quatre parties :

La période précritique

L'œuvre critique qui comprend les trois Critiques *Kr.d.r.V.*, *Kr.d.p.V.*, *K.d.U.*

L'œuvre métacritique

L'*O.P.*, *Opus postumum*

La période précritique nous offre la possibilité d'une division en trois périodes.

---

6. I, 315
7. I, 369
8. I, 315
9. I, 368, 328

La première période qui comprend les œuvres entre 1746 et 1760, a été déjà mentionnée, mais ensuite, on remarque et souligne un changement du monde extérieur au monde intérieur. C'est la deuxième période précritique où Kant se trouve sous l'influence de Rousseau et des moralistes anglais.

A présent, l'objet de sa philosophie, c'est l'ordre spirituel interne qui constitue une composante de l'esprit humain, celui-ci, étant le siège des principes fondamentaux de la morale[10]. Kant découvre le sentiment qui compose le noyau surnaturel, fondement de la morale, avec l'aide duquel, les actes de l'homme sont réglés selon des lois générales. Il est évident qu'il s'agit d'une nouvelle conception de l'existence humaine. Dans son ouvrage (XX, 44), Kant expose les raisons de ce changement, principalement sous l'influence de Rousseau. Abandonnant son but initial, Kant se tourne vers l'homme et les droits de l'homme[11]. La beauté et la grandeur humaine

10. « *Beobachtungen über das Gefühl des Schönen und Erhabenen* », (II, 217, 27) voir aussi « *Untersuchungen über die Deutlichkeit der Grundsätze der naturlichen Theologie und Moral* » (II, 295,300), « *Nachricht von der Einrichtung seiner Vorlesungen* » (II, 311), « *Traümer eines Geisterseheps...* » (II, 333, 334, 372).

11. Comment peut-on expliquer et comprendre l'influence de Rousseau sur Kant ? Dans son œuvre, Kant, explique les raisons d'un changement décisif, il déclare avoir été entraîné par son amour pour la connaissance, c'était une époque, dit-il qui exprimait la gloire de l'humanité et expliquant ce changement, il unit par la suite la mission de sa philosophie avec l'œuvre de Rousseau : « Rousseau m'a mis dans la bonne voie », « *Rousseau hat mich zurecht gebracht...* », v. « *Bemerkungen zu den Beobachtungen* » (XX, 44)].

Son but le plus élevé est de restaurer les droits de l'humanité. Ces paroles ne sont pas d'une importance mineure pour la suite de sa démarche. SCHMALENBACH raconte que l'« Emile » lui a fait une si grande impression, qu'il a révolutionné ses habitudes au point, selon une anecdote, d'en oublier sa promenade quotidienne. D'après Schmalenbach, (Magie de Rousseau : analyse et interprétation sur la signification de l'imagination et surtout ses références à l'*Anthropologie* de KANT : (*Opus cit.* 43, p.45, 54, 55), ce ne sont pas les idées de Rousseau mais son style qui a influencé Kant.

De toute façon la sensibilité de Kant à la magie poétique de la phrase de Rousseau qui l'avait tellement séduit pendant sa jeunesse s'est rapidement éteinte (voir à ce propos l'*Anthropologie*, VII, 249).

Cependant, il est évident que le génie de Rousseau, malgré les différences, a ouvert chez Kant de nouvelles perspectives tant dans le domaine du sentiment que dans celui de la pensée politique.

H. HEIMSOETH rappelle en s'appuyant sur certaines conceptions de Kant : « qu'il n'y a pas de grand créateur sans précurseurs » et en se référant à Rousseau : Pour Kant, Rousseau était génial malgré ses rêveries. Nous citons le texte allemand, pour plus de précision : « Es gibt auch schwärmerische aber gute Köpfe. Das schwärmerische Genie übertreibt an Ideen... Rousseau ist ein Achtungswürdiger Schwärmer... ». Heinz HEIMSOETH, *Kant und Plato*, *op. cit.*, p.366, 367.

In den Notizen zur Anthropologie werden zu solchen « Ursprünglichen des Geistes » neben Dichtern und « Autoren des Geschmacks » sowie den technischen Erfindern auch Denker gerechnet, denen eine entscheidende « Vermehrung der Erkenntnis des Verstandes und der Vernunft » verdankt wird. Und wenn es da heisst « das schwärmerische Genie übertreibts in Ideen » so ist das ebenso im Hinblick auf Rousseau gedacht wir auf Plato ; und aus der eigensten Erfahrung des Denkers heraus sagt er da noch : « Vom schwärmenden Genie kann ich wirklich lernen ». (*op. cit.*, p. 371, 372 aussi notes 71, 72, 73). Malgré leurs rêveries poétiques, Platon et Rousseau demeurent les grands précurseurs, qui offrent la possibilité à d'extensions et d'intentions créatives.

consistent en la présence du noyau surnaturel dans l'homme. La morale est un élément intérieur de l'existence humaine.

D'une part, l'homme est membre d'une république spirituelle et morale et il est d'autre part, membre du monde sensible.

Avant de mentionner la *Kr.d.r.V.* on doit mentionner le texte écrit en latin : « *De mundi sensibilis...* » dans lequel il parle des formes à priori de la vision (idéalité de l'espace et du temps) et de l'importante séparation entre « *phaenomena et noumena* »[12].

C'est dans la *Kr.d.r.V.* que Kant définit les forces *a priori* de l'esprit humain, c'est-à-dire *Verstand und Vernunft*. L'homme dans son image critique métaphysique de créature spirituelle se présente comme un être possédant un caractère sensible et un caractère suprasensible.

Sa fonction spécifique est d'être législateur du monde sensible, c'est à dire une existence théorique. La liberté se distingue surtout à un niveau cosmologique, et nous rappelons à ce propos la causalité de la nature et la causalité de la liberté [13].

L'Epilogue de la *Kr.d.p.V.* expose dans une exaltation remarquable non seulement l'image de la cosmothéorie kantienne et de l'homme en tant que législateur de la liberté — sans diminuer l'importance de cette dernière fonction — mais il exprime certaines formulations qui nécessitent, non seulement, une référence mais aussi, dans la mesure du possible, une interprétation spéciale[14].

Rappelons que dans ce fameux passage — après la rédaction des deux *Critiques* — où Kant, considérant et contemplant le monde sensible, c'est à dire, le spectacle du firmament, et en lui-même, la loi morale, prétend les voir devant lui et les unir dans la conscience de son être[15]. Il s'agit, malgré toutes les restrictions de la philosophie critique, d'une expérience particulière de l'existence. D'autre part, l'homme, dans une conception anthropologique, se présente comme une unité dans un ensemble : « Je les vois devant moi et je les unis directement avec la conscience de mon existence ». Il ne s'agit pas seulement d'une formulation paradoxale de Kant, mais comme nous l'avons déjà mentionné, d'une expérience unique de l'existence et d'une conception globale de l'homme qui nous rapproche des conceptions de l'anthropologie contemporaine.

Avant de clore ce chapitre d'une importance particulière de la cosmothéorie kantienne, nous désirons souligner des points principaux, définitifs, et liés avec

---

12. *De mundi Sensibilis...* également refus de la morale du sentiment de la période précédente.

13. *Critique de la Raison Pure*, 2ème partie, voir ma communication *op. cit.*

14. *Critique de la Raison Pratique*, Epilogue, traduction Luc FERRY, Heinz WISMANN p. 211, 212. Voir aussi note 15.

15. « Je les vois devant moi et je le rattache immédiatement à la conscience de mon existence ». Voir ma communication Was ist der Mensch (Kr. d. pr. V.) *op. cit.*, p. 483.

la nature et la signification de l'existence : étendue et profondeur du sentiment, richesse et totalité de la vision, définition de la grandeur humaine qui à mon avis est le thème principal de la philosophie kantienne. A cause de l'importance du sentiment et de la grandeur de l'homme, il est juste de se rapporter à la *K.d.U.* où Kant unit le sentiment à la grandeur[16].

En nous rapportant à la nature métaphysique et religieuse du sentiment, nous désirons souligner la dimension du « *tremendum* » et « *fascinosum* » et de l'importance spéciale de l'aspect positif du sentiment chez Kant. (Dans l'*Anthropologie*, Kant décrit la sainte frayeur de celui qui voit l'abîme du supranaturel s'ouvrir devant lui)[17].

Conformément à ce qui a été mentionné plus haut et au déroulement de la philosophie kantienne, il est évident que dans la définition de l'homme dans les œuvres postérieures et dans l'*O.P.* a atteint un point culminant.

L'existence théorique dans l'*O.P.* est considérée comme spectateur du monde, c'est-à-dire comme un être qui peut connaître, et en même temps « *Urheber* » du monde sensible, auteur d'une synthèse démiurgique[18]. Le « *cosmothéoros* »[19] crée les éléments de la connaissance du monde *a priori* et la vision du monde qu'il compose grâce à l'idée. Il est en même temps, spectateur et habitant du monde[20]. La distance entre la *K.d.r.V.* et l'*O.P.* est évidente. Dans la première, il parle de l'unité synthétique de la perception transcendantale, tandis que dans l'*O.P.* il se hausse à la définition du « *cosmothéoros* ». On peut aussi remarquer que dans la définition de l'homme spectateur du monde, comme elle apparaît dans « *Allgemeine Naturgeschichte* », le philosophe revient à ses thèses fondamentales.

L'homme, comme un être qui peut agir d'après les principes de la liberté et créateur de lui-même, et, nous pouvons ajouter en citant Kant : « je ne suis pas seulement un être soumis aux lois de la nature, mais selon un principe de la spontanéité de la liberté, un principe de l'autodéfinition synthétique — c'est une des définitions formulées par Kant — est un être libre, capable d'agir[21].

---

16. *Critique du Jugement* (§ 28). La thèse principale de Kant dans sa description du sentiment du sublime est que la grandeur de l'homme se situe non dans la nature mais dans l'intérieur de l'âme. « Die eigene Erhabenheit seiner Bestimmung ». Kant emploie le terme « Stimmung » dans la description du sentiment : « eine Stimmung zur ruhigen kontemplation ».

17. V. Hermann SCHMALENBACH, *op. cit.*, p. 54, 55.

18. XXXI, 28, 61, 62.

19. L'idée du « Cosmothéoros » XXI, 553, 31. MATHIEU (*op. cit.*, p. 265) à propos du terme « Cosmothéoros » remarque que Kant emploie un terme grec. En fait, il s'agit du titre d'un livre de HUYGHENS où Kant a puisé en partie son inspiration. Parmi les hypothèses exposées dans son « Cosmothéoros » HUYGHENS évoque à part les « Entretiens sur la pluralité des mondes » de FONTENELLE, KEPLER Tiho BRAHE ainsi que Nicolaus COUSANUS et Giordano BRUNO (voir HEIMSOETH « Astronomisches...", p. 835).

20. « Weltbewohner » XXI, 51, 53, 45 : Habitant du monde.

21. XXII, 55, 78, 131, XXI, 25.

Avec l'étude du problème : Dieu, Univers, apparaît de nouveau, la synthèse des deux mondes qui constitue un thème fondamental de la philosophie de l'*O.P.* Tandis que dans la *K.d.U.* le problème est affronté de manière théorique, dans la métaphysique de l'*O.P.* l'homme, dans sa situation particulière dans l'univers est défini comme un être intermédiaire entre Dieu et le monde[22]. En ce qui concerne l'idée de la liberté, exprimée par des définitions rappelant les points de vue de Fichte, Kant nous parle de l'autoposition de la liberté en relation avec l'homme libre[23]. Certains passages font allusion à une synthèse entre christianisme et platonisme[24] et de la tradition philosophique : l'homme doit être considéré comme un philosophe : « *Homo philosophus est* » [25] la philosophie est l'amour pour la sagesse.

A mon avis, la signification de l'œuvre kantienne ne se limite pas à la critique, et il n'est pas aisé d'élucider les tendances définitives du philosophe. Le sens de la philosophie (« *Philosophieren lernen* ») est compris évidemment dans le corps de l'œuvre, mais une lueur existe provenant des extrêmes, malgré les contradictions ou plutôt à cause d'elles.

Pour donner une image globale selon certaines visions du vieux Kant, qui ne sont pas rares dans l'œuvre des dernières tendances, on distingue d'une part, l'accomplissement d'ensembles englobant les réussites du passé et d'autre part, ses ultimes efforts d'ouverture vers « l'avenir ». Par exemple : « *Deus, Universum. Mundus,* (*und entia mundana dergleichen auch der Mensch als das mit freyer Willkür begabte, Gott analoge Prinzip mundi incola Homo ist der eben jetzt diese Verhältnisse und Ideen constituirt nicht von einem anderen sondern vom Menschen empfägt*) »[26].

Dieu est l'ensemble des êtres (*entia mundana*), ils sont unis par l'homme, qui est, d'une part (*incola mundi*) et d'autre part, un principe analogue à Dieu. Cette synthèse est accomplie par des lois, soumises à son esprit créateur.

Dans l'*O.P.*, l'homme n'est pas seulement un être composé de deux natures : la sensible et la supranaturelle, comme « l'*existencia noumenon* », définie dans la deuxième *Critique*, mais le principe qui unit Dieu et l'homme[27].

Avec cette constatation, l'anthropologie de l'*O.P.* atteint sont point culminant. La Philosophie Transcendantale, à plusieurs reprises, dans les définitions voisines, est nommée la science de tous les êtres, soutenant un

---

22. XXI, 28, 42, 54, 144.
23. XXII, 36, 47.
24. XIX, 110.
25. XXI, 130, 121.
26. XXI, 47.
27. XXI, 28, 22, 144, 54, 41 (voir *Der Mensch... op. cit.*, p. 41).

ensemble ordonné, non pas dans une forme idéale, mais comme quelque chose de donné (réel). La philosophie de l'*O.P.* a comme but principal de créer un système qui comprend tout. La philosophie à son point culminant et les définitions ultimes de l'homme coïncident dans une conception.

La Philosophie Transcendantale est l'acte de la conscience par lequel le sujet devient le créateur de lui-même. C'est la synthèse de tous les objets de la raison théorique et pratique[28].

Kant a plusieurs fois posé la question : « Qu'est-ce que l'homme ? ». La lutte pour concevoir l'essence et la signification, le rôle et son but dans le monde, — c'est-à-dire pour une réponse analogue et à sa tâche et à sa mission philosophique commence dès sa première œuvre géniale « *Allgemeine Naturgeschichte und Theorie des Himmels* ». Une inquiétude angoissée se perpétue dans toute son œuvre jusqu'à l'*O.P.* qui malgré son style fragmentaire présente un nombre important de définitions dans un effort inépuisable de ses dernières intentions. Kant ne dépasse pas les limites de la *Critique* mais son combat trahit ses préoccupations métaphysiques. Les êtres du monde s'unissent dans une conception où l'homme est considéré, d'une part, habitant du monde, et d'autre part principe analogue à Dieu. Cette union forme un ensemble qui englobe le tout.

A la fin du XXe siècle et au seuil du nouveau, il semble que débute l'ère du philosophe et plus exactement et concrètement de la liberté de l'homme. Et pour reprendre le mot de Goethe après la victoire de Valmy[29], d'une façon analogue, on peut dire avec lui : « A partir d'aujourd'hui s'ouvre une nouvelle époque pour l'histoire universelle ». La fin du XXe siècle à notre avis, dirige notre regard vers tout ce que la philosophie de Kant contient de grand, et l'expression « *zürück zu Kant* » exprime une nécessité historique urgente de la réalisation et de la préservation de la liberté et des droits de l'homme.

Seul l'homme, en tant que personnalité libre, a la possibilité — trait caractéristique d'une signification décisive de sa supériorité — de couvrir avec l'ampleur de ses buts, l'avenir éloigné et d'affronter les douleurs et les soins que lui inspire une sombre et incertaine perspective, grâce à la puissance personnelle de ses décisions, résultat de sa loi[30].

---

28. « Dieu et l'ensemble du Tout... » (XX, 47).

29. H.G. GADAMER « Von hier und heute geht eine neue Epoche der Weltgeschichte aus » 5. Inter. Kant-Kongress, Mainz, 1981, Akten II, s. 15-28.

30. E. KANT, *Mutmasslicher Anfang der Menschengeschichte*, Ausgewählte Kleine Schriften, Felix Meiner, 1914, p. 67.

ENTENDEMENT COMMUN, IDÉALISME CRITIQUE ET ANTHROPOLOGIE

Joachim KOPPER

Kant se rapporte souvent au rôle que le sens commun qu'il appelle en allemand le « *gemeine Menschenverstand* » ou le « *gesunde Menschenverstand* » joue dans et pour la pensée philosophique. C'est selon lui un rôle très ambigu. Kant rejette l'entendement commun sans restriction pour la pensée théorique, mais il s'en sert et même s'en réclame dans sa philosophie pratique.

En ce qui concerne sa philosophie théorique Kant nous parle de l'entendement commun avant tout dans ses *Prolégomènes*, où dès l'Introduction il rejette l'usage de l'entendement commun dans la pensée spéculative. En attaquant le principe de la causalité, Hume avait ruiné, selon Kant, les convictions métaphysiques mal fondées de l'entendement commun, mais, dit Kant, tout de suite toute une horde de philosophes dogmatiques s'était élevée contre lui pour réclamer l'inviolabilité des persuasions communes. Kant, lui non plus, n'approuve pas la pensée de Hume, mais n'en juge pas, dans un esprit conservateur qui voudrait réinstaller les vieilles convictions. Mais il trouve que cette pensée n'est qu'une pensée destructrice et que la démolition seule des anciennes prétentions doit encore être complétée par l'invention d'une nouvelle méthode de la pensée spéculative.

Cette prise de position de Kant à l'égard de l'entendement commun se distingue beaucoup dans sa netteté de celle de Berkeley, qui, lui aussi, avait rejeté l'usage du sens commun dans les spéculations philosophiques, mais que nous voyons pourtant terminer ses *Dialogues entre Hylas et Philonous* par ces mots : « the same principles which at first view lead to scepticism, pursued to a certain point, bring men back to common sense ».

Kant réprouve l'utilisation du sens commun dans la philosophie théorique sans restriction. Pour Berkeley au contraire, la philosophie y retourne et peut y trouver sa confirmation. Pour lui l'entendement commun comprend primitivement le monde et l'homme comme le lieu d'une présence originaire de Dieu. L'entendement commun est dans un certain sens l'expression immédiate d'une piété innée qui caractérise intérieurement l'existence de l'homme dans le monde. Mais, dans cette situation, l'homme est l'être parlant. Les composants essentiels du langage sont les substantifs et les adjectifs. Par ces noms et par ces adjectifs, le langage suggère la réalité indépendante et autonome des choses matérielles, qui se présentent à l'homme comme telles avec leurs déterminations et leurs propriétés. Le monde ainsi compris ne peut plus témoigner d'une présence immédiate de Dieu ; Dieu se trouve relégué à distance par rapport à ce monde des choses matérielles, auxquelles le langage a conféré une existence autonome et indépendante. La pensée philosophique souffre de cette distance et elle s'efforce de l'écarter. Mais comme pensée dogmatique elle s'appuie sur le langage et donc sur l'apparence d'une réalité autonome et indépendante du monde. Cette entreprise de la pensée dogmatique ne peut donc conduire qu'au scepticisme et à l'athéisme.

Il n'y a, selon Berkeley, pour l'auteur d'une philosophie pure qu'une seule possibilité d'échapper au dogmatisme, c'est de renoncer au langage, ou, du moins, de ne faire du langage qu'un moyen secondaire et subséquent de la pensée pour communiquer aux autres les résultats de ses visions et de ses réflexions. Ainsi le lecteur « will be out of all danger of being deceived by my words, and I do not see how he can be led into an error by considering his own naked, undisguised ideas. » (*Principles of Human Knowledge*, fin de l'Introduction). Et le philosophe, tout en évitant le danger qui résulte de son langage, peut regagner la piété originaire du sens commun et arriver à en faire le principe même de la réflexion philosophique.

La pensée de Berkeley connaît donc une confiance primitive dans la présence de Dieu, confiance qui, en vérité, caractérise toujours notre entendement humain, mais qui, par les aberrations de la pensée philosophique, peut être cachée à certaines époques. Dans sa philosophie théorique Kant ne se souvient pas de cette piété originaire du sens commun, il ne se tient qu'à la pensée dogmatique et en rejette les prétentions métaphysiques pour les remplacer par une toute nouvelle méthode de la pensée spéculative. Au lieu donc de discerner la séduction de la pensée qui naît du langage substantifiant, au lieu de renoncer à l'usage affirmatif des mots pour regagner ainsi, dans la modestie de la pensée philosophique, la piété primitive de l'entendement humain, Kant voudrait, sous les conditions du langage substantifiant même, arriver à une pensée spéculative qui laisse derrière elle l'être-donné des choses et leur existence de fait, valant par elle-même, pour trouver par une nouvelle méthode de la pensée, qui serait la méthode de la pensée spéculative, la présence immédiate sous forme de l'existence du monde de l'absolu et de l'inconditionné, dans une connaissance nécessaire et universellement valable. Sans réfléchir sur la nature du langage, mais en se fondant plutôt sur le caractère substantifiant de notre langage comme les philosophes dogmatiques, Kant a voulu découvrir une nouvelle méthode de la pensée métaphysique par laquelle, en dépit de la substantification de la pensée par le langage, il deviendrait possible de comprendre le monde comme le lieu de la présence immédiate de l'absolu.

Il le fait en instituant les formes pures de l'intuition et de l'entendement comme les premiers principes de la connaissance du monde. On doit reprocher à Berkeley, dit-il, d'avoir regardé l'espace et le temps comme des principes empiriques de notre intuition sensible et partant de là, d'avoir pris les choses matérielles comme des choses qui existent en soi et par elles-mêmes. Si nous reconnaissons au contraire que l'espace et le temps sont les formes pures de notre intuition, et si nous reconnaissons les formes purement logiques de nos jugements comme les règles de notre entendement qui conditionnent intérieurement la réalité des choses matérielles, nous actualisons par cette reconnaissance des formes pures la véritable situation de notre connaissance qui nous met dans un rapport immédiat avec la réalité en tant que telle, précisément parce que de par sa propre nature, elle est connaissance, c'est-à-dire présentation et manifestation de la réalité même. L'idéalisme empirique ne peut être qu'un scepticisme, qui nous mène à l'athéisme ; mais l'idéalisme transcendantal, qui explique la réalité du monde donné par l'*a priori* de la connaissance comme telle, peut arriver à faire du monde substantifié par le langage le lieu même de la présence de l'absolu. La pensée transcendantale discerne la véritable nature de notre connaissance et sa signification absolue et sauve ainsi la signification absolue de la réalité du monde, sans avoir besoin de renoncer au langage substantifiant de l'entendement commun et à sa conception du monde, comme l'avait demandé Berkeley.

Mais il y a dans la doctrine de Kant une difficulté. Il prétend reconnaître la véritable nature apriorique des formes de notre intuition et de nos jugements, formes que, selon lui, la pensée dogmatique avait plutôt prises pour des structures empiriques. Par là, Kant ne change donc pas la façon de comprendre l'espace, le temps et les formes de nos jugements, dont s'étaient servis l'entendement commun et la pensée dogmatique, mais il déclare seulement que, dans et par ces formes, qu'il accepte comme telles avec la pensée dogmatique, la connaissance se reconnaît elle-même de façon apriorique comme connaissance de la réalité en tant que telle. Donc, il ne rend pas justice à Berkeley, qui n'avait pas dit, comme Kant l'a cru, que l'espace était une forme empirique de notre connaissance, mais pour qui la présence sensible du monde, et avec elle l'espace, se dérobe plutôt à toute qualification affirmative.

Kant, tout en se déclarant contre l'usage de l'entendement commun dans la philosophie spéculative, lui emprunte toutefois les moyens pour concevoir, de façon déterminée, sa doctrine transcendantale. Et pour sa conception des formes pures de l'entendement, il se réclame de la logique traditionnelle des philosophes dogmatiques. « Dès lors je trouvai tout prêt à ma disposition, malgré les défauts qu'il comportait encore, le travail des logiciens qui me mettait à même de présenter une table complète des fonctions de l'entendement, fonctions pures tout en étant indéterminées relativement à tout objet. » (*Prolégomènes*, § 39).

De cette réinstauration de l'entendement commun résulte une obnubilation de la compréhension apriorique de la réalité du monde que nous fournissent les formes pures le l'intuition et de l'entendement. En comparaison avec la doctrine de Berkeley, ses formes sont déjà elles-mêmes conçues d'une façon affirmative, mais les formes de l'entendement revêtent en plus les choses matérielles d'une réalité indépendante. Berkeley avait cru pouvoir regagner la présence de Dieu en renonçant au langage substantifiant ; il ne pouvait le faire que d'une façon empirique et dans la passivité de l'esprit ; pour Kant la pensée avec ses formes pures de l'intuition et de l'entendement s'installe dans l'absolu et dans l'inconditionné ; et Kant prétend avec raison que sa doctrine a mis à nu la structure apriorique de la connaissance humaine, qui, avant lui, était ensevelie par la pensée philosophique et son usage dogmatique. Mais il pervertit les résultats de sa réflexion transcendantale en la soumettant aux concepts substantifiants de l'entendement et de son langage. Ainsi il croit devoir restreindre l'usage des formes pures de l'intuition et de l'entendement aux limites de l'expérience d'un monde de choses données, qui valent par elles-mêmes et se comprennent par elles-mêmes.

De cette situation résulte, dans l'œuvre de Kant, la *Dialectique de la raison pure*, qui demande qu'on rejette cette autonomie des choses données, et qui voudrait reconnaître, sans réserve, que la réalité du monde sensible est le lieu de la présence immédiate de l'absolu et de l'inconditionné. Pour cette raison l'entendement n'est qu'une faculté des règles qui a besoin d'un certain matériel sur lequel elle s'exerce. Mais la raison est la faculté des principes qui résorbent le matériel dont l'entendement a besoin dans l'intelligence même. Les limites, dont parle l'entendement, sont ainsi pour la raison des limites artificielles, conçues par un entendement qui ne s'est pas encore effectivement libéré des affirmations empiriques et qui doit être abandonné pour une véritable compréhension du monde par l'absolu et par l'inconditionné.

Mais, pour arriver à une telle intelligence de la réalité du monde dans et par la raison, le raisonnement doit pourtant se fonder sur l'être-là du monde, comme il se présente à l'entendement commun et à ses affirmations. C'est pour cela que cette entreprise de la raison ne pourra jamais se solder que par une doctrine qui reste dialectique, et dans laquelle et par laquelle la raison se voue elle-même au désespoir, parce qu'elle ne réussira jamais à parfaire ses réflexions sans s'appuyer sur les affirmations positives de l'entendement.

Pour Berkeley, qui avait renoncé aux affirmations de la pensée dogmatique, notre expérience du monde pouvait témoigner sous une forme tout à fait passive de la sagesse et de la bonne volonté de Dieu. La pensée transcendantale de Kant, en érigeant les formes pures de l'intuition et de l'entendement comme les principes en soi aprioriques de notre connaissance, rejette la passivité de notre esprit et se voue à l'autonomie de notre intelligence, qui — même dans la réceptivité de l'intuition — dispose de façon immédiate de la réalité du monde dans une connaissance objective qui est universellement et nécessairement valable. Mais cette connaissance apriorique, doit se baser sur l'affirmation effective de l'être-là donné : et là où Berkeley, dans et par la passivité de l'expérience, pouvait saisir la présence immédiate de Dieu, la pensée transcendantale doit avoir recours à l'affirmation d'un donné qui, d'une façon qui nous reste inexplicable, tombe en dehors de notre esprit.

Dans la philosophie théorique de Kant, la raison ne pourra jamais se dégager de ces conditions qui lui restent extérieures. Sa propre constitution dépend de l'affirmation de l'être-là donné. Mais ces conditions extérieures ne touchent pas à son autonomie ; et, dans et par cette autonomie, la raison peut annoncer qu'il y a encore pour l'esprit humain une toute autre forme de la compréhension de la réalité, où le monde n'est plus pris comme cet être-là que l'on doit affirmer, mais où, vraiment, il vaut comme le lieu de l'autoactualisation de la raison comme telle. La réalité du monde a une double signification : il est d'une part le monde des choses données, mais d'autre part, il est aussi le lieu de l'accomplissement de l'essence de la raison, c'est-à-dire le lieu de l'exécution d'une réalité inconditionnée, nécessairement et universellement valable. Le monde vaut aussi comme le lieu de la volonté morale, qui s'actualise dans et par l'existence de l'homme dans le monde. Mais la signification absolue dont le monde se trouve revêtu par la bonne volonté qui s'accomplit par les actions des hommes dans le monde, ne peut être saisie que dans et par l'entendement commun. Autant, dans sa philosophie théorique, Kant avait-il besoin de recourir à la logique traditionnelle pour pouvoir présenter les formes pures de l'entendement, autant doit-il expliquer maintenant la bonne volonté, qui par l'homme et ses actions confère au monde une réalité intelligible et inconditionnée, par la validité nécessaire et universelle d'une loi des actions humaines conçue de façon abstraite à partir de la présupposition d'un monde donné. Ainsi une dialectique de la raison doit se déclarer ici comme dans la doctrine théorique. La raison doit s'élever contre cette loi, que l'entendement commun lui a dictée en présupposant l'existence autonome et indépendante d'un monde sensible et matériel auquel l'homme serait livré par ses désirs et par ses inclinations. La raison ne peut tolérer au fond la scission entre la bonne volonté d'une part et les désirs et les inclinations dépendant d'un monde donné d'autre part. Elle demande que le monde et l'existence de l'homme dans le monde se manifestent dans leur totalité comme l'accomplissement d'une valeur inconditionnée.

Mais si l'on veut confectionner une philosophie qui mérite le prédicat d'être une philosophie scientifique — comme Kant le prétend ici — on ne peut renoncer à l'entendement commun et à sa logique qui, seuls, peuvent nous fournir la possibilité de former des jugements qui ont un contenu déterminé et bien saisissable. C'est pourquoi, ici aussi, Kant se décide à résoudre la dispute de la raison avec elle-même, par le retour sans réserve à l'entendement commun. Seulement, dans la philosophie théorique, on s'était contenté de revendiquer la validité autonome de la connaissance du monde phénoménal contre les prétentions des principes de la raison. Maintenant, la raison morale se soumet elle-même à la dictée de l'entendement commun.

« De là résulte une *dialectique naturelle*, c'est-à-dire un penchant à sophistiquer contre ces règles strictes du devoir, à mettre en doute leur validité, tout au moins leur pureté et leur rigueur, et à les accommoder davantage, dès que cela se peut, à nos désirs et à nos inclinations, c'est-à-dire à les corrompre dans leur fond et à leur faire perdre toute leur dignité, ce que pourtant même la raison pratique commune, ne peut, en fin de compte, approuver. » (*Fondements de la M.d.M.,* Première section, à la fin).

Or, en fin de compte, ces conditions qui la soumettent aux concepts de l'entendement commun ne permettront jamais à la pensée philosophique scientifique de se débarrasser de la dialectique de la raison et de l'aliénation de la réalité du monde et de l'homme dans le monde à l'égard de la présence originaire de Dieu. Pour se défaire de cette situation de sa pensée, il n'y a pour le philosophe qu'une seule possibilité : celle que Berkeley avait déjà choisie : rejeter la compréhension substantifiante du monde et de l'homme dans le monde pour retrouver la piété primitive de l'entendement commun. Berkeley l'avait fait en essayant de renoncer à l'emploi de notre langage substantifiant dans la pensée philosophique. Mais pour pouvoir réaliser son programme, il devait toutefois recourir au langage, et c'est à cette situation de sa pensée que Kant a fait des reproches, trouvant que Berkeley, dans sa doctrine reste retenu par une conception empirique de la réalité du monde. Sans s'attaquer de façon directe à l'utilisation dogmatique du langage, Kant croit avoir pu briser la prétention substantifiante de la pensée philosophique par sa doctrine scientifique en découvrant les formes pures de l'intuition et de l'entendement. Seulement, de cette situation de sa pensée ressortit, pour la philosophie théorique comme pour la philosophie pratique, la dialectique de la raison où la raison, sans arriver vraiment à son but, doit, elle aussi, se servir de concepts substantifiants et doit se soumettre à la critique de l'entendement qui insiste sur la restriction de la connaissance apriorique aux limites de l'expérience du monde des choses données.

Mais l'essence apriorique de sa conception transcendantale du monde et de l'existence de l'homme dans le monde donne à Kant la possibilité de renoncer à la prétention scientifique et dogmatique de sa pensée pour reprendre l'entendement commun des hommes et leur langage substantifiant non plus comme un entendement et un langage qui instituent une réalité autonome et indépendante, mais plutôt comme des apparences, qui — avec leur caractère substantifiant — ne valent que comme des apparences, qui — sous forme du monde donné et de l'existence de l'homme dans le monde — expriment et manifestent l'accomplissement de notre être dans le monde comme exécutant la présence primitive de Dieu. Berkeley avait — dans sa pensée — supprimé le langage substantifiant, mais il n'est pas arrivé à s'en rendre vraiment libre dans la présentation de sa doctrine. Kant, tout en acceptant cette pensée et ce langage dogmatiques et substantifiants, fait de cette distance même, — dans une pensée philosophique qui ne veut plus être une pensée scientifique — l'expression et le moyen par lequel l'avoir-lieu du monde et de l'existence de l'homme dans le monde peut se manifester de façon immédiate comme l'exécution de la sagesse et de la volonté de Dieu.

C'est dans ce sens que Kant — dans la célèbre note du § 88 de son *Anthropologie* — parle du philosophe avec ces mots : « Quant au *philosophe* on ne peut pas considérer qu'il *travaille* à la construction des sciences, c'est-à-dire qu'il est un savant ; mais il faut considérer qu'il recherche la sagesse. » Cette recherche s'élève au-dessus de la dialectique de la raison pure. Au fond de la réalité du monde et de l'existence de l'homme dans le monde, le philosophe reconnaît l'amour comme le principe dans lequel nous existons par la sagesse et par la volonté divines, et qui, par notre raison, ne peut être exécuté que d'une façon dépendante et dérivée. « Les pulsions les plus fortes de la nature qui représentent une force invisible dirigeant le genre humain selon une raison supérieure et veillant au bien du monde physique en général (la raison de celui qui régit le monde) sans que la raison humaine ait à intervenir, sont l'amour de la vie et l'amour sexuel (*Liebe zum Leben und Liebe zum Geschlecht*) ». (§ 87, trad. par Michel Foucault).

Par la vigueur de sa pensée anthropologique Kant s'élève même au-dessus de la rigueur scientifique de sa pensée pratique : il retrouve dans l'*Anthropologie* la possibilité de nous réconcilier avec nous-mêmes, et il nous dit que l'homme, pour vivre sa vie d'une façon véritablement humaine, ne doit pas se contenter de se soumettre aux commandements d'une loi abstraite, mais qu'il doit entrer dans la communauté vécue avec les autres et y vivre sa vie de la sorte que, dans et par cette vie, il reconnaisse aussi le plaisir et la jouissance sensible comme des moyens par lesquels s'exécute la destination morale de notre existence. « Le *purisme* du *cynique*, et la *macération* de l'*anachorète* sans le bien-être social sont des formes grimaçantes de la vertu et qui n'engagent pas à la pratiquer ; délaissées par les Grâces, elles ne peuvent prétendre à l'humanité. » (§ 88, fin).

L'HOMME ET LE CITOYEN DANS L'ANTHROPOLOGIE KANTIENNE

Simone GOYARD-FABRE

Nous savons, par Kant lui-même, que les trois questions : Que puis-je savoir ?, Que dois-je faire ?, Que m'est-il permis d'espérer ? se rapportent à une unique interrogation : Qu'est-ce que l'homme ?[1]. Ce souci fondamental, placé par Kant au cœur de son *corpus* philosophique, a été pour lui un souci primordial : manifeste dès 1759 dans l'*Essai de quelques considérations sur l'optimisme*, il s'exprime à partir de 1772 dans la trentaine de cours que le philosophe consacre à l'anthropologie. Ce fut aussi un souci constant : en 1785, les *Fondements de la métaphysique des mœurs* parlent d'une « anthropologie pratique »[2] et, en 1798, l'*Anthropologie du point de vue pragmatique,* qui est presque la dernière œuvre d'une longue carrière, peut passer pour un testament philosophique.

La *Préface* définit clairement le projet fondamental et ultime de Kant : l'anthropologie sera une « doctrine de la connaissance de l'homme rédigée d'un point de vue systématique »[3]. Une telle approche de l'homme n'a rien qui, dans l'architectonique du grand œuvre, puisse surprendre. Cependant, de prime abord, l'ouvrage paraît assez curieux et ne ressemble guère, par son contenu comme par sa démarche, aux autres textes du philosophe, ce qui peut s'expliquer en partie par le fait qu'il s'agit d'un manuel de cours. En vérité, à regarder de plus près, Kant demeure bien, et même de manière exemplaire, le philosophe *systématique* qu'il a toujours voulu être : ainsi, la première partie ou « didactique » offre une description des capacités humaines ; la seconde partie ou « caractéristique » — le terme rappelle Leibniz — remonte aux « principes » de la connaissance de l'homme[4]. Par cette dichotomie, qui est pour l'anthropologie ce qu'est pour la nature la dualité entre une « description naturelle » ou physiographie (*Natur-*

1. *Critique de la raison pure* (1781), Pléiade, t. I, A, p. 804 ; B, p. 832 ; AK, *Lettre à Staüdlin* du 4 mai 1793 ; *Logique* (1800), Pléiade, t. III, p. 1296-1297 ; AK, IX, 25.

2. *Fondements de la métaphysique des mœurs,* Pléiade, t. II, p. 244 ; AK, IV, 388.

3. *Anthropologie du point de vue pragmatique,* Pléiade, t. III, p. 939 ; AK, VII, 119.

4. *Reflexionen*, n° 2308 ; AK, XVI : « Tous les caractères sont des principes de connaissance ».

beschreibe) et une « histoire naturelle » ou physiogonie (*Naturgeschichte)*[5], Kant entend situer la problématique de l'homme dans le cadre général de sa philosophie. Tel est bien ce que révèlent les premières et les dernières pages de l'ouvrage. En encadrant le propos, elles sont tout à fait frappantes : la *Préface* livre au lecteur le fil d'Ariane à ne pas perdre pour comprendre la portée immense d'une conclusion qui ne contient rien de moins que la clef du sens unitaire de la philosophie pratique en son ensemble.

Il faut donc être particulièrement attentif à ce que dit la *Préface*. L'anthropologie, y déclare Kant, peut se situer ou bien dans une perspective physiologique, auquel cas elle examine ce que la *nature* fait de l'homme, ou bien dans une perspective pragmatique, auquel cas elle examine « ce que l'homme fait, ou peut et doit faire de lui-même en tant qu'être agissant *librement* »[6]. Et, selon Kant — méthodique, ordonné et systématique comme toujours —, la problématique ainsi définie : étudier ce que l'homme, par sa liberté, peut et doit faire de sa propre nature, ne trouvera de solution « pragmatique » que dans « une connaissance de l'homme en sa qualité de citoyen du monde »[7].

Les pages conclusives de l'ouvrage font rigoureusement écho à la préface en soulignant que les hommes, en leur multitude, sont « appelés par la nature à se coaliser [...] en une société cosmopolitique »[8], c'est-à-dire — ce sont les derniers mots du texte — en une « organisation progressive des citoyens de cette terre au sein d'une espèce et en vue de la constitution de celle-ci en un système dont le lien soit cosmopolitique »[9]. De la préface à la conclusion, la boucle est ainsi parfaitement bouclée et il est clair que, si la question de l'homme constitue, comme Kant l'a répété, le point focal du « champ de la philosophie »[10], ce ne peut être qu'en sa « signification cosmopolitique ».

Nous voudrions donc montrer, après avoir examiné comment l'homme, dans le « système du monde », se fait humain par le travail de sa liberté sur ses dispositions naturelles, qu'il n'accomplit son humanité qu'en se faisant non seulement citoyen sous la Constitution républicaine de la Cité, mais citoyen du monde sous une Constitution cosmopolitique qui élargit le droit aux dimensions de la Terre. Tel est, dans l'architectonique du système kantien, en même temps que le motif le plus profond de l'anthropologie pragmatique, le pivot de toute la philosophie pratique.

5. *Sur l'usage des principes téléologiques en philosophie*, Pléiade, t. II, p. 564 et note p. 566 ; AK, VIII, 161-162 et 163.

6. *Anthropologie* ..., Pléiade, t. III, p. 939 ; AK, VII, 119.

7. *Ibid.*, p. 940 ; AK, VII, 120.

8. *Ibid.*, p. 1142 ; AK, VII, 331.

9. *Ibid.*, p. 1144 ; AK, VII, 332. Nous suivons ici la traduction d'A. Renaut dans l'édition Flammarion, 1995, p. 325.

10. *Logique*, Pléiade, t. III, p. 1296 ; AK, IX, 25.

1. – L'HOMME OU LE TRAVAIL DE LA LIBERTÉ SUR LA NATURE

La naissance de l'anthropologie au siècle des Lumières — le thème de ce Colloque — n'est évidemment pas étrangère à l'assiduité qui, dès les années 1770, a conduit Kant à placer la question de l'homme au cœur de son système. En un sens, que Kant fasse de l'homme, plutôt que de la nature ou de Dieu, le centre de référence de la pensée le met en accord avec la « révolution copernicienne » accomplie par les humanistes de la Renaissance. Cependant, en un autre sens bien plus important, il pense que cette révolution a en grande partie avorté puisque, malgré la nouvelle conscience de l'humanité qu'ont les philosophes, et malgré l'élargissement de l'espace mental que permet la découverte de terres neuves, nul, depuis deux siècles, n'a vraiment su situer l'homme en son ordre propre. Trois erreurs, en effet, ont fait avorter la révolution copernicienne de l'humanisme renaissant. La première erreur est philosophique : l'intention humaniste a bien été de célébrer la dignité de l'homme ; mais, en installant l'homme sur le devant de la scène philosophique, elle a commandé un projet de métaphysique ontologique, traditionnellement essentialiste et substantialiste, qui a conduit à un dogmatisme pétrificateur. La seconde erreur réside dans la postulation principielle de cet humanisme pour lequel l'homme est avant tout l'être qui dit *Je* : « La plus grande chose du monde, écrivait Montaigne, c'est de savoir être à soi » ; et Descartes a cru percer le secret de l'homme par l'étude du *Je pense*. Ainsi, la solution du problème de l'homme a-t-elle été placée, par exemple par Descartes, Hobbes ou Leibniz, sous le signe d'une psychologie rationnelle de type individualiste. La troisième erreur est une erreur de problématique, manifeste dans les essais anthropologiques du XVIIIe siècle, ceux, par exemple de Pope et de Hume, ou de Haller et de Moscati : l'homme y est situé dans « le système de la nature » et l'objectif en est de « connaître » la nature *de* l'homme ou la place de la nature *en* l'homme. Ce schéma, naturaliste de part en part, est celui de la connaissance théorique des phénomènes. Une telle erreur de problématique s'enracine dans une ignorance : celle de la différence entre le « système de la nature », qui est la référence pour la connaissance des choses, et le « système du monde », qui est la référence obligée, dit Kant, pour la connaissance spécifique des hommes.

Kant, même vieux, a la tête trop bien faite pour ne pas vouloir, dans son *Anthropologie*, rectifier les déviances jusqu'alors commises. Sa pensée critique se révélant, une ultime fois, une pensée de méthode, les réflexions sur l'anthropologie, accumulées pendant près de trente années, lui permettent de sonder de manière nouvelle l'énigme de l'homme : c'est au-delà de ce que l'homme n'est pas que Kant déchiffre ce que l'homme peut et doit être.

a. L'homme n'est pas un être de nature

Dans l'*Anthropologie du point de vue pragmatique,* il y a beaucoup de sous-entendus qui présupposent les résultats définitifs des œuvres antérieures. Kant considère donc comme un acquis sur lequel il n'est pas besoin de revenir que la question de l'homme n'a pas été résolue par la philosophie traditionnelle et, tout spécialement, par la psychologie rationnelle qui croit tirer toute sa science de son « texte unique » : le *Je pense*[11].

Dans la *Dialectique transcendantale*, Kant a dénoncé le paralogisme qui, logeant dans la psychologie rationnelle un « raisonnement captieux »[12], la vicie de part en part. En elle, l'*illusion* d'atteindre à la connaissance de soi est totale : en effet, l'analyse du *Je pense* ne dévoile aucun contenu de la conscience de soi, mais dégage la forme pure du *Je* comme sujet transcendantal. On ne saurait confondre forme et contenu : une « représentation purement intellectuelle » n'est pas une connaissance subjective. Je m'*imagine* connaître ce qu'il y a en moi de substantiel « en n'ayant dans la pensée que l'unité de la conscience qui est au fondement de tout acte de détermination considéré comme simple forme de la connaissance »[13].

Le problème est complexe. Les sinuosités de la démarche de Kant dans *la Dialectique transcendantale* sont, de surcroît, compliquées par la surimposition des deux éditions de la *Critique de la raison pure* en 1781 et 1787. Nous ne retiendrons ici que la thèse rectrice de la critique du paralogisme que dénonce Kant, à savoir que la connaissance de l'homme ne saurait relever du substantialisme métaphysique de la psychologie rationnelle : dans le « système du monde », l'homme n'est pas le *Je* du *Je pense,* sujet substantiel de l'ontologie classique. Disons, en termes lapidaires, que l'anthropologie, élaborée du point de vue pragmatique, n'a pas à résoudre le problème traditionnel de l'*essence* de l'homme.

En conséquence, c'est dans un tout autre cadre épistémologique et philosophique qu'il faut chercher à connaître l'homme. Mais cela est moins aisé qu'il ne le semble.

La Préface de l'*Anthropologie pragmatique* a dit fort nettement que l'homme, étudié sous « l'angle physiologique », serait considéré, par exemple en ce qui concerne la mémoire, la sensibilité ou la race..., comme un produit du

---

11. *Critique de la raison pure,* Dialectique transcendantale, Pléiade, t. I, p. 1048 ; AK, III, 264.

12. *Ibid.*, p. 1055 ; AK, III, 269. Le raisonnement de la psychologie rationnelle, fût-il présenté sous la forme du syllogisme suivant : « Ce qui ne peut être *pensé* que comme sujet n'existe ainsi que comme sujet et est par conséquent substance. — Or, un être pensant, considéré simplement comme tel, ne peut être pensé que comme sujet. — Donc, il n'existe aussi que comme sujet, c'est-à-dire comme substance », n'en est pas moins un paralogisme qui conclut de la pensée à la substance.

13. *Ibid.*, p. 1066 ; AK, III, 278.

« jeu de la nature »"[14]. Mais la psychologie et la biologie empiriques demeurent une « description de la nature » ; elles constituent une physiographie qui, d'une part, ne peut conduire qu'à une connaissance théorique des déterminations naturelles et qui, d'autre part, est ouverte à des spéculations risquant, « en pure perte », d'aller « en tous sens ». — En revanche, la tâche d'une anthropologie « du point de vue pragmatique » est d'explorer ce que l'homme, être libre de ses actes, fait ou peut et doit faire de lui-même. Elle étudie donc comment l'action de la liberté « forme », par la discipline et l'instruction[15], les dispositions naturelles que sont la sensibilité, la mémoire ou l'imagination ou encore, comment elle éduque les émotions, le désir et les passions. Parce que « la discipline change l'animalité en humanité »[16], parce que « l'homme ne peut devenir homme que par l'éducation »[17], l'anthropologie « du point de vue pragmatique » a pour tâche d'examiner comment l'homme, par sa liberté, élève sa nature à la culture[18] — autrement dit en quoi l'homme n'est pas un animal comme les autres.

Seulement, il importe, afin d'établir le statut de l'homme, de surmonter une difficulté qui n'est pas de moindre importance. En effet, la destination culturelle de l'homme ne se laisse pas déchiffrer au niveau de l'individu[19], mais seulement — Kant, depuis 1771, le répète comme un *leitmotiv* — à travers l'« espèce humaine »[20], ce qui, imposant la nécessité méthodologique de se placer du point de vue de la totalité du « genre humain » (*Gattung*), a de multiples implications. Citons-en trois, qui nous semblent essentielles.

D'abord, du point de vue méthodologique, la totalité spatio-temporelle de l'espèce humaine devra être explorée en recourant à la géographie humaine[21], à

---

14. *Anthropologie*, p. 940 ; AK, VII, 120.

15. « La formation (*Bildung*) comprend la discipline et l'instruction », *Propos de pédagogie*, Pléiade, t. III, p. 1151 ; AK, IX, 443.

16. *Ibid.*, p. 1149 ; AK, IX, 441.

17. *Ibid.*, p. 1153 ; AK, IX, 445.

18. *Anthropologie*, p. 1133-1134 ; AK, VII, 322.

19. Tout « subjectivisme », selon Kant, est idéaliste et abstrait.

20. Dès 1771, Kant se déclare plus préoccupé de « l'espèce humaine », du « genre humain » et du « monde dans son ensemble » que de l'individualité ou de la particularité, cf. *Reflexionen*, n° 1450, 1451, 1453, datant de 1771 ; traduction in M. Castillo, *Kant et l'avenir de la culture*, PUF, 1990, p. 251. De même, une *Réflexion* datée de 1783 dit explicitement qu'il entend s'interroger non pas sur la destination individuelle de l'homme, mais sur celle de l'espèce, n° 1467 ; in M. Castillo, *op. cit.*, p. 253. — En 1784, l'*Idée d'une histoire universelle d'un point de vue cosmopolitique* précise que les dispositions naturelles qui visent en l'homme à l'usage de sa raison n'ont pas reçu leur complet développement dans l'individu, mais dans l'espèce, Seconde proposition, Pléiade, t. II, p. 189 ; AK, VIII, 18. — En 1785, Kant critique Herder dont l'erreur est, dit-il, d'avoir cru que le genre et l'espèce « n'ont d'existence que dans les individus », *Compte rendu* de l'ouvrage de Herder *Idées en vue d'une philosophie de l'histoire de l'humanité*, traduction Piobetta, Aubier, 1947, p. 124 ; AK, VIII, 65.

21. Kant a consacré de multiples travaux à la terre (1754) et au ciel (1755), ainsi qu'aux tremblements de terre (1756), aux vents (1757) et à la lune (1794). Surtout, parmi des publications

l'étude des races[22], aux récits de voyage[23] et aussi, par delà les histoires empiriques, au paradigme de l'histoire universelle qui est la culture de l'humanité.

Ensuite, du point de vue philosophique, la totalité de l'espèce humaine ne connote, en son concept, ni la sommation des individus ni la pluralité des races vivant sur la planète. Pour connaître le genre humain, il importe de cheminer « non point des parties au tout, mais inversement »[24]. Aussi bien individualisme et particularismes sont-ils des malentendus : non seulement ils conduisent à penser dogmatiquement en termes de choses plutôt que, de manière critique, en termes de méthode, mais par une démarche naturaliste et causale qui objective l'homme, c'est-à-dire le déshumanise, ils mettent entre parenthèses l'idée cardinale de finalité dans le « système du monde ». Or, la figure véridique de l'homme ne se révèle que rapportée à la téléologie voulue par la Providence, qui ne fait jamais rien en vain[25].

Dès lors et enfin, du point de vue systématique, si le concept de fin, comme l'a montré la *Critique de la faculté de juger,* est « étranger » dans la science de la nature[26], il est, en revanche, de prime importance pour la connaissance de l'homme puisque, dans « le système du monde », l'homme est la fin dernière de la Création. A ce titre, il y a « un honneur d'être homme »[27] car, parmi toutes les espèces animales, l'espèce humaine est la seule à manifester sa perfectibilité par la culture qu'elle édifie[28]. Par le pas culturel, le progrès s'inscrit dans l'histoire universelle. Il prouve que la « disposition pragmatique du genre humain consiste en sa capacité de dépasser la naturalité en s'élevant vers l'horizon du mieux-être ». Ainsi l'homme, porté par le progrès, recrée-t-il en quelque sorte la Création.

A raison de ces attendus, l'homme de l'anthropologie, envisagé du point de vue pragmatique, *n'est pas* l'individu, physiologique ou psychologique, qu'analyse le naturalisme scientifique.

---

plus importantes, retenons son *Cours de géographie physique* (1757), *Du premier fondement de la différence des régions de l'espace* (1768), *et Géographie physique* — publiée par Rink — (1802-1803).

22. Kant a consacré deux textes importants à l'étude des races : *Des différentes races humaines* (1775) et *Sur la définition du concept de race humaine* (1785).

23. *Anthropologie*, Préface, p. 940 ; AK, VII, 120.

24. *Reflexionen,* n° 1439, AK, XV.

25. *Idée d'une histoire universelle d'un point de vue cosmopolitique*, Première et Troisième propositions, Pléiade, tome II, p. 190-191 ; AK, VIII, 19.

26. *Critique de la faculté de juger*, § 72, Pléiade, t. II, p. 1186 ; AK, V, 391.

27. A. Philonenko, *Kant,* Vrin, t. II, 1972, p. 190.

28. *Critique de la faculté de juger*, § 83, Pléiade, tome II, p. 1234 ; AK, V, 431 : « La production de l'aptitude d'un être raisonnable à des fins quelconques en général (et donc de sa liberté) est la culture ».

Il faut donc que, récusant la problématique de l'*être* de l'homme, pensé ou en termes essentialistes ou en termes psycho-physiologiques, l'anthropologie soit expurgée aussi bien du dogmatisme métaphysique que du naturalisme empiriste. La question Qu'*est*-ce que l'homme ? devient pour elle Que *fait* l'homme de lui-même ? A un problème d'*essence,* elle substitue un problème de *sens*. Or, le sens qui s'attache à l'humanité de l'homme, loin d'être un donné immédiat, résulte du travail modeleur et constructif que le genre humain, en sa totalité, confère librement, par son action et sa culture, aux dispositions que la nature a mises en lui. Donc, cette problématique du sens, qui impose de recourir au jugement réfléchissant plutôt que déterminant, ouvre la voie royale en laquelle il devient possible de saisir, à travers ce que l'homme fait, ce qu'il peut et doit faire de lui-même.

b. Dans le système du monde, l'homme est l'œuvre de sa culture

De ce que l'anthropologie, en situant l'homme dans « le système du monde », ne répond pas, comme nous venons de le voir, au schéma naturaliste qui est celui de la connaissance théorique des phénomènes, on ne saurait déduire, antithétiquement, que l'homme, par sa liberté, appartient au « règne des fins ». En effet, aux Idées qui occupent le champ supra-sensible de la liberté nouménale, nous ne pouvons attribuer qu'une réalité pratique « en fonction d'une autre loi que celle de l'usage empirique »[29]. De ces Idées, nous n'avons aucune connaissance théorique et l'Idée de liberté a un « caractère insondable »[30]. L'homme n'est pas un animal ; il n'est non plus ni ange ni dieu.

Seulement, si l'on reconnaît qu'en l'espèce humaine coexistent la nature et la liberté, le *ET* s'avère problématique. Il est même doublement problématique. En effet, il ne peut être cumulatif car il n'est pas possible d'additionner des termes hétérogènes. En outre, entre les domaines des deux concepts de nature et de liberté, s'ouvre, ainsi que le souligne une page célèbre de la *Critique de la faculté de juger*, un « abîme incommensurable » tel que, de l'un à l'autre termes de ce gouffre immense, « aucun passage (*Uebergang)* n'est possible »[31]. Il serait donc téméraire de caractériser l'homme comme un être *intermédiaire* entre nature et liberté. Serions-nous dès lors condamnés à une aporie ?

Kant ne le pense pas. Mais il estime indispensable de renouveler la formulation de la question de l'homme. En l'occurrence, il importe, conformément aux requêtes méthodologiques du « point de vue » pragmatique de l'anthropologie, d'inscrire cette interrogation dans les perpectives téléologiques du système du monde. La question de l'homme est une question *normative* qui consiste à se demander ce que l'homme, pour être véritablement

29. *Critique de la faculté de juger*, Introduction, II, Pléiade, t. II, p. 929 ; AK, V, 176.
30. *Ibid.*, § 29, Remarque générale, p. 1041 ; AK, V, 269.
31. *Ibid.*, Introduction, II, p. 929 ; AK, V, 176.

humain, doit, par la liberté vers laquelle tend sa raison, faire de la nature qu'il porte en lui.

Un problème bien posé est à moitié résolu. Répondre à la question normative de l'homme en disant qu'il lui appartient d'élaborer, à partir de sa nature, la culture qui distingue l'espèce humaine de toutes les autres espèces animales est en effet une réponse qui semble d'emblée s'imposer. Ce n'est toutefois qu'une demi-réponse car le concept de culture est lui-même problématique. Si, pour en saisir le sens, l'on tente une démarche archéologique qui remonte à ses sources lointaines afin d'y puiser ses multiples potentialités, on commet une erreur : cette démarche en rapporte le concept au « système de la nature » et non au « système du monde », c'est-à-dire à une totalité téléologiquement appréhendée. Comprendre la culture n'est pas en rechercher les racines dans un cadre spatio-temporel et phénoménal, mais plutôt déchiffrer le schéma de son épanouissement. Cela veut dire que la question de l'homme, en soulevant le problème normatif du sens de la culture implique que l'on en examine le rapport au monde pratique en sa dimension non-empirique. Ce rapport demande à être élucidé. Certes, la philosophie pratique a montré qu'en lui, l'Idée de liberté, — « besoin de la raison » pure pratique n'ayant pas de vocation constitutive et n'intervenant pas pour déterminer l'action — joue, pour la réflexion, le rôle d'un principe régulateur, sorte de « loi pratique » qui, valable pour la volonté de tout être raisonnable, sert dans l'action de fil conducteur ou de compas. Mais, lors même que nous sommes ainsi préparés à considérer l'homme non pas comme un être mais comme un *agent* dont l'action, guidée par l'Idéal de la liberté, consiste à se donner des fins que la nature ne lui a pas données, il reste à se demander comment la culture est productrice des normes du monde humain.

L'élucidation de la question de la culture soulevée par la question de l'homme doit évidemment répondre aux mêmes requêtes philosophiques qu'elle. Elle ne se peut donc effectuer ni en suivant les déterminités causales et réductrices de la nature, ni en se transportant dans l'idéalité du règne des fins. Elle n'est pas non plus la recherche, dans les actions de l'homme, du « passage » entre la nature et la liberté, car il n'existe pas. En revanche, lorsque le concept supra-sensible de liberté donne effectivité, dans le monde sensible, à l'idéalité des fins qu'il connote, l'homme, produisant alors la « *synthèse* » des fins de la liberté et des déterminations naturelles du genre humain, supplante en lui la nature par la culture. En cette démarche synthétique, il n'ajoute pas un donné culturel à un donné naturel, mais remodèle ses dispositions naturelles en façonnant son existence d'après les fins que lui indique sa raison. C'est ainsi que, disciplinant ses penchants naturels, il dompte l'« insociable sociabilité » que la nature a mise en lui, quitte l'état brut de sa condition originelle, s'ouvre à la politesse et au goût, à la science et à l'art, transpose sa perfectibilité en progrès, s'instruit, reçoit une éducation... Telle est, du point de vue pragmatique, la spécificité de l'homme dans le tout du monde : à la différence des animaux qui sont nature de part en part, il se civilise et se moralise[32] par la culture qu'il élabore en transformant sa propre nature. Son humanisation, qui est la métamorphose de son animalité, résulte non pas de la coexistence mais de la synthèse de la nature et de la liberté. En lui, elles se compénètrent réciproquement en modelant et remodelant sans trêve les figures de l'univers culturel où se déploie l'humanité.

Mais, de cette somptueuse œuvre de culture, Kant a très tôt découvert la difficulté immanente. Lorsqu'en 1784, il alignait les propositions de l'*Idée d'un histoire universelle du point de vue cosmopolitique*, il voyait déjà que, si le sens de l'idée de culture culmine dans la *moralité,* il prend corps également, au cœur de l'existence humaine, dans la *civilisation*. Il reconnaissait que, « civilisé » par le droit, l'homme-citoyen n'est pas pour autant « moralisé » selon les exigences pures de l'éthique. Pourtant, il écrivait que « le plus grand problème pour l'espèce humaine [...] est d'atteindre une société civile administrant universellement le droit »[33]. En 1798, dans l'*Anthropologie du point de vue pragmatique,* Kant retrouve, à ce même carrefour de la culture, la différence de statut entre l'homme moral et le citoyen. Cette bifurcation est particulièrement significative et, au soir de son itinéraire intellectuel, elle constitue un philosophème fort, porteur du message sans doute le plus éloquent de la philosophie pratique.

2. – LE CITOYEN OU L'HOMME DANS LE SYSTÈME DU MONDE

Que l'homme doive sortir de l'état de nature afin de ne pas céder à « la brutalité de la violence égoïste » inscrite en son animalité primitive[34] peut apparaître, en 1798, comme une thèse banale. Pour Kant, cependant, elle ne l'est pas puisque, depuis 1784, il a dit et redit que supplanter par la culture les déterminations de la nature conduit l'homme à devenir un être policé quoique non encore moralisé[35]. On ne peut confondre civilisation et moralisation.

Les *Fondements de la métaphysique des mœurs* et la *Critique de la raison pratique* ont montré que l'homme, en transcendant ses besoins et ses intérêts (donc, la nature), instruit la conscience de son devoir et, en se donnant à soi-même sa loi, s'élève à l'autonomie (qui est obligation à la liberté) : telle est

32. C'est de cette lente in-formation de la nature par la culture que Kant a retracé l'itinéraire dans les *Conjectures sur les commencements de l'histoire humaine*, Pléiade, tome II, p. 503 sqq ; AK, VIII, 109 sqq.

33. *Idée d'une histoire universelle* ..., Troisième proposition, Pléiade, t. II, p. 193 ; AK, VIII, 22.

34. *Anthropologie*, p. 1135 ; AK, VII, 323.

35. *Idée d'une histoire universelle,* Septième proposition, p. 199 ; AK, VIII, 26 : « Nous sommes *civilisés* jusqu'à en être accablés [...] mais il s'en faut encore de beaucoup que nous puissions déjà nous tenir pour *moralisés* ».

l'exigence fondatrice de la moralité. L'*Anthropologie* ne perd assurément pas de vue cette finalité ultime de l'espèce humaine. Mais Kant, en 1798, distingue l'anthropologie pragmatique (*pragmatische Anthropologie*) de l'anthropologie pratique (*praktische Anthropologie*) qu'il mentionnait dans les *Fondements de la métaphysique des mœurs*[36]. Celle-ci « fait connaître *a priori* ce qui doit arriver »[37] et « la seule fin inconditionnée et ultime (le but final) à quoi doit se rapporter tout usage pratique de notre connaissance est, dit Kant, la moralité »[38]. Celle-là — l'anthropologie pragmatique —, dont le projet est d'explorer ce que l'homme fait de lui-même, l'examine non point sous l'angle de l'autonomie qui caractérise la personne morale, mais « en sa qualité de citoyen du monde »[39]. La question de l'homme peut donc être envisagée de deux points de vue : ou bien l'anthropologie pratique est une morale pure attentive à l'horizon du *règne des fins* vers lequel doit tendre l'être raisonnable qu'est l'homme, bien qu'il sache qu'il ne l'atteindra pas : aucune action véritablement morale n'a été accomplie et ne le sera jamais ; ou bien l'anthropologie pragmatique est attentive au *rapport des fins et des moyens* que l'homme, être raisonnable mais fini, peut instaurer dans le monde de l'existence quotidienne non pas pour atteindre un horizon nouménal, par définition inaccessible, mais pour s'orienter vers lui. Considéré de ces deux points de vue, l'homme apparaît toujours comme l'être spécifique qui a obligation et, à tout le moins, vocation, pour être humain, de transformer les dispositions de sa nature pour cheminer par la culture vers la liberté. Mais l'Idéal de l'humanité en sa perfection morale ne se confond pas avec la condition civile ou cosmopolitique : l'*anthroponomie* établie par la raison inconditionnellement législatrice n'est pas l'*anthropologie*[40]. Dans la systématique de la philosophie pratique, l'éthique n'est pas le droit. La bifurcation du règne éthique, où la règle du devoir s'impose à la conscience *in foro interno*, et de l'ordre juridique, où s'exerce, *in foro externo*, la contrainte de la législation civile, est inéluctable. Au carrefour du monde moral, l'anthropologie pragmatique ne s'engage pas dans les voies de l'éthique ; c'est la civilisation de l'homme qu'elle explore.

a. L'homme civilisé est le citoyen

Dès 1784, Kant, qui avait présente à l'esprit la distinction, quoique alors innommée, entre l'anthropologie pratique et l'anthropologie pragmatique, accordait au droit une place et un rôle essentiels dans la culture et le progrès. Parce que l'homme est enclin au mal, il a, écrivait-il, « besoin d'un maître »[41]

36. *Fondements de la métaphysique des mœurs,* Préface, Pléiade, t. II, p. 244 ; AK, IV, 388.
37. *Critique de la raison pure*, Pléiade, t. I, p. 1240 ; AK, III, 421.
38. *Logique,* Introduction, Appendice, AK, IX, 86.
39. *Anthropologie*, Préface, p. 940 ; AK, VII, 120.
40. *Doctrine de la vertu,* XIV, Pléiade, t. III, p. 690 ; AK, VI, 406.
41. *Idée d'une histoire universelle*, Sixième proposition, Pléiade, t. II, p. 195 ; AK, VIII, 23.

pour se conduire ; et, comme la nature l'a fait d'un bois tors[42], il est nécessaire de le redresser. Il revient à l'éducation d'une part, au droit d'autre part de répondre à cette exigence fondamentale de la culture. Deux ans plus tard, dans les *Conjectures sur les commencements de l'histoire de l'humanité,* Kant déclarait que « le but le plus élevé de la culture est une Constitution civile parfaite »[43]. L'érection de la société civile et la médiation du droit politique sont indispensables, dit la *Critique de la faculté de juger*[44], pour que l'homme, surmontant son « insociable sociabilité », produise les normes qui signifient sa spécificité, donc, son humanité. L'*Essai sur la paix perpétuelle* souligne que la nature elle-même « veut de manière irrésistible que le droit remporte enfin la victoire »[45] pour que soit possible la coexistence pacifique des hommes. L'homme cultivé est donc celui qui se fait citoyen et obéit aux règles de l'appareil juridique de la société civile.

L'idée de citoyenneté occupe désormais dans la philosophie pratique de Kant une place d'excellence. C'est dans la citoyenneté, dit-il dans *Théorie et pratique*, que s'opère « formellement », en l'Etat, la synthèse de la liberté de chacun comme homme et de l'égalité de tous comme sujets[46]. Par cette synthèse, le citoyen atteint à l'auto-suffisance ; il devient son propre maître et, accédant à l'auto-nomie, il peut être co-législateur en la République — ce qui atteste, en le situant dans l'ordre du droit civil, sa civilité, sa civilisation, donc, sa culture. Au cœur de l'humanisme juridique ainsi affirmé, le *jus civitatis* devient l'emblème du républicanisme[47]. Dans la *Doctrine du droit*, les médiations institutionnelles des trois pouvoirs de l'Etat (*trias politica*)[48] éclairent, à travers la complémentarité fonctionnelle des structures de la Constitution républicaine, le statut juridique du citoyen. L'obligatoriété des règles de droit s'accompagne en effet d'une double vertu médiatrice : non seulement elle permet à l'homme de dominer ses penchants, ses inclinations et ses impulsions, c'est-à-dire de redresser « le bois noueux et tors » dont la nature l'a fait[49], mais elle conjure les « déficiences » et les « maladies de l'âme »[50] qui entravent « la maîtrise de soi »[51]. L'honneur de l'homme est donc bien de se faire citoyen et d'obéir à la juridicité de la société civile — ce qu'aucun animal ne fera jamais[52]. Le citoyen,

42. *Ibid.*, Sixième proposition, Pléiade, tome II, p. 195 ; AK, VIII, 23.

43. *Conjectures sur les commencements de l'histoire de l'humanité,* Pléiade, t. II, p. 513 ; AK, VIII, 117.

44. *Critique de la faculté de juger,* § 83, Pléiade, t. II, p. 1235-1236 ; AK, V, 432.

45. *Essai sur la paix perpétuelle*, Deuxième section, Premier supplément, Pléiade, t. III, p. 361 ; AK, VIII, 367.

46. *Théorie et pratique,* Pléiade, t. II, p. 270 et 276 ; AK, VIII, 290 et 294.

47. *Essai sur la paix perpétuelle,* Seconde section, Pléiade, t. III, p. 340-341 ; AK, VIII, 349.

48. *Doctrine du droit,* § 45, Pléiade, tome III, p. 578 ; AK, VI, 313.

49. *Idée d'une histoire universelle,* Sixième proposition, Pléiade, t. II, p. 195 ; AK, VIII, 23.

50. *Anthropologie,* § 45 sq, p. 1019 sq ; AK, VII, 202 sq.

51. *Ibid.*, p. 1083 ; AK, VII, 267.

52. *Ibid.*, p. 1141 ; AK, VII, 330.

par l'obéissance aux lois qu'il a lui-même voulues et produites, démontre *formellement* la synthèse de la nature et de la liberté. Il porte ainsi témoignage de la promotion de l'homme.

Mais, sur les voies institutionnelles du droit public où l'homme s'avance pour atteindre, conformément à la téléologie pratique rationnelle, sa figure véridique, la citoyenneté a beau supplanter la barbarie du sauvage et du cannibale, son concept demeure pour Kant un nœud de problèmes. Ce ne sont point de minces difficultés que, par exemple, celles de concilier l'exigence d'autonomie et la contrainte de la loi ou, sur un autre plan, de justifier la distinction entre citoyen actif et citoyen passif. Et il faut avouer que, dans l'analyse « *matérielle* » du concept de citoyen, la logique argumentative du philosophe est parfois courte et décevante. Mais ce n'est pas ici la question. Il est beaucoup plus important de souligner que, pour l'anthropologie pragmatique, la citoyenneté, mesurée, comme il se doit, à l'aune de la Cité, ne livre que partiellement le sens de la culture. Certes, le citoyen manifeste la sociabilité humaine ; certes, il assume la règle de communicabilité sans laquelle la vie de la République serait inconcevable et impossible. Certes aussi, le citoyen est l'être humain qui, loin de se satisfaire du tempérament brut que la nature a inscrit en ses fibres, sait « avoir du caractère »[53], c'est-à-dire se donner, dans son commerce avec les autres, des principes et des règles. Son comportement, dans la Cité, le prouve : il ne ment pas ; il n'use pas de feintes ; il honore ses promesses ; il ne se compromet pas dans des relations de mauvais goût ; il ne prête pas attention aux racontars... ; sa civilité est exemplaire[54]. Malgré cela, la médiation du droit civil (le droit public dans notre terminologie contemporaine) ne se développe pas pleinement tant que l'appareil juridique demeure celui du *jus civitatis* ou *Staatsbürgerrecht*, inévitablement marqué, dit Kant, par « le caractère du peuple », c'est-à-dire de la *gens* ou nation[55]. En analysant le caractère de la nation française et du peuple anglais — salués comme « les plus civilisés de la terre »[56] —, comme en examinant le caractère des Italiens, des Allemands et des Russes, Kant, comme Montesquieu, décèle en eux, quasiment ineffaçables, les particularités à la fois naturelles et acquises qui, faisant leur hétérogénéité, les exposent à des rivalités et à des guerres. Or, c'est au niveau de l'espèce entière, il l'a toujours répété, que se jaugent et se jugent le civisme et la culture de l'homme. C'est pourquoi, loin qu'il y ait antinomie entre les particularités nationales et le souci d'universalité de l'humanisme juridique, le droit civil doit être élargi, sur l'horizon du cosmopolitisme, au genre humain considéré comme un tout. La culture se parachève non pas en philanthropie, mais, sous le droit cosmopolitique, chez le « citoyen du monde ».

53. *Anthropologie*, p. 1104 ; AK, VII, 292.
54. *Ibid.*, p. 1107 ; AK, VII, 294.
55. *Ibid.*, p. 1123 ; AK, VII, 311.
56. *Ibid.*, p. 1124 ; AK, VII, 311.

b. Le citoyen du monde et le droit cosmopolitique

Dès 1784, Kant déclarait que « le problème essentiel » à l'espèce humaine dans le développement de la culture — fût-il « le plus difficile » et celui qui « sera résolu en dernier »[57] —, est « la réalisation d'une société civile administrant le droit de façon universelle »[58]. Au fil de son œuvre, il a donné une netteté de plus en plus forte aux perspectives juridiques nécessaires, dans l'histoire de la culture, à la « civilisation » de l'espèce humaine. Les analyses de la *Doctrine du droit* préludent au thème de la juridicisation mondiale de la condition humaine qui, dans les premières et les dernières pages de l'*Anthropologie pragmatique,* encadre le propos de Kant : seul, répète-t-il, l'établissement d'une Constitution (*Verfassung*) est apte, par le *pouvoir légal* qu'elle instaure dans une *société civile*, à faire taire les conflits qui risquent toujours d'éclater entre des individus ou des peuples enfoncés dans la naturalité de leurs désirs ou de leurs intérêts[59]. Ainsi, fidèle à la vision cosmopolitique de 1784, dont, d'ailleurs, il a redessiné l'épure, après la Révolution française, en 1793 dans la troisième section de *Théorie et pratique,* en 1795 dans l'*Essai sur la paix perpétuelle* et, en 1796 dans la *Doctrine du droit*, Kant pense qu'il convient d'instaurer « un système de tous les Etats »[60] qui, par une « fédération d'Etats libres »[61], élargisse le droit public, sous une « Constitution cosmopolitique »[62], aux dimensions de la terre entière. C'est donc, dans le système du monde, « l'organisation des citoyens de cette terre au sein de l'espèce et en vue de la constitution de celle-ci en un système dont le lien soit cosmopolitique » — ce sont là les derniers mots de l'*Anthropologie pragmatique* — qui donne sens à la condition de l'homme. Autrement dit, l'homme n'accomplit son humanité qu'en se faisant non seulement citoyen mais citoyen du monde.

Déchiffrer en cela une profession de foi rejoignant la morale stoïcienne serait une méprise : Kant ne parle pas ici d'une éthique pure connaissable *a priori* par simples concepts, mais, probablement marqué par l'importance que Wolff

57. *Idée d'une histoire universelle,* Sixième proposition, Pléiade, t. II, p. 195 ; AK, VIII, 23.

58. *Ibid.*, Cinquième proposition, p. 193 ; AK, VIII, 22.

59. *Anthropologie,* p. 1235-1236 ; AK, V, 432 : « La condition formelle sous laquelle seulement la nature peut atteindre cette intention finale qui est la sienne est cette Constitution (*Verfassung)* qui s'établit dans le rapport des hommes entre eux quand se trouve opposé au préjudice que se causent des libertés en conflit mutuel un *pouvoir légal* dans un tout qui a nom *société civile ;* car il n'y a qu'en elle que peut se produire le développement maximum des dispositions naturelles ».

60. *Ibid.*

61. *Essai sur la paix perpétuelle,* Second article définitif, Pléiade, t. III, p. 345 ; AK, VIII, 354.

62. *Théorie et pratique,* Troisième section, Pléiade, t. III, p. 297 ; AK, VIII, 310. *Doctrine du droit,* § 62, Pléiade, t. III, p. 625-626 ; AK, VI, 352.

accordait à la *civitas maxima*, il souligne le rôle de médiation qui revient au droit dans « le mouvement historique de la liberté »[63]. La tâche de l'anthropologie n'est pas de scruter la fin ultime de l'usage de la raison ni même de décrypter la logique des lois morales. Elle est de montrer qu'en œuvrant à la suprématie du droit politique en sa plus ample dimension, celle du cosmopolitisme, l'homme, loin d'être seulement un animal capable de raison (*animal rationabile*), fait de lui-même un animal raisonnable (*animal rationale*)[64]. Ainsi s'explique que, tendant vers l'Idée de la Constitution civile parfaite, qui est, a dit Kant, « la chose en soi elle-même »[65], l'homme, en produisant en sa plus large amplitude l'appareil normatif du droit public, puisse parvenir à la conservation, à l'éducation et au gouvernement du genre humain.

A la différence du bourgeois (*Stadtbürger*), attentif avant tout à ses intérêts privés, le citoyen (*Staatsbürger)*, en sa civilité qui le voue au service de l'Etat, est déjà animé par un vouloir de l'universel. Le droit civil peut donc et même doit s'élargir à l'espèce humaine, considérée non comme la somme d'individus singuliers ou de peuples particuliers, mais en sa dimension collective, comme un tout (*universum*). Autrement dit, il appartient à l'espèce humaine d'être créatrice de sa condition cosmopolitique : les hommes, en effet, peuvent se déraciner, s'adapter, en d'autres contrées, à d'autres climats ou à d'autres habitudes ; *de facto*, d'ailleurs, des relations existent — commerce, émigration, culture — entre les différents pays du vaste espace public qui les englobe. A ces conditions et à ces rapports de fait, il faut substituer des relations *de droit* — c'est une exigence pratique — seules susceptibles, pense Kant, d'orienter l'humanité vers la paix et de la prémunir contre le penchant au mal qui appartient aux égoïsmes. Parce que l'indépendance nationale est marquée de trop de sentiment ou de passion pour répondre à l'impératif de la raison : « Il ne doit pas y avoir de guerres », il importe d'arrêter la concurrence des particularismes et, pour cela, il n'y a pas d'autre moyen que d'obliger les individus et les peuples à un civisme dont l'idéal se profile comme cosmopolitisme. N'attendons pas cependant de l'instauration d'un droit cosmopolitique (*jus cosmopoliticum* ou *Weltbürgerrecht)* la suppression du penchant naturel des hommes au mal. Le droit, fût-il ouvert à l'universel, n'est pas la moralité en soi et, par ses règles, il ne construira pas un paradis sur terre. Malgré les réticences qui ne manqueront pas de se manifester, il soumettra « le sens particulier au sens public (de tous réunis) »[66]. Kant n'a cure, ici, de la technique juridique à mettre en œuvre et il ne s'interroge même pas sur la teneur des règles appelées à régir une éventuelle

63. A. Philonenko, Introduction à la traduction de la *Doctrine de la vertu*, Vrin, 1968, p. 19, note 33.

64. *Anthropologie*, p. 1133 ; AK, VII, 321.

65. *Doctrine du droit*, Appendice, Conclusion, Pléiade, t. III, p. 649 ; AK, VI, 371.

66. *Anthropologie*, p. 1141 ; AK, VII, 329.

« fédération » des peuples en une unité supra-nationale[67]. Il lui suffit de souligner que le droit cosmopolitique, par la contrainte civile, imposera une discipline aux hommes et aux Etats[68]. Ainsi, par l'organisation progressive de la civilisation sur la terre entière, tout homme s'éprouvera non pas seulement citoyen, mais citoyen du monde.

Dans l'humanisme juridique qui ouvre ainsi la culture à l'universel, l'homme est producteur de ses normes et, en se soumettant à elles, il travaille à la réalisation de sa liberté. Kant se garde de prophétiser et ne prévoit nullement, pour les décennies ou les siècles à venir, les articles d'une charte de l'Organisation des Nations unies. Il indique une orientation, c'est-à-dire le devoir-être dont « le besoin de la raison » est l'index. Dans cette perspective normative, la condition cosmopolitique de l'homme n'est ni le terme qu'atteindra la culture ni le commencement de la vérité humaine. La silhouette du citoyen du monde désigne une norme qui porte en elle le principe régulateur grâce à quoi les institutions mondiales devront permettre de faire obstacle aux dangers mortifères des particularismes.

L'élaboration du droit cosmopolitique est une tâche in-finie, c'est-à-dire — Kant le sait — interminable, inachevable. Mais, au terme de son œuvre, le philosophe pense que le sens de la condition de l'homme réside dans l'espérance universaliste à laquelle la médiation du droit donne consistance.

*

Dans l'*Anthropologie du point de vue pragmatique,* Kant dit en somme son désaccord avec le réalisme lourd de scepticisme que, en ce qui concerne l'élargissement international du droit, Rousseau ne cachait pas. Il serait faux d'en conclure que la pensée du droit s'oriente chez Kant vers le mondialisme ou même vers un « universel concret » de type hégélien. Il sait le caractère utopique et mystifiant que ne manquerait pas d'avoir un Etat universel ou un gouvernement mondial[69]. Mais l'anthropologie systématique de l'année 1798 n'est ni une politique ni une théorie du droit[70]. En répondant à la question de l'homme qu'il avait placée au centre de sa philosophie, Kant a confié à ce texte curieux son testament spirituel .

Dans l'entre-deux des déterminations naturelles de l'espèce et de l'idéalité pure de la moralité, non seulement l'homme est, selon le mot du poète, « l'avenir

---

67. L'idée « fédérative » est, d'ailleurs, dans les œuvres de Kant, assez fluctuante. Nous renvoyons sur ce point à notre ouvrage, *La philosophie du droit de Kant,* Vrin, 1996, p. 253 sqq.

68. *Anthropologie,* p. 1141 ; AK, VII, 329.

69. *Théorie et pratique,* Troisième section,Pléiade, t. III, p. 297 ; AK, VIII, 311.

70. Une métaphysique des mœurs et, par conséquent une doctrine du droit « ne peut être fondée sur l'anthropologie, bien qu'elle puisse lui être appliquée », *Métaphysique des mœurs,* Introduction, II, Pléiade, tome III, p. 462 ; AK, VI, 217.

de l'homme », mais l'idée cosmopolitique désigne pour Kant la tâche — il faut entendre l'obligation, le devoir — de dépasser les singularités individuelles et les particularismes nationaux pour tendre vers « le foyer où se développeraient toutes les dispositions originelles de l'espèce humaine »[71]. Sur l'horizon ouvert de l'universel, la liberté en tant qu'Idéal de la raison pure pratique est, pour le citoyen du monde, à la fois une fin et un commandement. Aussi bien, répondant à la question fondamentale de l'anthropologie, Kant estime-t-il que l'homme est l'être qui se donne pour règle « l'idée la plus sublime » qu'il puisse concevoir pour sa destination : « se penser, en droit, à la fois comme citoyen d'une nation et comme membre à part entière de la société des citoyens du monde »[72].

Une telle conception de l'homme fait l'unité de la philosophie kantienne : elle accomplit la « révolution copernicienne » que les humanistes renaissants n'avaient pas su mener à bien. Dans la préface de la seconde édition de la *Critique de la raison pure,* la « révolution copernicienne » signifiait le recentrement de la connaissance autour de l'homme. Dans l'*Anthropologie du point de vue pragmatique,* un autre pas, dont la foulée a été préparée longuement, est franchi : l'homme est présenté comme l'auteur et l'acteur des normes qui administrent sa propre condition. En cette perspective anthropologique que l'on peut voir se déployer à l'avenir comme une anthropodicée, le platonisme éternel et, avec lui, toutes les modulations que la philosophie classique lui a ajoutées, est dépassé. On a parlé de la « mort de la métaphysique ». Disons plutôt qu'après l'anthropologie pragmatique de Kant, la philosophie n'a plus pour paradigme un absolu transcendant ; le déclin des absolus a commencé. L'homme, devenu conscient des capacités qui l'arrachent à la nature et promeuvent sa culture, est aussi devenu conscient de ses limites. Si donc, pour lui, le temps des dogmatismes est passé, celui des responsabilités a commencé. L'idéalisme critico-transcendantal, en culminant dans l'Idée — évidemment irréalisable puisqu'il s'agit d'une Idée — d'une Constitution civile parfaite à l'échelle du monde, éclaire la voie d'un humanisme juridique dont l'espèce entière, au cœur du système du monde, a le devoir de tracer l'itinéraire. Dans le nouveau rapport de l'homme au monde ainsi profilé, Kant inscrit l'espérance et l'honneur de l'homme : il est seul capable, parmi les animaux qui peuplent cette Terre, de frayer et de gravir ce chemin qui parcourra l'univers, dût-il, comme Sisyphe, recommencer et poursuivre sans fin son effort.

Ce disant, je ne crois pas que Kant prélude, comme on l'a soutenu, au développement des « sciences humaines ». Son anthropologie — bien différente de celle qu'élaborent au XVIIIe siècle Linné, Monboddo et Moscati — ouvre le registre de la normativité : s'arrachant à la naturalité animale sans atteindre l'inaccessible république morale des fins, l'homme a vocation et obligation à

71. *Idée d'une histoire universelle,* Huitième proposition, Pléiade, t. II, p. 202 ; AK, VIII, 28.
72. *Réflexions sur la philosophie du droit,* n° 8077 ; AK, XIX.

faire de l'homme, à l'échelle de l'universel, un sujet de droit : non pas parce que, comme le disent les jusnaturalistes, des droits appartiennent à la nature humaine — la liberté est « l'unique droit inné » de l'homme[73] et, signifiant sa disponibilité et sa capacité d'imputation, elle indique son auto-responsabilité —, mais parce que le genre humain a le devoir, grand et redoutable, d'élaborer les normes du droit qui le gouverne et tend à redresser le bois courbe dont il est fait. L'espérance est belle ; la tâche est lourde. Mais dût cette tâche ne s'achever jamais, c'est « l'homme du droit » que l'anthropologie pragmatique campe au cœur de la philosophie critique.

Reste à savoir si, par delà le message dont Kant a chargé une œuvre qui marque presque le terme de sa carrière philosophique, le genre humain a entendu sa leçon. C'est un autre problème.

---

73. *Doctrine du droit*, Division de la doctrine du droit, § B, Pléiade, t. III, p. 487 ; AK, VI, 237.

LE SENS COMMUN ET LA QUESTION DES AFFECTS DANS L'*ANTHROPOLOGIE*

François MARTY

Il n'est pas surprenant de voir proposer dans un colloque sur la naissance de l'anthropologie au XVIIIe siècle une étude sur le « sens commun » chez Kant. Il s'agit en effet d'un moment important de la *Critique de la faculté de juger*, moment, donc, de la démarche critique et par là de la question : « Qu'est-ce que l'homme ? », que tout le travail de ces journées invite à garder de la banalité qui risque d'être le prix de sa célébrité. — En revanche, on peut s'étonner du lien, annoncé dans le titre, avec la question des affects, telle qu'elle se présente dans l'*Anthropologie d'un point de vue pragmatique*. Les « affects », pourtant, remarquablement exposés dans cet ouvrage, sont une bonne manière d'éclairer la *sensibilité*, comme *réceptivité*, car être réceptif consiste à pouvoir être affecté, comme cela s'entend à l'ouverture de la *Critique de la raison pure*, lorsque la sensibilité, en sa dimension cognitive, est définie comme la possibilité de « recevoir des représentations, selon la façon dont nous sommes affectés par des objets »[1]. La recherche d'un lien entre « affect » et « sens commun » peut aider à vérifier si et en quoi « sens », dans « sens commun », relève bien de la sensibilité (de l'« esthétique »). Aussi bien le qualificatif de « commun » pourra-t-il alors laisser percevoir sa portée paradoxale, l'« affect » connotant bien d'abord l'individu.

Il s'agira d'abord de rappeler comment la question du « sens commun » se présente, en ses traits essentiels, dans la troisième Critique. A partir des « affects » dans l'*Anthropologie*, j'essaierai de faire paraître, conformément au programme annoncé pour cette œuvre, « ce que l'homme fait ou peut et doit faire de lui-même »[2], précisément ici en tant qu'il est doué de sensibilité. Cela permettra d'expliciter ce qui se sera ainsi révélé être en germe dans le « sens commun » de la *Critique de la faculté de juger*.

1. *Critique de la raison pure* (*Crp*), A 19, B 33, Ak, 3 ; 49,13-14, KANT, *Oeuvres philosophiques*, Pléiade (Pl), I, 781. — Outre l'indication habituelle des éditions A et B pour *Crp*, nous donnons la référence à l'édition de l'Académie, tome, page, ligne, ainsi qu'à la traduction de la Pléiade.

2. *Anthropologie d'un point de vue pragmatique* (A), Ak, 7, 119, 13-14, Pl III, 939.

I. – LE GOÛT, UN JUGEMENT ESTHÉTIQUE

Le terme de *sens commun* vient chez Kant tant sous la forme allemande : *Gemeinsinn* que sous la forme latine : *sensus communis*. Dans l'œuvre publiée, c'est avec la troisième *Critique* que le terme paraît. Les autres occurrences se ramènent presque toutes à l'*Anthropologie d'un point de vue pragmatique*. La notion est d'emploi limité, tant en ses occurrences[3] qu'en sa localisation dans l'œuvre. Elle s'attache pourtant, c'est ce que je voudrais d'abord montrer, à ce qui est le cœur des jugements de goût, en la rigueur de leur qualification de « jugements esthétiques » : ils lient leur sort à ce qui est le plus individuel, la sensation, et ils se déclarent universellement valides. Le « sens commun » vient dire comment ce défi est relevé.

A. Universel sans concept

« Le beau est ce qui plaît universellement sans concept »[4]. C'est ainsi que se termine le « deuxième moment » de l'exposition du jugement de beau. Il est permis de voir dans cette *universalité sans concept* le trait majeur de l'analyse kantienne du beau. Le désintéressement, en effet, auquel concluait le premier moment, distingue le beau de l'agréable, où on peut toujours voir l'effet heureux de quelque dispositif causal, en même temps que du bien moral, que cette appellation même situe dans l'ordre des concepts de la raison pratique. Le troisième moment de l'exposition fait paraître dans le beau une finalité « sans représentation de fin »[5], excluant par là tout concept de cause finale. Quant au quatrième moment, il répète expressément l'absence de concept : « Est beau ce qui est reconnu sans concept comme objet d'un plaisir nécessaire »[6]. — L'antinomie apporte confirmation, puisqu'elle pose en thèse que le jugement de goût ne se fonde pas sur des concepts, sinon on pourrait en « disputer », cependant que l'antithèse déclare que le jugement de goût se fonde sur des concepts, sinon on ne pourrait même pas « discuter »[7].

La clef, enseignant à lier la particularité d'un « sentiment de plaisir » à un universel se trouve dans la déduction des jugements de goût. Il s'agit de ce jeu d'imagination et d'entendement, qui ne s'occupe pas de déterminer un objet qui aurait la qualité d'être « beau », mais qui tient en une sorte d'échange, concernant ces deux facultés mêmes, l'imagination communiquant sa *liberté* à

---

3. 22 pour l'allemand, 17 pour le latin.
4. *Critique de la faculté de juger* (*Cfj*), § 9, Ak 5, 219, 25, Pl II, 978.
5. *Cfj*, § 17, AK, 5, 236, 9-11, Pl II, 999.
6. *Cfj*, § 22, Ak, 5, 240, 18-19, Pl II, 1004.
7. *Cfj*, § 56, Ak, 5, 338, 33-339, 2, Pl II, 1127.

l'entendement, cependant que celui-ci donne sa *régularité* à l'imagination. Un tel échange est une *vivification* des deux facultés. Or le plaisir n'est pas autre chose que le sentiment d'un accroissement de vie, et c'est de lui que procède le jugement de goût[8].

B. Un « sens commun » sensible

La communicabilité de la connaissance conceptuelle n'est qu'une conséquence de son universalité, au point qu'elle n'a guère besoin d'être examinée pour elle-même. En revanche, la question ne peut plus être éludée, dès lors qu'avec le beau nous avons affaire à un universel sans concept. L'issue va consister à reculer, en quelque sorte, vers les facultés qui produisent l'universel catégorial, et qui sont *entendement* et *imagination*, cette dernière assurant à l'universel ce qui en fait son intérêt, à savoir la possible application à un particulier. Il y a donc à poser une « harmonie » entre ces deux facultés de connaître, et c'est là que doit s'instituer la communication[9]. Or à ce niveau, antérieur à tout acte de connaissance, le porteur de l'universel ne peut être le concept, un tel « accord ne peut pas être déterminé autrement que par le sentiment ». Il faut conclure à un « sens commun », présupposé de la « communicabilité d'un sentiment »[10]. Vient à ce point le jugement esthétique, sur le registre du sentiment de plaisir et de peine.

Deux conséquences sont à mettre en évidence. Le « sens commun » est bien de l'ordre du « sentir ». Kant observe un peu plus avant, en effet, que le terme pourrait être compris comme « entendement sain », expression où on peut reconnaître le « bon sens » cartésien. Mais, et la raison vient d'en être donnée, l'appellation convient mieux à la « faculté esthétique de juger », et précisément, nous aurons à retrouver cela, dans la mesure où le sens appartient à une « réflexion ». Et c'est pourquoi être un sentiment universellement communicable convient si bien au goût, qu'il faut y voir sa définition même[11]. Pour retrouver la réalité de la communication, c'est la deuxième conséquence, il convient de revenir à l'antinomie du goût. Le jugement, en appui sur ce « sentir commun », ne s'articule que dans une *discussion*, renonçant au tranchant de la *dispute*[12]. Le jugement de goût ne se sépare pas d'un acte (au moins possible) de langage.

---

8. *Cfj*, § 35, Ak, 5, 286, 30-287, 32, Pl II, 1064.
9. *Cfj*, § 9, Ak 5, 218, 10, Pl II, 976.
10. *Cfj*, § 21, Ak 5, 239, 1-4, Pl II, 1002-1003.
11. *Cfj*, § 40, Ak, 5, 295, 20-29, Pl II, 1074-1075.
12. Supra, n. 7.

C. La réflexion

Ainsi le jugement de goût est-il nécessaire, et on doit déclarer beau ce qui offre effectivement un tel plaisir. Il est cependant étonnant d'entendre Kant parler à propos de la reconnaissance du beau d'un « *sollen* », terme, on le sait, qui connote le « devoir », comme moral[13]. Il ne faut pas se hâter cependant d'élaborer sur ces indices une théorie du rapport entre beau et moralité. Il importe plutôt, et nous sommes par là dans l'analyse du « sens commun », de préciser la façon dont s'exerce cette communication universelle. Il est bien clair d'abord que l'on ne saurait appuyer le jugement de goût sur quelque décompte des « voix »[14], le critère du nombre relevant des repères conceptualisables. On ne peut se contenter davantage d'appuyer l'exigence du consensus sur les bienfaits qui en résultent pour la société, pour réels et louables qu'ils puissent être[15].

On comprend dès lors qu'il faille parler d'autonomie dans le jugement de goût, cela voulant dire d'abord qu'il ne dépend pas de « jugements étrangers », qui le mettraient en « hétéronomie »[16]. A s'en tenir là, cependant, la détermination majoritaire serait seulement inversée, l'individu faisant la règle. Aussi faut-il reconnaître dans cette autonomie, conformément au sens habituel du terme chez Kant, la présence de la *raison*, dans l'acte de la *réflexion*, terme dont la plus haute fréquence appartient à la *Critique de la faculté de juger esthétique*[17]. Mais on aurait quitté l'esthétique s'il ne s'agissait, ainsi que Kant le répète d'un « *plaisir de la réflexion* »[18]. Que ce plaisir exige une réflexion de plein exercice, cela paraît dans les « maximes », demandant « de penser par soi-même », « de penser à la place de tout autre », « de rester toujours en accord avec soi-même ». Et c'est en conclusion de ces analyses que le terme de « sens commun » est approprié, comme on l'a vu, à l'ordre du sensible[19]. Au niveau des *arts d'agréments*, le plaisir reste encore au niveau de la seule sensation. C'est avec les *beaux-arts* que l'on est au « plaisir de la réflexion », et c'est alors que le plaisir est *communicable*. Le « sens commun » se présente finalement comme *l'armature du jugement esthétique réfléchissant*[20].

13. *Cfj*, § 19, Ak 5, 237, 24-25 ; Pl II, 1001-1002 ; § 22, Ak 239, 23 ; Pl 1003.
14. *Cfj*, § 31, Ak 5, 281, 9, Pl II, 1056 ; § 33, Ak 284, 6, Pl II, 1060.
15. *Cfj*, § 41, Ak 5, 296, 33-298, 12, Pl II, 1076-1078.
16. *Cfj*, § 32, Ak 5, 282, 30-32, Pl II, 1058.
17. 41 occurrences sur les 95 dans Ak 1-9.
18. *Cfj*, § 39, Ak 5, 292, 23-25, Pl II, 1071 (*Lust*) ; cf. § 41, Ak, 5, 296, 22, Pl II, 1076 (*Wohlgefallen*).
19. *Cfj*, § 40, Ak 5, 295,25-26, Pl II, 1075 cf. supra, n.11.
20. *Cfj*, § 44, Ak 5, 305,24 - 306,10, Pl II, 1087.

II. LES SENS, CHEMINS D'HUMANITÉ

Un certain nombre des emplois, peu nombreux, je l'ai dit, de « sens commun » appartiennent à l'*Anthropologie d'un point de vue pragmatique*[21]. Il est assez remarquable qu'ils concernent l'« entendement sain », signification reconnue, certes, par la troisième *Critique*, mais dont elle se sépare quand il s'agit du sens commun appelé par le jugement de beau. S'il est intéressant dans cette étude sur le sens commun esthétique de faire un détour par l'*Anthropologie*, c'est en raison de la manière dont elle expose la sensibilité. Sans revenir en rien sur la raison comme fondement premier de la dignité de l'homme, une raison qui, comme pratique, accède à l'inconditionné, plusieurs passages de cet ouvrage font voir comment le sensible peut acheminer l'homme vers sa liberté, comment c'est elle qui permet de donner un juste ton à la relation humaine. On rejoint par là ce sens commun esthétique, attestant que la particularité de l'homme peut prendre figure d'universel. Il sera peut-être possible, alors, de découvrir comment le « sens commun », en son enracinement dans le goût, irradie en quelque sorte pour les vivifier ces chemins d'humanité où l'homme est solidaire de l'univers des corps.

A. Affects, passions et temps

L'*Anthropologie*, dans sa première, et plus longue, partie, la *Didactique anthropologique* se divise en trois livres, traitant respectivement de la faculté de connaissance, du sentiment de plaisir et de déplaisir, de la faculté de désirer. Ce qui frappe dans cet ensemble, c'est la part de lion que se taille la sensibilité. Dans la première partie, ce n'est qu'après avoir longuement analysé sensibilité et imagination qu'il est brièvement traité de l'entendement et du rapport entre elles des trois facultés supérieures de connaissance. La deuxième partie est tout entière consacrée au sentiment, tandis que la question des affects et des passions occupe toute la troisième partie. S'il convient de commencer par les « affects », c'est, je l'ai laissé entendre, que leur appellation renvoie à la nature même de la sensibilité, qui est réceptivité, du fait qu'elle est un *être affecté*. Or c'est comme *réceptivité* que la sensibilité signifie une *limite* pour la raison qui est *spontanéité*. Et comme l'affect concerne la faculté de désirer, principe de l'agir, le problème prend sa forme la plus aiguë : la liberté assignée à un "être affecté" peut-elle autre chose qu'une liberté infirme ?

Il faut tout de suite faire une remarque de traduction : le terme employé par Kant est celui d'« *Affect* ». L'habitude des traductions françaises est de rendre par « émotion », traduction recevable, mais qui a le grave inconvénient de perdre

21. En allemand 5 occurrences (sur 22), en latin 5 (sur 17).

le lien avec l'« *affizieren* » et son paradigme, par quoi se définit la sensibilité, et qui, à partir de la deuxième édition de la *Critique de la raison pure*, va donner lieu aux recherches sur *l'auto-affection*[22], qui se poursuivent jusque dans l'*Opus postumum*[23]. Je garderai donc le terme, peut-être un peu vieilli, mais parfaitement clair en français, d'« affect ». L'affect est un sentiment, de plaisir ou de peine, qui a comme caractéristique de se produire dans l'état présent, de telle sorte qu'il ne laisse pas surgir une réflexion, qui débattrait s'il convient ou non de suivre ce sentiment[24]. Il se peut même que l'intensité de l'affect ne se borne pas à grever la réflexion, mais la rende complètement impossible[25]. On peut donc dire de l'affect qu'il est *une inclination en effet*[26].

L'affect est une « maladie de l'âme », puisque tort est porté à la maîtrise qui caractérise la raison, et c'est en cela qu'il rejoint la *passion*[27]. Il faut noter tout de suite, cependant une différence capitale. L'affect perturbe, voire rend impossible, la délibération, mais il se produit dans l'instant présent[28]. La passion utilise au contraire la raison, chargée d'établir ordre et stabilité, mais elle en est une perversion, car le principe unificateur est pris à l'immédiateté du penchant individuel, appétit de pouvoir, appétit de jouissance. Et c'est pourquoi elle s'installe dans la durée. Les passions sont des « gangrènes pour la raison pratique », ce sont des « maladies incurables »[29].

L'affect, en revanche, peut servir de *relais provisoire aux mobiles moraux*. La remarque vient dans une allusion aux Stoïciens, qui pensent pouvoir se passer complètement des affects. S'ils n'en sont pas expressément blâmés, l'utilité provisoire des affects est mise cependant sur le compte d'une « sagesse de la nature »[30]. On pourrait voir là une sorte de concession de Kant, acceptant ce qui est finalement un moindre mal, celui d'un agir entaché par l'inclination. — L'opposition au statut de la passion invite cependant à une autre analyse, qui met tout l'accent sur la dimension temporelle de l'utilité des affects, celle qui, en raison même de leur lien avec l'instant présent, les met dans le *provisoire*. La passion ne saurait être auxiliaire de cette libération qu'est tout agir libre, puisqu'elle installe dans l'asservissement. La fugacité de l'affect autorise à

22. *Crp*, B 67-68, Ak 3, 70, 17-22, Pl I, 807 ; B 152-156, Ak 3,120, 22-122, 32, Pl I, 868-870.

23. *Opus postumum*, par ex. Ak 22, 550, 23-27, trad. Marty (M), 70 ; Ak 22, 479, 14-16, M 104-105 ; Ak 21, 99, 5-9, M 238.

24. *Ant*, § 73, Ak 7, 251, 16-19, Pl III, 1067.

25. *Ant*, § 74, Ak 7, 252, 3-6, Pl III, 1068.

26. Cf. *Crpr*, où le *sentiment* de respect, à titre de mobile, est « effectué » (*wirken*) par la loi morale, Ak 5, 72, 12-27, Pl II, 695-696.

27. *Ant*, § 73, Ak 7, 251, 21-22, Pl III, 1067.

28. *Ant*, § 73, Ak 7, 251, 16-19, Pl III, 1067.

29. *Ant*, § 81, Ak 7, 266, 21-267, 30, Pl III, 1082-1083.

30. *Ant*, § 75, Ak 7, 253, 22-31, Pl III, 1070.

laisser jouer sa double forme, « sthénique » ou « asthénique », bien illustrée par la colère et la honte, soit pour stimuler dans l'accomplissement des devoirs positifs, soit pour retenir, face à ce qui serait fourvoiement[31]. Il ne reste en quelque sorte que l'effet bénéfique, l'affect ayant disparu.

La dimension temporelle de l'affect, l'instant présent, le met dans l'ordre de la *fragilité*. Ce n'est pas sans apporter un éclairage sur cette pièce centrale de la réflexion morale de Kant qu'est le *respect*. Certes, Kant ne dit pas expressément qu'il est un affect. Il est bien cependant sentiment, sollicitation ou freinage de l'agir. Il combine bien ce qui est de l'ordre de l'inclination, humiliation et élévation. Certes, et c'est capital, il les fait tenir ensemble, puisqu'il est ce sentiment paradoxal, où attrait et écart vont de pair[32]. Qu'est-il, en effet, sinon la marque sur la sensibilité (il est « sentiment »), de la loi morale, seul accès à la liberté, mais qui est aussi soumission au commandement inconditionné ? — Mais il faut aussitôt dire que le respect, affect unique produit par la conscience de la loi morale, appartient aussi au *provisoire*. Le respect est trop précieux pour être de l'acquis. Certes, on peut parler d'une disposition à ressentir le respect, et c'est même ce en quoi la *Religion dans les limites de la simple raison* placera la *personnalité*, niveau où l'homme s'enlève sur le reste du monde des vivants[33]. Mais cette disposition est à mettre en œuvre, et c'est à ce niveau que se trouve le « mal radical »[34], où l'homme en son immédiateté se fait sa propre loi — la passion, de ce point de vue, est l'obstination qui enfonce dans le mal radical.

Le respect est toujours à conquérir à neuf. Il appartient à un chemin, sur lequel la sagesse demande d'accepter la main tendue des affects. Ce n'est pas, s'il est permis de filer la métaphore, la main qui ne lâche plus, mais celle qui se retire dès qu'elle a aidé au pas en avant. Si, comme le dit Kant, le respect va aux personnes, présentant la loi dans sa meilleure lumière[35], c'est un chemin de rencontres humaines. C'est une dimension présente dans l'*Anthropologie*, et qu'il faut brièvement évoquer.

B. La sensibilité en procès

Du long développement que l'*Anthropologie d'un point de vue pragmatique* consacre à la sensibilité, je voudrais seulement retenir quelques traits, par où il paraît qu'elle n'est pas seulement un embarras pour un être raisonnable, et

31. *Ant*, § 76, Ak 7, 255, 14-30, Pl III, 1071-1072.
32. *Crpr*, Ak 5, 78, 20-79, 10, Pl II, 703-704.
33. *Religion*, Ak 6, 27, 27-28, 7, Pl III, 39.
34. *Religion*, Ak 6, 30, 9-18, Pl III, 42.
35. *Crpr*, Ak 5, 76, 24-77, 18, Pl II, 701-702.

comment elle présente une dimension sociale. C'est bien, on le voit, chercher dans l'*Anthropologie*, ce qui peut éclairer un « sens », qualifié de « commun ».

Il est assez remarquable, tout d'abord, que ce cours s'ouvre, en sa première partie, de beaucoup la plus longue, la *Didactique anthropologique*, par la question de la « conscience de soi ». C'est dans le cadre de la « faculté de connaître » que ce départ est choisi, et il correspond assez bien à un horizon philosophique qui se souvient de Descartes. Très vite, cependant, Kant relève des embarras résultant d'un « égoïsme », dont la première forme est un « égoïsme logique », consistant à déclarer qu'il n'est nul besoin de mettre sa façon de juger « à l'épreuve de l'entendement d'autrui ». Le propos ne dépasserait guère la banalité d'un constat ou l'injonction moralisante, si Kant n'expliquait qu'un tel égoïsme menace *la liberté de pensée elle-même*. Si elle est précieuse, s'il importe de se battre pour elle, c'est que, comme le disait le bref écrit : *Qu'est-ce que s'orienter dans la pensée*, on ne saurait penser juste sans la liberté d'expression publique, qui seule rend possible la confrontation des divers chemins[36]. On ne s'étonnera pas de voir Kant joindre à ce premier égoïsme deux autres formes. L'une, *l'égoïsme esthétique*, n'a aucun souci du goût des autres, pouvant mettre le sien en question. C'est bien la problématique du « sens commun » de la troisième *Critique*. L'autre forme est *l'égoïsme moral*, qui ne connaît d'autre critère que ce qui est utile ou agréable à l'individu, en une sorte d'« eudémonisme » généralisé. L'attitude contraire est le *pluralisme*. Et il consiste tout simplement à vivre en « citoyen du monde », nous aurons à y revenir[37].

Est alors examinée « la sensibilité, en son opposition à l'entendement »[38]. Je ne m'arrêterai pas beaucoup à une « apologie pour la sensibilité », qui ouvre le développement, refusant de voir dans le lien de la sensibilité à l'entendement une déchéance pour celui-ci[39].— Beaucoup plus à la racine va un soupçon, qui verrait dans toute expression sensible une simple « apparence ». La forme sensible où s'exprime une vertu ne serait-elle pas finalement dissimulation, apparence, qui cacherait des motivations égoïstes ? Est-il besoin de dire qu'un tel soupçon ne se distingue guère du jugement du rigoriste moral, dont on fait trop aisément l'idéal de la *Critique de la raison pratique* ? L'enseignement de l'*Anthropologie* rend un tout autre son. Les formes extérieures de la vertu, pour insuffisantes qu'elles soient, ont cependant leur utilité pour l'acquérir. Il n'est pas sans intérêt de relever comment les convenances extérieures dans le rapport

---

36. *Ant*, § 2, Ak 6, 128, 28-129, 17, Pl III, 946-947. Cf. *Qu'est-ce s'orienter dans la pensée*, Ak 8, 144, 16-27, Pl II, 542-543.

37. *Ant*, § 2, Ak 7, 129, 34-130, 14, Pl III, 948.

38. *Ant*, § 7, Ak 7, 140, 15, Pl III, 958.

39. *Ant*, § 8-11, Ak 7, 143, 15-146, 25, Pl III, 961-964.

homme-femme ont au moins le mérite de mettre un frein dans une « instrumentalisation » de l'autre. Le passage se termine par une très belle réflexion sur les relations humaines, qu'il importe de ne pas traiter comme « vile monnaie ». J'ai à traiter comme authentique l'expression sensible de la vertu chez l'autre. Et si le soupçon est possible — et combien l'est-il — c'est à mon endroit que je dois l'exercer[40]. Faut-il rappeler que l'enseignant, ici, n'est pas à distinguer de l'homme de la *Critique de la raison pratique* ? L'*Anthropologie* se contente en effet de donner un contenu à cette dissymétrie entre moi-même et l'autre, précédemment rappelée[41], qui est essentielle au respect. C'est dans la personne de l'autre que je respecte la loi morale, car je puis lui prêter une fidélité à cette loi que je sais, d'expérience, me manquer.

C. Les cinq sens, et la dimension sociale

Le ton dominant des premiers développements sur la sensibilité est bien de l'ordre d'un plaidoyer. Ce qui vient ensuite se situe dans une fort vieille tradition, que préfaçait le *Peri Psuchès* aristotélicien, en traitant des « cinq sens ». Il s'agit en quelque sorte de l'*élément* de ce qui vient d'être traité globalement sous le titre de sensibilité. Sur un fond commun, celui qui concerne l'impression corporelle dans son ensemble, sont examinées les sensations propres à chacun des organes des sens, desquels, explique Kant « on ne peut à bon droit... dénombrer ni plus ni moins que cinq ». Ils sont organes des « impressions externes », c'est-à-dire « instruments » (selon la force du terme « organe ») de la relation de l'être corporel à son environnement. Leur division se prend du couple objectif-subjectif, compris d'ailleurs non comme exclusion de l'un des termes, mais selon une dominante. L'objectivité domine dans trois sens, toucher, ouïe et vue, dans la mesure où ils mettent en relation avec l'objet en son extériorité. C'est la subjectivité qui vient en premier rang pour l'odorat et le goût, dans la mesure où c'est la jouissance de l'objet qui commence avec eux[42].

S'il convient de les mentionner, en traitant du sens commun, c'est dans la mesure où ils peuvent éclairer la communication. A dire vrai, Kant laisse entendre, lorsque un peu plus avant, en traitant de l'imagination, il les présente comme une source où elle puise, que leur communicabilité est limitée, et ceci en raison du caractère tout à fait individuel de l'impression qu'ils reçoivent. Jusqu'où tombe-t-on d'accord lorsqu'on attribue la même couleur à un objet, plus encore s'il s'agit de l'odorat ou du goût[43] ? — Cela rend d'autant plus

40. *Ant*, § 14, Ak 7, 151, 7-153,17, Pl III, 968-969.
41. Supra, n. 32.
42. *Ant*, § 16, Ak 7, 154, 12-28, Pl III,972-973.
43. *Ant*, § 28, Ak 7, 168, 11-169,2, Pl III, 986-987.

remarquable ce qui était dit auparavant de deux des sens « objectifs », l'ouïe et la vue. Le médium qui porte la perception de l'ouïe, l'air, la rend propre à percevoir un objet lointain. Le plus important de ce qui est ainsi porté est la voix humaine, qui « permet aux humains de se mettre de la manière la plus aisée et la plus complète en communauté de pensées et de sentiments avec les autres ». Kant donne alors une explication, qui anticipe remarquablement sur l'analyse saussurienne du « signifiant », « arbitraire », en observant que c'est parce qu'ils ne signifient rien par eux-mêmes que les sons peuvent devenir porteurs de la pensée[44]. Quant à la musique, c'est le « sens vital » qu'elle met en branle. Langue des pures impressions, elle peut communiquer des sentiments à distance, avec ce privilège que le plaisir qu'elle procure, parce qu'il est par nature social, ne saurait être diminué par le nombre[45]. — En ce qui concerne la vue, elle élargit considérablement le champ de ses objets. C'est que, de tous les sens, elle est celui qui est le moins « affecté », tout proche, par là, de la pure intuition[46]. Kant retrouve ici la veine grecque, faisant de la vue la métaphore de l'intellect.

Il y aura lieu de revenir sur le goût et l'odorat. Ce qui vient d'être dit, tant au niveau global de la sensibilité que des cinq sens est en consonance avec un sens *commun*.

III. LE « SENS COMMUN », DANS L'ORDRE DU PROVISOIRE

Il faut dire maintenant selon quelles lignes de force diffuse, à partir de cette exploration de la sensibilité, le sens commun appelé par le jugement de goût. Le trait majeur gagné est sans doute son appartenance au temps du provisoire, cependant qu'au-delà de son domaine propre, c'est le monde qui s'entrevoit. Il est finalement le milieu que déploie le jugement réfléchissant de goût, expression où « réflexion » et « goût » sont à prendre selon toute leur force d'origine.

A. Citoyens du monde

Qui s'intéresse à une *Anthropologie*, ne tarde pas, comme on l'a vu, à être confronté à une problématique « égoïste », qui se développe sur un triple registre, logique, esthétique et moral. La position médiane de l'esthétique ne peut pas être considérée comme simple hasard. Qui veut ne se fier qu'à son goût aura du mal à ne pas se contenter, au niveau des idées, de son seul jugement, et à ne pas devenir cet « eudémoniste » dont la satisfaction individuelle est la seule

---

44. *Ant*, § 18, Ak 7, 155, 13-27, Pl III, 973-974. — J'ai analysé l'aspect évoqué ici du signifiant saussurien dans *La bénédiction de Babel, Vérité et communication*, Cerf, Paris, 1990, p. 29-30.

45. *Ant*, § 18, Ak 7, 155, 28-35, Pl III, 974.

46. *Ant*, § 19, Ak 7, 156, 1-23, Pl III, 974-975.

règle. L'attitude opposée, le « pluralisme » consiste à ne pas identifier le monde entier à soi-même, mais à considérer ce « soi » comme un membre du monde, un « citoyen du monde »[47]. Même si Kant ne le développe pas expressément à ce moment-là, il est permis de penser que le « citoyen du monde » prend le chemin inverse de l'« égoïste » sur les trois registres précédents. Cela revient à dire, et l'importance pour mon propos est évidente, qu'il est d'abord homme de goût, mais sans cesse désireux de confrontation avec le « sens commun », lequel se contredirait d'ailleurs, à prétendre à une autorité péremptoire. C'est à partir de là que ce « citoyen du monde » va se battre, au besoin, pour la liberté d'expression, hors de laquelle la pensée s'étiole. Et c'est ce qui l'invitera à prendre pour règle de son agir, non son individualité, mais l'humanité, en sa personne, comme en celle de tout autre[48].

Il n'est pas sans intérêt de s'arrêter à la remarque qui termine le paragraphe sur l'égoïsme, et qui s'occupe d'un problème de langage, précisément du « cérémonial du langage égoïste ». Il s'agit d'un langage qui se présente comme « pluraliste », le pluriel employé par un chef d'Etat, usant du « nous ». Il est en fait « égoïste » parce que cette forme dissimule un « je », qui veut se garder de tout égal, l'usage de la troisième personne étant d'ailleurs une autre procédure visant au même effet[49]. — L'analyse ne manque pas d'intérêt, mais je la retiens surtout, car elle indique qu'un des lieux où se mesure le « pluralisme » des « citoyens du monde » est le langage. C'est une suggestion pour se faire attentif, quand il s'agit de « sens commun », à la diversité des langues dans lesquelles il s'exprime, un des aspects de cette diversité que la deuxième partie de l'*Anthropologie* expose sous le titre de *Caractéristique anthropologique*, qui va de la diversité des individus à celle des peuples. — On peut rattacher à cela ce qui a été dit de la valeur de communication universelle des pensées que permet l'ouïe, par le langage.

Cela vient conforter le lien entre le « sens commun », appelé par l'absence de concept dans le beau, et la discussion qui ne se tranche pas comme une dispute, à quoi conduit l'antinomie du goût. Il faut tout de suite rappeler que Kant ne se fait aucunement l'avocat de l'irrationnel. L'absence de concept, dans le beau, n'est que l'autre face d'une trop grande richesse. C'est dans les « idées esthétiques », que la nature du beau, de l'art mais aussi de la nature, se découvre, régime de l'abondance, qui « donne beaucoup à penser », excédant le langage, pour être la source de son renouvellement[50]. C'est vers le « supra-sensible », ouvrant un

47. *Ant*, § 2, Ak 7, 130, 12-14, Pl III, 948.
48. *Fondements de la métaphysique des mœurs*, Ak 4, 429, 9-13, Pl II, 295.
49. *Ant*, § 2, Ak 7, 130, 23-131, 14, Pl III, 948-949.
50. *Cfj*, § 49, Ak 5, 313, 35-314, 5, Pl II, 1097.

champ de liberté pour cet être du monde qu'est l'homme[51], en position — et responsabilité — unique, que signe est fait.

Et c'est pourquoi il n'est pas interdit d'étendre les paroles de la discussion sur le beau aux propos qui font l'univers humain. Le sens commun esthétique s'accorde avec cette sorte de préjugé pour l'humanité de l'autre homme que l'on pouvait entendre dans la défense de la sensibilité. On n'est pas loin des « *endoxa* » d'Aristote, ces paroles qui se disent, pas les paroles creuses du bavardage, mais celles qui, sans prétendre à la rigueur de la science, sont paroles sérieuses. Elles sont, je reste avec Aristote, « dignes de foi »[52]. Elles balisent le long chemin vers l'universel humain.

B. Le goût de la sagesse

Le « sens commun » qui nous a occupés n'est pas le "bon sens", l'« entendement sain », car il implique un sentir, en la forme originale du sentiment de plaisir et de déplaisir. Cette originalité s'entend dans l'appellation même de jugement de goût. Une nouvelle fois, le cours d'Anthropologie fait écho à la troisième *Critique*. Celle-ci demandait que l'on ne s'habitue pas trop aisément à ce qu'a d'étonnant l'appellation de jugement de *goût*. C'est l'engagement de tout le sujet humain en cet appui sur l'élémentaire, que Kant entendait par là. Le jugement de goût que j'énonce est creux, s'il ne s'appuie pas sur le plaisir du beau que j'éprouve, à compte propre, tout comme je ne tiens un propos valide en déclarant l'excellence d'un vin qu'après la première gorgée[53]. Cet engagement instituable du sujet dans la sensation esthétique est ce que caricature l'interprétation subjective du beau kantien.

C'est l'engagement du sujet que retient la *Critique de la faculté de juger esthétique*, si bien qu'il n'est pas sans intérêt de voir l'*Anthropologie*, lorsqu'elle reprend ce thème de la métaphore du goût, mettre l'accent plutôt sur la dimension de société. Allusion est faite à la socialité de la table à propos des cinq sens, lorsqu'il s'agit de l'odorat et du goût[54]. Mais c'est la section sur le sentiment de plaisir et de déplaisir qui, comme on peut s'y attendre, fournit ici le plus riche matériau. Le goût est à la fois différenciatif et appréciatif, ce qualificatif étant dès lors à entendre au sens de plaisir à apprécier. Porter un jugement de goût est faire un *choix*, distinguant le beau de ce qui ne l'est pas (la question de savoir si ce qui est ainsi écarté pourrait, en une autre manière, être dit beau est une autre question). Mais ce choix ne saurait se faire sans susciter

---

51. Cf. *Cfj*, § 57, Ak 5, 346, 13-20, Pl II, 1135.
52. *Rhétorique*, I,2, 1356b-1357a.
53. *Cfj*, § 33, Ak 5, 285, 3-10, Pl II, 1061.
54. *Ant*, § 22, Ak 7, 159, 5, Pl III, 977.

une relation de société, celle de la communication dans le plaisir du beau, qui atteste sa validité universelle[55]. Un peu plus avant, Kant rappelle qu'un maître de maison doit composer le menu qu'il va offrir en choisissant les mets qui pourront plaire aux convives[56]. Et ce n'est point accidentellement que la *Didactique anthropologique* se termine sur « le souverain bien moral et physique ». Une de ses meilleures réalisations est « un bon repas en une bonne compagnie » où il revient à l'hôte d'avoir soin non seulement de la table, mais aussi du bon cours de la conversation. Et Kant d'en donner quelques règles, écho, on le sait, de son expérience propre[57].

Le sage est celui dont les propos sont aussi immédiatement savoureux qu'un bon plat[58]. Le « sens commun » ne saurait se passer de goût, et c'est peut-être par là que se creuse le plus profondément sa distance par rapport au simplement rationnel. Le concept de maison peut se vérifier dans un bâtiment, mais elle ne devient demeure de l'homme que si on peut y habiter *avec goût*. Donner un avertissement à quelqu'un sur sa santé, par exemple, peut être dans l'exactitude. Il n'y a relation humaine que si cela se dit *avec tact*. — Ce n'est pas sans éclairer la quatrième des composantes requises pour qu'il y ait « génie », le *goût* s'ajoutant à l'imagination, l'entendement et l'esprit[59]. Toutes les "règles de l'art" peuvent avoir été respectées, sans que celui-ci soit au rendez-vous. Si le goût ne se commande pas, cela veut dire qu'il est lui aussi soumis à la loi du temps, celle des lentes transformations qui valent au sens commun de ne pas être un fourre-tout de propos éculés.

C. Le jugement réfléchissant de goût

C'est le jugement réfléchissant, un des apports majeurs de la troisième *Critique*, qui prend ainsi du relief. S'il est vrai que le jugement déterminant va de l'universalité d'un principe à la particularité d'un donné, tandis que le jugement réfléchissant va d'un particulier à l'universel, il faut dire que le jugement réfléchissant se présente selon toute sa force dans le jugement de goût. S'il y a bien jugement réfléchissant dans le cas du vivant, c'est que son point de départ ne peut pas être quelque principe concluant aux diverses formes de la vie. Pour Kant, la vie ne se déduit pas (comme c'est le cas pour un système gravitationnel), elle se constate. Mais le biologiste doit d'emblée situer l'individu dans quelque espèce, ce qui est un premier pas dans l'abstraction, une face, aussi bien, de la conceptualisation. En revanche, la sensation, dans le beau, demeure,

55. *Ant*, § 67, Ak 7, 240, 6-241, 5, Pl III, 1056-1057.
56. *Ant*, § 67, Ak 7, 242, 10-243, 2, Pl III, 1058-1059.
57. *Ant*, § 88, Ak 7, 278, 10-280, 7, Pl III, 1094-1096.
58. *Ant*, § 67, Ak 7, 242, 31-243, 2, Pl III, 1059.
59. *Cfj*, § 50, Ak 5, 320, 6-7, Pl II, 1105.

si l'on peut dire, dans le brut de son état originaire, ce qui est une autre manière de dire que le beau est sans concept.

On comprend que, ainsi que Kant le dit très clairement, ce soit le jugement de goût qui ait rendu nécessaire l'ouverture de la troisième *Critique*[60]. Mais l'exigence du « sens commun » découvre alors tout son enjeu. Réplique à l'absence de concept, il lui revient d'authentifier la rencontre dans l'appréciation du beau. Il est seul à pouvoir le faire. Car, si l'absence de concept est à entendre du concept *déterminé*, mais n'exclut pas le foisonnement promis à la pensée et ainsi au concept, on voit vite qu'une telle multiplicité ne fait qu'aggraver la difficulté d'absence de critères décisifs. — La rencontre dans le plaisir du beau demeure très insolite, car sa réussite n'est jamais contrôlable. On peut vérifier un accord sur les mesures du cadre d'un tableau. Aucune certitude de ce genre n'est possible, lorsqu'on déclare beaux un paysage, une œuvre.

Je voudrais conclure sur deux remarques. S'affirme d'abord, c'est la première remarque, la pertinence, dans une recherche sur le « sens commun », du détour par les antinomies, rattachées à la même caractéristique d'absence de concept. Le goût ne se sépare pas des paroles où tente de se dire l'expérience du beau. Ce ne peut être que paroles tâtonnantes, puisque les mots, en leur usage direct, signifient un *concept*, et qu'on les emploie, dans une discussion qui se prolonge, précisément pour dire ce qui n'est pas conceptuel. Il n'est d'autre voie que la patience de l'échange, le pas à pas, ne reculant pas devant l'analyse d'une œuvre, mais faisant toujours foi à l'interlocuteur pour qu'il ne me fasse pas prisonnier de mes mots. Cela ne veut pas dire pour autant que la rencontre dans le beau soit une simple chimère. Il faudrait faire intervenir ici les jugements d'une culture, avec le *patrimoine* qu'elle conserve, précisément parce qu'il est un lieu où le sens se fait commun. — L'agir libre, où l'homme réalise sa dignité, n'échappe pas à cette règle de patience. S'il est vrai de dire que seule est « bonne » l'action accomplie uniquement « par devoir », sans mélange d'autres motivations, il est totalement impossible pour un individu, dans l'univers moral de Kant, de se prévaloir d'une telle action. Ce serait prétendre à une « sainteté » accomplie, forme de l'exaltation religieuse.

Si c'est la « réflexion sur l'intuition » qui approprie pareillement jugement de goût et jugement réfléchissant, il convient, c'est la deuxième remarque, de rappeler que cette intuition appartient aussi au *symbole*. L'« hypotypose symbolique » opère en effet sur l'« hypotypose schématique », ne retenant de celle-ci que « la règle de réflexion sur l'intuition ». Il y a bien un sensible au point de départ, un « moulin à bras », pour reprendre un exemple de Kant (à

60. *Cfj*, Préface, Ak 5, 169, 34-170, 4, Pl II, 920.

propos de l'Etat despotique)[61]. Mais il est déjà pris dans une schématisation, et c'est sur ce point qu'expérience du beau et expérience symbolique diffèrent. — Mais on comprend aussi sans peine combien l'expression symbolique est proche de l'art, et combien elle attend, en quelque manière son soutien. Il lui apporte en effet le *goût*, sceau du *génie*[62].

***

« Le goût fait que le plaisir se communique ; il est ainsi un moyen et un effet de l'union des hommes »[63]. Ce passage d'une *Réflexion* sur l'anthropologie, dit admirablement que le « sens commun », enraciné dans le goût, ne peut se séparer du « consensus », hors duquel nulle société ne peut subsister. Qu'il me soit permis, au terme, d'ouvrir ce dernier horizon. L'*Anthropologie* nous a fait rencontrer le « citoyen du monde », position à partir de laquelle la sensibilité détermine son régime humain. Et il est remarquable que cette idée, ou plutôt cet idéal, prenne une place croissante dans la dernière décennie de la vie de Kant, au point, tout spécialement, de couronner l'édifice du droit, montant du droit privé, au droit public, pour s'achever dans un droit « cosmopolitique ». Mais on assiste à une sorte d'échec quand il faut passer à ce troisième niveau. Si l'Etat se réserve le droit à la contrainte pour que la justice soit effective entre les individus, il n'est pas d'Etat mondial auquel attribuer un pareil rôle. La paix perpétuelle n'est au terme d'aucun dispositif. Elle attend un sentir commun, qui ne cesse de réveiller le goût pour y travailler.

---

61. *Cfj*, § 59, Ak 5, 352, 8-25, Pl II, 1142-1143.
62. Cf. *Cfj*, § 50, Ak 5, 319, 12-320, 6, Pl II, 1104-1105.
63. *Reflexion* 767, Ak 17, 334, 18-20.

L'*ANTHROPOLOGIE*[1] DANS LA GÉOGRAPHIE PHYSIQUE

Michèle COHEN-HALIMI

La question kantienne qui surgit à la croisée de la *Géographie physique* et de l'Anthropologie est une question redoutable : qu'est-ce que la nature humaine ?

Porte-t-on l'accent sur « nature » et c'est alors une double question qui s'impose celle, d'une part, de la nature de l'homme rapportée à l'ensemble des autres êtres vivants et au monde en général et celle, d'autre part, de l'unité même de la nature humaine ? En un mot, la question est celle, tout à la fois, du rapport de l'homme au monde naturel et d'une possible unification de la multiplicité et de la diversité humaines. En effet, quand seule la variété des races et des mœurs est observable comment ne pas dire avec Joseph de Maistre : « Il n'y a point d'*homme* dans le monde. J'ai vu, dans ma vie, des Français, des Italiens, des Russes etc. ; je sais même, grâces à Montesquieu, *qu'on peut être Persan* : mais quant à *l'homme*, je déclare ne l'avoir rencontré de ma vie »[2]. Comment donc continuer de penser que c'est le même qui est blanc en Europe et noir en Afrique quand l'observation laisse croire que l'on change d'homme en changeant de continent ? Et cette question si fondamentale vaut aussi pour les autres espèces vivantes. Kant n'écrit-il pas dans la section de la *Géographie physique* consacrée à l'étude de l'homme : « Un écureuil qui ici était brun devient gris en Sibérie. En Guinée, un chien européen perd sa forme et devient pelé ainsi que sa descendance »[3] ? Si donc dans la locution « nature humaine », l'inflexion est portée sur « nature », si « nature » est le déterminant et « humaine » le déterminé, la question posée est celle de la spécificité naturelle de l'homme et de la saisie de cette spécificité.

Et, au-delà de cette question, le problème est aussi celui du partage entre l'étude géographique et l'étude anthropologique. Car si la nature empirique de l'homme peut être examinée au même titre que l'est le reste de la nature, quelle

1. L'usage du terme « Anthropologie » est anachronique chez Kant avant 1775. Nous désignons ainsi la première section de la deuxième partie de *Géographie physique* consacrée à l'étude de l'homme.

2. *Considérations sur la France*, chap. 6, 1791, Lyon, J. B. Pélagaud, p. 88.

3. Les passages cités de la *Géographie physique* de KANT sont extraits d'une traduction intégrale du texte qui est à paraître. L'Introduction de la *Géographie physique* est dans *Philosophie* n° 5, fév. 1985.

distinction établir entre l'Anthropologie et la Géographie physique ?

A l'inverse, porte-t-on l'accent sur « humain » en faisant de ce prédicat un déterminant, et c'est alors la question de l'humanité de l'homme qui est soulevée. L'homme naît-il naturellement homme ou l'exigence d'humanité n'excède-t-elle pas le fait naturel ? Comment l'homme accède-t-il à son humanité ? Dire que celle-ci ne lui est pas naturellement donnée, n'est-ce pas risquer de dire que l'homme n'est pleinement homme que sous certaines latitudes et risquer de rabattre l'une sur l'autre la perspective humaniste et celle du préjugé éthnocentrique ?

Et, au-delà de ces difficultés, le problème est de saisir ce qui sépare l'étude de l'homme qu'on trouve dans la *Géographie physique*, de celle qui sera proposée dans l'*Anthropologie d'un point de vue pragmatique*.

Autrement dit, parler de l'Anthropologie dans la *Géographie physique* ne va pas sans une définition préalable de la nature humaine, et cette définition suppose à son tour que les deux disciplines, Géographie physique et Anthropologie, soient clairement définies. Le cercle est patent et il faut y entrer pour comprendre comment Kant en est sorti car il est certain que c'est au cœur de ces difficultés que sa réflexion s'est mue durant de nombreuses années. Aussi voudrions-nous, dans un premier temps, essayer de ressaisir l'intrication et les démêlés de la *Géographie physique* avec l'*Anthropologie*.

C'est en 1756 que Kant inaugura son premier cours de Géographie physique sous le titre : « Esquisse et annonce d'un cours de géographie physique », et c'est en 1796 qu'eut lieu son dernier cours.

Il n'est sans doute pas inutile de rappeler que sur ses 268 cycles de cours, Kant en consacra 49 à la Géographie physique et 28 à l'Anthropologie et qu'ainsi le cours de Géographie physique est celui qui fut le plus souvent professé juste après la logique et la métaphysique qui, elles, furent enseignées 54 fois. L'importance du cours de Géographie physique ne se limite toutefois pas à la fréquence de son enseignement, il convient de souligner que Kant fut le premier philosophe à introduire cette discipline à l'Université avant même que la première chaire de géographie fût créée pour Karl Ritter, à Berlin, en 1820.

S'il est vrai que cette discipline était déjà enseignée par des géographes et notamment par A. Fr. Büsching à Göttingen, il n'en demeure pas moins qu'aucun philosophe ne s'y était intéressé comme Kant, au point non seulement de l'enseigner mais de rédiger un manuel à cette fin. Il n'y avait, en effet, aucun manuel de référence auquel Kant eût pu adosser son cours, aussi rédigea-t-il la *Géographie physique*, et ce fait est d'autant plus remarquable qu'il était strictement interdit à l'époque de professer un cours en son nom propre, chaque professeur devant se conformer à un manuel officiellement reconnu. Aussi l'exception de la *Géographie physique* fit-elle l'objet d'un décret de von Zedlitz le 16 octobre 1778 par lequel Kant était autorisé à enseigner cette discipline « *secundum dictata sua* ».

Le caractère quelque peu exceptionnel de la *Géographie physique* étant à présent rappelé, il faut définir le contenu et la fonction de l'enseignement dont elle fit l'objet afin de comprendre son lien avec l'*Anthropologie*.

Dans l'*Annonce du programme des leçons durant le semestre d'hiver 1765-1766* on lit ceci : « Juste au début de mon enseignement académique lorsque je me suis aperçu qu'une grave négligence de la jeunesse studieuse consiste principalement en ce qu'elle apprend d'abord à raisonner sans posséder les connaissances historiques suffisantes qui peuvent remplacer l'expérience, j'ai conçu le projet de faire de l'histoire de l'état actuel de la terre, ou de la Géographie au sens le plus large, un résumé agréable et facile, comportant ce qu'elle pourrait apporter comme préparation et comme aide à une raison pratique, afin de susciter le désir d'étendre toujours davantage les connaissances qui y ont leur point de départ. Je nommais cette discipline Géographique physique en raison de la partie sur laquelle portait alors l'essentiel de mon attention »[4].

Initialement, la *Géographie physique* kantienne offrait une description de la terre dans son ensemble, elle était, selon les mots de Kant, « un abrégé universel de la nature » et se limitait à la première section de l'ouvrage publié par Rink en 1802. Or que trouve-t-on dans cette première section ? On trouve une description de l'eau, une description de la terre, une description de l'atmosphère et une histoire des transformations de la terre. Toute considération anthropologique en est absente.

En voulant ériger cette discipline au rang de science — et à ce titre il est important de noter que la *Géographie physique* comporte toute une partie consacrée aux notions mathématiques préalables *(mathematische Vorbegriffe)* auxquelles le géographe recourt — Kant aurait, semble-t-il, écarté l'*Anthropologie* et aurait ainsi renoué avec la *Géographie générale* de Varenius dont il n'ignorait sans doute pas quelle admiration Newton lui portait puisque ce dernier l'avait publiée et complétée afin de la faire lire à ses élèves. Il semble ainsi que Kant aurait pu faire sienne, du moins dans les années 1756-1760, la définition que Varenius donnait de la Géographie dans le premier chapitre préliminaire de sa *Géographie générale* : « La géographie est une partie des mathématiques mixtes où on explique l'état de la terre et de ses parties, qui regarde la quantité ; savoir sa figure, sa position, sa grandeur et son mouvement »[5].

Dans sa première version, la *Géographie physique* de Kant, à l'instar de la *Géographie générale* de Varenius, ignore l'étude de l'homme.

Toutefois la finalité de son enseignement excède la discipline scientifique en tant que telle et est philosophique en tant qu'elle est une propédeutique à

4. *Annonce...*, trad. M. Fichant, Paris, Vrin 1966, p. 75.
5. *Géographie générale*, trad. Depuisieux, Paris, 1775, p. 2.

l'apprentissage du philosopher. Puisque, comme le déplore Kant dans l'*Annonce*, le savoir inculqué dans le jeune âge précède le plus souvent la compréhension permise par une raison plus mûre, elle-même fruit d'exercices progressifs, il faut non seulement mettre la pensée à la diète, s'opposer à l'ingurgitation — c'est ce dont la *Logique* se chargera — mais il faut surtout ancrer le jugement dans l'expérience. Aussi la *Géographie physique* apparaît-elle comme un antidote à la pensée d'emprunt puisque rien de ce qu'on y apprend n'est séparable du lieu et de l'exercice même de son apprentissage.

Si la *Géographie physique* a d'abord été dépourvue de toute étude de l'homme, il est important de noter que cette situation, de l'aveu même de Kant, a progressivement changé. Ne lit-on pas dans l'*Annonce* : « J'ai depuis progressivement élargi ce plan et je pense maintenant, en abrégeant davantage la partie qui concerne les curiosités physiques de la terre, gagner du temps pour étendre l'exposé des autres parties dont l'intérêt général est encore plus grand. Cette discipline sera ainsi une Géographie physique, morale et politique »[6].

Etrange changement que cet élargissement de la *Géographie physique* à une géographie morale et politique au terme duquel la géographie physique se trouve abrégée et comme reléguée au second plan.

On pourrait considérer que c'est en fidèle lecteur de Varenius que Kant associe sa Géographie générale à une Géographie spéciale, « spéciale » ne signifiant nullement que le « général » s'y trouve appliqué mais signifiant plutôt que les connaissances qui y sont exposées ne sont pas mathématiques puisqu'elles ont pour objet : les mœurs, les coutumes et les gouvernements des hommes.

L'élargissement de la *Géographie physique* kantienne pourrait donc s'entendre comme une extension de la notion de Géographie. « Il y a des Auteurs, écrit Varenius, qui prenant le mot Géographie dans un sens trop resserré la définissent comme une description nue des différents pays. D'autres lui donnant trop d'étendue voudraient y comprendre la constitution politique des Etats »[7]. Face à ce dilemme, Kant choisit la voie de l'extension la plus large et, ce faisant, il s'écarte de Varenius puisque l'intérêt qu'il accorde à la géographie morale et politique semble s'opérer aux dépens de la stricte discipline scientifique. Or Varenius redoutait déjà que l'équilibre entre géographie générale et géographie spéciale fût instable et que l'intérêt croissant pour la seconde vînt faire perdre à la première sa primauté scientifique.

En ce qu'il exprime un progressif décentrement de l'objet d'étude de la Géographie, l'élargissement de la *Géographie physique* pourrait s'interpréter comme une discrète rupture avec Varenius et, pour ainsi dire, comme un devenir « spéciale » de la Géographie « générale ».

---

6. *Annonce...*, *op. cit.*, p. 75.
7. *Géographie générale*, *op. cit.*, p. 2.

Ce déplacement du centre de gravité de la discipline géographique s'achèvera d'ailleurs en 1772-1773 par une scission au cœur de l'enseignement de Kant : l'enseignement de la Géographie sera séparé de celui consacré à l'Anthropologie. « Cet hiver, écrit Kant à Marcus Herz en 1773, je donnerai un cours d'anthropologie dont j'aimerais désormais qu'elle devienne une discipline universitaire normale »[8].

Finalement, l'élargissement de la Géographie générale à la Géographie spéciale, qui semblait déjà annoncer un renversement des préséances, s'est conclu par une séparation qui semble avoir permis à l'Anthropologie de prendre son essor en se mettant en quête de son autonomie.

Après avoir tenté de résumer l'histoire mouvementée des liens qui unirent et désunirent la *Géographie physique* et l'*Anthropologie*, il nous faut à présent non plus seulement raconter mais comprendre ce qui s'est passé et cette explication est d'autant plus nécessaire que la désunion ne fut pas sans reste. Il demeure, en effet, que, jusqu'en 1796, Kant continua à étudier l'homme dans son cours de *Géographie physique* alors même qu'il consacrait un enseignement à l'Anthropologie. Faut-il ne reconnaître qu'une incohérence ou une redondance ? Ou bien n'y a-t-il pas là le signe d'un éclatement profond de l'idée de nature humaine ?

Aussi voudrions-nous, dans un deuxième temps, suivre et reprendre le fil de l'analyse qui a conduit Kant de la différenciation à la séparation de la *Géographie physique* et de l'Anthropologie.

Dans l'Introduction de la *Géographie physique*, Kant définit la Géographie physique et l'Anthropologie comme connaissances d'expérience : « C'est notre raison qui nous donne les connaissances de raison pure ; mais c'est par les sens que nous recevons les connaissances d'expérience »[9], et, poursuit Kant : « Comme ce faisant nous avons un double sens, un sens externe et un sens interne, c'est donc bien aussi à travers eux deux que nous pouvons considérer le monde comme somme de toute connaissance d'expérience. Le monde en tant qu'objet du sens externe est nature *(Natur)* mais il est l'âme *(Seele)* ou l'homme *(Mensch)* en tant qu'objet du sens interne »[10].

La Géographie physique en son sens strict, c'est-à-dire au sens d'une description de la terre est objet du sens externe et l'Anthropologie, c'est-à-dire l'étude de l'homme qu'on trouve dans la Géographie physique au sens large, est objet du sens interne. Le partage des disciplines à partir de la distinction du sens interne et du sens externe mérite l'attention. « L'Anthropologie, objet du sens interne », cette affirmation soulève plusieurs questions :

– Si Kant ne confond pas anthropologie et psychologie empirique, et il suffit de lire quelques pages de la section de la *Géographie physique* consacrée à

8. *Correspondance* de KANT, Paris, Gallimard, 1991, p. 108.
9. Introduction de la *Géographie physique* §2, op. cit., p. 11.
10. *Ibid.* p. 12.

l'étude de l'homme pour s'en assurer, comment peut-il placer l'observation de la nature empirique des hommes du côté du sens interne ? Que lit-on, en effet, lorsqu'on se reporte aux pages où le philosophe-géographe décrit les hommes, on lit, par exemple, que « les Samoyèdes, les Danois et les Lapons de Suède, les Groenlandais et les peuples de la zone glaciale d'Amérique ont le visage de couleur brune et le cheveu noir » ; on lit aussi que « Toutes les nations orientales situées à l'est du méridien du Bengale ont quelque chose de la constitution kalmouk. Laquelle, considérée dans sa forme la plus générale, est formée de la manière suivante : un visage plat, large en haut, étroit en bas, presque pas de nez qui saille sur le visage, de tous petits yeux, d'épais sourcils, des cheveux noirs ; à la place de la barbe, de fines touffes de poils épars, et de petites jambes avec des grosses cuisses » ou bien encore, lorsque la description s'attache aux mœurs, on lit : « Tous les habitants de la zone la plus chaude sont extraordinairement paresseux. Chez certains cette paresse est quelque peu atténuée par le gouvernement et par la contrainte [...] les Indiens sont aussi très pusillanimes et les deux, paresse et pusillanimité, sont également propres aux nations du grand Nord. Leurs esprits épuisés ont besoin d'être réveillés par de l'eau-de-vie, du tabac, de l'opium et d'autres substances fortes ».

Autrement dit, l'objet de l'étude n'est pas un moi empirique mais des autres diversement autres et infiniment différents les uns des autres. L'Anthropologie nous donne bien de l'homme empirique une image toute différente de celle que pourrait donner la psychologie.

La difficulté à laquelle Kant est confronté est alors la suivante : si l'Anthropologie de la *Géographie physique* ne se fonde pas sur la psychologie comment une expérience de l'homme par lui-même et de l'extérieur est-elle possible ? Faut-il sacrifier le « par lui-même » à « l'extérieur » et faire de l'étude de l'homme un objet du sens externe ou faut-il tenter de concilier les deux ?

Kant à l'évidence se lance dans la seconde tentative ; et cette tentative est ardue.

Il est clair, en effet, que l'homme n'est pas un objet du sens externe, l'eût-il l'été, Kant aurait fondu son étude dans celle des mammifères et aurait confondu les hommes avec tous les autres êtres vivants. La nature humaine, montre Kant, est certes nature et, comme telle, est comprise dans le monde, le monde est en elle comme elle est en lui. L'Anthropologie, en ce sens, est bel et bien un fragment de la connaissance du monde et ne saurait s'appréhender que d'un point de vue cosmologique. L'homme est dans le monde et le monde par le jeu des climats, des vents et des intempéries, est en lui, il le modifie, le modèle et le sculpte : « il n'est pas facile, écrit Kant, d'expliquer comment peut se faire que quelque chose d'aussi contingent que la couleur ait pu devenir spécifique. Et pourtant on voit sur d'autres exemples qu'il en va vraiment ainsi dans la nature. On explique par la diversité de l'alimentation, de l'air et des modes d'élevage pourquoi certaines poules deviennent toutes blanches ».

Malgré tout, cette interprétation des éléments naturels et de la nature humaine ne suffit pas à décentrer l'étude de l'homme en direction du sens externe.

Comment comprendre cette opposition kantienne au décentrement de l'Anthropologie ? Pourquoi la *Géographie physique* n'a-t-elle pas absorbé l'Anthropologie ? Non seulement, elle ne l'a pas fait mais, comme on l'a dit, c'est bien plutôt l'inverse qui s'est produit.

La question est donc : pourquoi Kant n'a-t-il pas fait de l'étude de la diversité humaine l'objet du sens externe ? Cette question en appelle une seconde : quel rapport pourrait-on établir entre l'Anthropologie de la *Géographie physique* (objet du sens interne) et l'Anthropologie dite « d'un point de vue physiologique » ?

L'enjeu de ces deux questions est essentiel puisqu'il s'agit aussi d'élucider ce qui pourrait apparaître comme une anomalie, à savoir que Kant a continué jusqu'en 1796 à réserver une place spécifique à l'étude de l'homme dans sa *Géographie physique*. Il n'est pas sans intérêt de relever, en effet, que la première version de l'opuscule *Des différentes races humaines* parut en 1775 pour annoncer non pas les leçons d'Anthropologie mais celles de Géographie physique que Kant devait donner dans le semestre d'été de la même année.

Reprenons la question : pourquoi, dans la *Géographie physique*, n'avoir pas fait de l'étude de l'homme l'objet du sens externe ?

Deux réponses sont possibles.

La première consiste à charger l'Anthropologie du poids de son histoire et du sens que cette histoire lui a conférée. Autrement dit, Kant aurait inconsciemment cédé à l'attraction qu'exerçait sur sa réflexion une tradition de sens. Il est vrai, en effet, comme le rappelle Dilthey dans *Die Funktion der Anthropologie in der Kultur des 16. und 17. Jahrhunderts*[11] que la science de l'homme qu'on voit naître en Europe est une psychologie descriptive de l'être concret des individus et des peuples. Elle étudie les formes de l'existence par lesquelles les individus et les groupes humains se différencient les uns des autres et elle devient science en quelque mesure systématique chez les humanistes. Au XVIIIe siècle l'Anthropologie a encore pour fondement la physiologie et le livre de Platner intitulé *Anthropologie für Ärtze und Weltweise* (1772) — que Kant connaît par Marcus Herz[12] — montre que la psychologie devient Anthropologie quand elle fait appel à la physiologie et à la médecine pour élucider les faits de conscience.

Cette première réponse qui a pour mérite de replacer la réflexion kantienne dans l'histoire nous semble incomplètement satisfaisante dans la mesure où le choix kantien en ressort irréfléchi.

Une seconde réponse doit être dégagée à même le texte de la *Géographie physique*.

---

11. *Gesammelte Schriften*, Bd. II, Leipzig u Berlin, Teubner 1914, p. 417sq.
12. *Correspondance* de KANT, *op. cit.*, p. 108.

Dans la section anthropologique de ce texte, Kant, on l'a dit, décrit des peuples, des races dans leur diversité concrète, il souligne les différences physiques mais aussi psychologiques et morales qui distinguent les hommes les uns des autres, et ce sont ces variétés comparées qu'on trouve distribuées dans le tout du monde. Les faits naturels qui sont observés relèveraient sans doute du sens externe si d'autres faits psychologiques et moraux ne s'y trouvaient pas associés. La paresse, en effet, ne s'observe pas comme la couleur de la peau.

Mais cette paresse n'est pas non plus ma paresse. On se meut là au cœur de la difficulté.

Le sujet qui observe n'observe pas des objets, il observe d'autres sujets. L'observateur et l'observé sont deux, tout en étant homme l'un et l'autre.

Le problème est celui de la saisie d'un immédiatement humain à distance de la conscience.

Ce qui distingue l'Anthropologie d'un point de vue physiologique et pragmatique de l'Anthropologie de la *Géographie physique*, c'est que les deux premières (physiologique et pragmatique) ont pour objet des *faits de conscience* tandis que la seconde (pour ainsi dire « géographique ») a pour objet des *faits pour la conscience* : le moi qui observe ne s'observe pas lui-même — et Kant, en ce sens, commence déjà à libérer l'Anthropologie des prétendues évidences du moi — le moi observe d'autres hommes mais l'altérité de ceux-ci le reconduit à lui-même.

L'expérience de l'homme par lui-même et de l'extérieur : telle est la tentative qui définit la recherche engagée par Kant dans l'Anthropologie de la *Géographie* et qui explique que sa spécificité fut maintenue en dépit des développements ultérieurs du cours d'Anthropologie. Entre l'intériorité consciente du moi et l'extériorité du monde, Kant semble avoir glissé des peuples, des civilisations, des mondes d'hommes, et ces hommes, si diversement différents du moi, forment autant d'étranges étrangers chargés d'apprendre au moi que le plus autrui de tous les autruis reste un homme et que la particularité de l'autre homme donne à ma particularité propre d'être une des formes possibles de l'être homme. « Pensées et modes de vie, structurant l'espace des échanges, enracinés dans l'histoire, ils ne sont pas susceptibles de n'importe quelle modification et il faut honorer cette consistance »[13]. Ces mots de François Marty pourraient achever de définir la spécificité et la force de l'Anthropologie de la *Géographie physique* et achever de montrer que celle-ci occupe une place propre dans la réflexion kantienne sur l'Anthropologie en général et que de cette place l'*Anthropologie d'un point de vue pragmatique* ne la délogera pas.

Si donc, jusqu'à présent, nous avons voulu souligner la force de décentrement du moi empirique contenue dans l'Anthropologie de la *Géographie physique* et indiquer par là l'importance qu'il faut accorder à ce que

13. F. MARTY, *La bénédiction de Babel*, Paris, Cerf 1990, p. 181.

Kant nomme le traitement « cosmologique » de cette discipline, nous voudrions montrer dans un troisième et dernier temps, que ce avec quoi Kant se débat dans cet écrit prendra plus tard le nom d'« amphibologie des concepts de la réflexion ».

En un mot, nous voudrions tenter de relire l'Anthropologie de la *Géographie physique* à partir du fameux problème des indiscernables gouttes d'eau.

Reprenons donc la lecture à nouveaux frais.

Lue à un premier niveau, l'Anthropologie de la *Géographie physique* pourrait n'offrir qu'un « hérodotage », pour reprendre ici un néologisme de B. Malinowski[14], c'est-à-dire une curiosité pour les excentricités des peuples voisins ou éloignés. Et personne ne niera, en effet, que l'écrit de Kant est tissé de préjugés, de propos incertains et de considérations tout simplement racistes. En ce sens, il y a bel et bien « hérodotage ».

Alors il ne s'agit pas de dire qu'il faut lire le texte à un second niveau mais de montrer que Kant signifie à l'instant même où il parle que sa parole n'est pas entièrement certaine : les *es soll*, *man sagt*, *man erzählt*, ponctuent incessamment le cours de son exposé et sont comme autant d'indicateurs d'une distance qui est prise sans être tout à fait gagnée. Il n'y a pas, écrira Kant dans la Préface de l'*Anthropologie d'un point de vue pragmatique*, « de sources pour l'Anthropologie, mais seulement des moyens de secours : l'Histoire, les biographies, même le théâtre et le roman »[15]. Le statut du discours anthropologique n'en devient que plus complexe. Comprendre sa complexité, c'est signifier que Kant dépasse « l'hérodotage ». Il nous reste à le montrer.

Comme on l'a dit, la difficulté du géographe-anthropologue Kant est de penser la diversité humaine comme telle sans la laisser s'abîmer dans le disparate et l'hétérogène absolus et sans non plus la subordonner à une identité éthnocentrée. La tension est extrême et certaines chutes ne sont pas évitées. Parfois la réflexion glisse vers la caractérologie et parfois aussi on lit : « L'humanité atteint sa plus grande perfection avec la race des Blancs — les Indiens jaunes ont déjà moins de talent — les Nègres sont bien plus bas, et tout en bas on trouve une partie des peuples américains ». Il ne s'agit pas de minorer ces chutes mais d'y lire les indices d'un tâtonnement, d'un travail, d'une recherche qu'il ne faut pas réduire à une errance.

Une fois encore, il faut prendre la mesure de la difficulté à laquelle Kant se confronte. S'il n'y a pas d'assignation d'identité fixe à la nature humaine, comment faire pour que les prédicats anthropologiques ne se déplacent pas à partir d'un centre toujours décentré, d'une périphérie toujours déplacée où l'unité humaine achève de se dissoudre ?

Quand ce qui pourrait paraître fixer une limite, les mœurs, est aussi ce qui les

14. Culture as a Determinant of Behavior in : *Factors Determining Human Behavior*, Harvard, Tercentenary Publications, Cambridge, 1937, p. 155.

15. Trad. M. Foucault, Paris, Vrin 1979, p. 12.

outrepasse — Kant n'écrit-il pas que le parricide est puni au Japon « comme le plus effroyable des crimes » alors qu'en Laponie « il est considéré comme un devoir de piété filiale par excellence »[16] ? — comment ne pas laisser sombrer la nature humaine dans un devenir sans mesure ?

Le problème est clair : la contestation de l'identité unique et du nom singulier d'homme menace et, avec cette menace, c'est aussi l'identité du moi empirique qui vacille. Le problème est celui de l'identité et de la diversité humaines.

Aussi voudrions-nous tenter de projeter sur les difficultés rencontrées par Kant, les analyses qu'on trouve dans la *Critique de la raison pure* à propos de l'amphibologie des concepts de la réflexion afin de mieux mettre en lumière la profondeur de la recherche propre à l'Anthropologie de la *Géographie physique*. En un mot, aux fameuses gouttes d'eau indiscernables substituons deux hommes.

L'Anthropologie de la *Géographie physique* ne pose-t-elle pas alors de manière concrète la question de la réflexion ?

Quittons donc un instant la *Géographie physique* pour y revenir à partir de la *Critique de la raison pure* et du fameux appendice à l'Analytique des principes[17].

Dans l'Amphibologie Kant dresse un tableau des concepts de la réflexion qui, suivant celui des catégories, nous offre quatre groupes de concepts. Comme il s'agit de concepts à partir desquels une réflexion est initiée, chacun des groupes présente deux concepts qui forment un couple d'opposés — le passage de l'un à l'autre pour déterminer lequel convient à quoi et comment est le moment de la réflexion ou la réflexion elle-même.

Ainsi on retrouve comme correspondant à la catégorie de la quantité : les concepts d'identité et de diversité ; comme correspondant à celle de la qualité : ceux de convenance et de disconvenance ; à celle de la relation : ceux d'interne et d'externe ; et enfin à celle de la modalité : le déterminable et la détermination.

Ces concepts, aux yeux de Kant, ne doivent avoir de valeur que pour réfléchir sur la disposition du jugement précédant son déploiement comme jugement de connaissance. Ainsi on peut dire que si les catégories sont ce qui permet proprement de former l'énoncé du jugement, les concepts de la réflexion, eux, visent explicitement à déterminer les conditions de son énonciation. Or dans la mesure où il s'agit de concepts pour une réflexion transcendantale, même si ce qui est comparé ce sont des rapports entre des représentations, cette comparaison doit valoir en regard d'un objet. C'est pour cette raison que Kant la distingue d'une simple réflexion logique.

L'Amphibologie est une présentation d'un cas d'usage déviant de l'entendement où celui-ci est conduit à appliquer ses concepts à des objets qui, sans conteste, offrent l'aspect d'objets, mais tels que l'entendement les pense et

16. Introduction à la *Géographie physique* § 5, *op. cit.*, p. 19.

17. Nous aurions pu éviter le caractère anachronique de cette digression en nous appuyant non pas sur la *CRP* mais sur la proposition XI de la *Nova dilucidatio*.

non tels qu'une intuition sensible puisse y correspondre.

La méprise en laquelle se laisse envelopper l'entendement par rapport aux concepts de la réflexion, et que Kant nomme amphibologie, consiste en ce que l'entendement tente de faire de ces concepts un usage déterminant ou constitutif par rapport à des objets possibles d'expérience. Il ne s'agit de rien moins, en définitive, que de la faculté de juger elle-même qui, comme faculté de juger réfléchissante, chercherait à être déterminante par rapport à des objets sensibles.

Sans nommer bien sûr cette déviance amphibologique, Kant la repère dès l'Introduction de la *Géographie physique* lorsqu'il distingue nettement « classification logique » et « classification physique », en reprochant à Linné d'avoir confondu les deux. N'écrit-il pas, en effet, au § 4 de l'Introduction :

« La répartition des connaissances par concepts est la classification logique, est physique celle selon le temps et l'espace. Par la première, nous obtenons un système de la nature *(Systema naturae)* comme celui de Linné par exemple, par la seconde nous avons au contraire une description géographique de la nature »[18].

Or l'Amphibologie, disions-nous, consiste à prendre les concepts de la réflexion pour des concepts d'objets, ou encore, à faire de la faculté de juger réfléchissante un usage déterminant.

Kant qui, dans la *CRP*, fait correspondre la présentation de ces concepts et l'usage amphibologique auquel ils peuvent donner lieu, à une critique des principes sur lesquels repose le système métaphysique de Leibniz donne comme exemple pour introduire les concepts d'identité et de diversité, la fausse objectivité du principe des indiscernables. Celui-ci énonce que ce qui est identique au plan du concept, l'est tout autant au plan de la chose même désignée par ce concept, et ce quel que soit ce qu'en laissent paraître les déterminations sensibles et empiriques. De la sorte, deux gouttes d'eau qui se présentent à nous sous des aspects sensibles qui peuvent être différents et changeants, n'en sont pas moins au plan de leur « essence » et de leur « être » parfaitement identiques, car aucune différence ne peut être relevée dans leurs déterminations internes telles que le concept que nous pouvons nous en faire nous permet de les penser. En effet, au plan du concept, une goutte d'eau X et une goutte d'eau Y, précisément parce qu'il s'agit à chaque fois d'une goutte d'eau offrent la même structure intelligible et sont l'une et l'autre parfaitement substituables l'une à l'autre. Par conséquent, ce qui est vrai de la structure de la chose, de son concept, est ici attribué à la chose elle-même et c'est ainsi que se produit le glissement amphibologique. « Diversité » et « identité » qu'il s'agit de déterminer relativement à des choses auxquelles on peut avoir affaire et qui peuvent être tout aussi bien des gouttes d'eau que des hommes, sont des concepts de la réflexion. Ainsi, bien que la réflexion transcendantale ait pour but

18. Introduction de la *Géographie physique* § 4, *op. cit.*, p. 15.

d'établir l'identité ou la diversité des choses elles-mêmes, ces concepts en vue desquels s'exerce la réflexion ne se rapportent pas pour autant à des objets mais plutôt à des rapports à partir desquels ces objets se laissent connaître pour ce qu'ils sont. Ces rapports sont ceux en lesquels s'articule le concept d'un objet et l'objet tel qu'il se manifeste à nous dans l'intuition sensible.

Aussi juger de la diversité ou de l'identité de deux ou plusieurs choses, c'est en établir le statut spécifique à partir de l'articulation de l'objet comme concept à l'objet comme intuition, c'est proprement mettre en rapport la règle avec le cas. On voit de la sorte que l'affirmation de l'identité ou de la diversité de la chose, jugée du seul point de vue du concept, non seulement est insuffisante mais est tout bonnement fausse si cette affirmation prétend valoir au titre d'énoncé transcendantal plutôt qu'à celui d'énoncé strictement logique. Les deux gouttes d'eau ne sont similaires qu'à condition de n'être comparées l'une et l'autre que dans l'entendement sans que soit prise en compte la relation possible des concepts que l'on peut s'en faire. En revanche, dès que les choses sont regardées sous ce dernier angle, dès que l'usage des concepts de la réflexion est limité au discernement des rapports qui permettent de relever l'identité ou la diversité des choses, nos deux gouttes d'eau, parce qu'elles occupent chacune une portion d'espace qui ne se laisse pas confondre l'une avec l'autre — tout le reste les concernant dût-il être dans un rapport d'absolue similarité — affichent l'une par rapport à l'autre une différence numérique irréductible.

Or que lit-on dès l'Introduction de la *Géographie physique*, après que la distinction entre classification logique et physique a été faite ? On lit ceci : « D'après la classification physique, c'est [...] selon les différents emplacements où elles se trouvent sur la terre que les choses sont considérées [...] La description géographique de la nature indique les places où l'on peut réellement trouver ces choses. C'est ainsi par exemple que le crocodile et le lézard ne sont au fond qu'un seul et même animal [...] Mais les lieux où tous deux se trouvent sur terre sont différents »[19].

Substitue-t-on des hommes à ces exemples de gouttes d'eau et de crocodiles et les problèmes soulevés par l'Anthropologie de la *Géographie physique* apparaissent dans toute leur complexité.

Il ne s'agit certes pas de défendre l'idée que la *CRP* est déjà dans la *Géographie physique* mais de montrer que Kant se débat avec des difficultés qu'il ne saisira comme telles et ne définira que bien plus tard, mais à partir desquelles l'originalité de l'Anthropologie de cette *Géographie physique* apparaît plus distinctement.

On pourrait donc cerner cette originalité à partir de deux traits :

– Le premier est celui d'une pensée de la différence à partir de l'espace. L'espace n'est pas ce dans quoi la différence à lieu mais ce par quoi elle prend

19. *Ibid.*, p. 15.

forme. Bien avant l'Esthétique transcendantale de la *CRP* qui définit l'espace et le temps comme formes *a priori* de la sensibilité du sujet, Kant montre que l'espace géographique comme l'espace de perception est d'une autre nature que l'espace mathématique isomorphe. Dans l'espace euclidien, on dit d'un point qu'il est situé par rapport à un autre point avec lequel il peut coïncider dans l'infini du continu. Dans la *Géographie physique*, et ce bien avant l'essai intitulé : *Du premier fondement de la différence des régions dans l'espace* (1768), Kant élabore déjà ce qui deviendra le concept de région : « La région, écrit-il dans l'essai de 1768, consiste non pas dans le rapport d'une chose dans l'espace avec une autre — ce qui est à proprement parler le concept de situation — mais dans le rapport du système de ces situations à l'espace absolu de l'univers »[20].

La notion de région qui définit donc un espace spécifié permet à Kant de penser la diversité humaine dans la radicalité d'un décentrement qui appelle nécessairement, en retour, un traitement cosmologique de l'unité de la nature humaine. Le détail de chaque description doit ainsi être considéré du point de vue de l'idée d'un tout de l'humanité qui donne à chaque observation singulière sa place et son sens dans une visée générale. Dans la *Géographie physique*, les considérations anthropologiques sont ainsi comme suspendues ou plutôt tendues vers un tout auquel seule la philosophie pratique donnera un sens accompli. En effet, dans les *Réflexions sur l'éducation* Kant pose clairement qu'il ne saurait y avoir à proprement parler de « nature humaine », c'est-à-dire d'essence conceptuelle de l'homme.

« L'homme, écrit Kant, ne peut devenir homme que par l'éducation »[21].

L'homme existe avant d'être ce qu'il a à devenir, et ce que nous appelons nature est en fait sa destination pratique. Si donc la locution « nature humaine » a un sens, c'est que « humaine » est le déterminant et que cette détermination *(Bestimmung)* doit aussi s'entendre comme une destination. En ce sens, l'Anthropologie de la *Géographie physique* est distincte de l'*Anthropologie d'un point de vue pragmatique* mais celle-ci est comme l'horizon de celle-là. En un mot, si « hérodotage » il y a c'est parce que Hérodote dépasse Ptolémée, c'est-à-dire quitte son port d'attache, son centre, pour se mettre à voyager, à arpenter et, ce faisant, nous met dans l'attente de Copernic.

– Le deuxième point qui caractérise l'originalité de l'Anthropologie de la *Géographie physique* tient au statut du discours kantien. Si le roman et la fable hantent le discours de l'historien, ils nourrissent celui de l'anthropologue-géographe. Tandis que l'historien s'évertue à repousser la fiction hors de son discours, l'anthropologue-géographe l'intègre au sien et, serions-nous tentée de dire, la fiction lui tient lieu de concepts pour une réflexion transcendantale.

20. *Du premier fondement de la différence des régions dans l'espace*, Paris, Vrin 1970, p. 92.
21. *Réflexions sur l'éducation*, trad. A. Philonenko, Paris, Vrin, 1974, p. 73.

Après avoir dit dans l'*Anthropologie d'un point de vue pragmatique* que l'anthropologue n'a pas de sources et ne dispose que de moyens de secours parmi lesquels il faut ranger le théâtre et le roman, Kant n'écrit-il pas :

« Sans doute ces deux derniers documents [le théâtre et le roman] ne sont-ils pas fondés sur l'expérience et la vérité mais sur la fiction [...] si bien qu'ils semblent ne rien apporter à la connaissance de l'homme ; cependant ces caractères tels que Richardson ou Molière les ont esquissés, ont dû être empruntés dans leurs traits fondamentaux à l'observation de l'homme [...] malgré une exagération quantitative, ils doivent pour la qualité correspondre à la nature humaine » ?

Le fait humain ne se livre que décliné en lieux, en situations et en circonstances, multiplier et démultiplier ceux-ci jusque dans la fiction c'est accroître les chances d'approcher non pas la vérité du détail mais, par les détails, la vérité du tout.

Diderot, et Cl. Lévi-Strauss après lui, ont précisément fait l'éloge de Richardson en montrant que chez cet auteur le fourmillement des curiosités et des personnages n'est ni longueur ni dissipation frivole de l'écriture mais méthode d'approche et de peinture en littérature. Cl. Lévi-Strauss se plaît même à reconnaître en lui un précurseur du plan cinématographique[22], et l'on sait bien que tout film est fait d'une multiplicité de plans qu'on voit sans les retenir et qui se fondent les uns dans les autres pour former une totalité en mouvement.

Alors, si le monde, selon les mots de Kant, est le théâtre, « le substrat et la scène *(Schauplatz)*[23] sur lesquels se déroule le jeu de notre habileté », il ne restait plus au lecteur de la *Géographie physique* qu'à être un spectateur averti.

---

22. Cl. LEVI-STRAUSS *Regarder, écouter, lire*, Paris, Plon 1993, p. 76.
23. Introduction de la *Géographie physique* § 2, *op. cit.*, p. 13.

LA DIMENSION ANTHROPOLOGIQUE DU CONCEPT DE RELIGION KANTIENNE

Henri d'AVIAU de TERNAY

Nous partirons de la constatation d'une évolution surprenante dans l'approche kantienne de la religion. La première définition que Kant donne de la religion se trouve dans la *Critique de la raison pratique*. Elle appelle paradoxalement à reconnaître tous les devoirs en tant que commandements divins[1]. Cette formulation représente, on le voit, un véritable défi pour l'autonomie, d'autant plus que dans le contexte de cet ouvrage aucune place n'est donnée à l'anthropologie. Par contre dans l'essai sur la religion, une approche de la religion axée par le sublime sur le respect des différences, trouve son point de départ dans l'énigme du mal radical qui fait de la première partie de ce livre comme l'a fort bien vu Gerhard Krüger « une anthropologie de la vie morale »[2]. Que s'est-il passé entre temps ?

Ces deux moments valent la peine d'être pris en compte car l'anthropologie du concept de religion kantienne peut être le signe du résultat fructueux de l'entrecroisement jusque-là inédit entre l'approche transcendantale et l'enquête anthropologique dont elle ne pouvait se passer et qui n'a été réalisé qu'au début des années 90 avec le passage à troisième *Critique*. L'importante lettre à Staüdlin du 4 mai 1793 atteste ce déplacement. Il rappelle les trois questions de la philosophie transcendantale, 1) Que puis-je savoir ? (Métaphysique), 2) Que dois-je faire ? (Morale), 3) Que puis-je espérer ? (Religion). Ces trois questions se résument en celle-ci : Qu'est-ce que l'homme ? Dans cette lettre Kant précise qu'il a étudié l'anthropologie et juste après il affirme que *La Religion dans les limites de la simple raison* est la troisième partie de son plan[3]. De fait la Préface de cet essai manifeste cette évolution en laissant entendre qu'une éthique de l'autonomie loin de prétendre réduire la religion, comme on le croit trop

1. Pour les textes de Kant les références seront données d'après les œuvres originales complètes de l'Académie de Berlin AK suivie du volume et de la page et pour la traduction française nous renverrons aux trois volumes des *Oeuvres philosophiques* d'Emmanuel KANT de la Bibliothèque de la Pléiade en indiquant Pl et le numéro du volume puis la page. Ici Ak 5, 129 ; Pl 2, 765.

2. *Critique et morale chez Kant* traduit par M. Régnier, Vrin, 1961, p. 64.

3. Cf. KANT, *Lettres sur la morale et la religion*. Introduction, Commentaires, par Jean-Louis BRUCH, Aubier Montaigne, Paris, 1969, p. 189.

souvent, gagne à se laisser dilater par elle si elle veut bien répondre à l'énigme de l'homme. Tel est le vaste champ de la rencontre du transcendantal[4] et de l'anthropologique qu'occupe, pour reprendre les mots de Philonenko, « sans contradiction, mais non sans difficultés »[5] la doctrine philosophique kantienne de la religion.

Cette problématique annonce déjà en tout cas à elle seule un vaste programme. Avant de le parcourir par un exposé qui se fera en trois points, retenons dès à présent que de son passage par la troisième *Critique* l'anthropologie présente au concept de religion kantienne va être marquée par l'esthétique et par la finalité de l'être au monde qu'est l'homme. Dès la seconde *Critique* la connexion du transcendantal et de l'anthropologique se fait par la prise en compte de la sensibilité. A lui seul le terme de *Gemüt* utilisé dans le contexte de la Méthodologie de cet ouvrage appelle, comme le note bien Paul Ricœur, un dépassement de ce qui pouvait s'apparenter à un dualisme éthique vers « une anthropologie plus radicale » ouverte à l'idée d'une affinité de la rationalité et de la sensibilité »[6].

I. – RAPPORTS D'UNE ANTHROPOLOGIE PRAGMATIQUE ET D'UNE RELIGION BASÉE PAR LE SUBLIME SUR LA CRAINTE RÉVÉRENCIELLE

Le moins que l'on puisse dire est qu'au premier abord au moins la distance est fort grande entre une anthropologie pragmatique centrée sur la « connaissance du monde » au sens quotidien où « monde » signifie les hommes comme l'indique la Préface de *l'Anthropologie du point de vue pragmatique* et une conception de la religion où le sublime vient creuser l'écart des différences. Si profond que soit le clivage un passage devrait pourtant être possible de l'une à l'autre.

1. *Anthropologie pragmatique et religion aux antipodes l'une de l'autre*

Il suffit de se reporter à la Préface de cet ouvrage pour réaliser combien l'anthropologie d'un point de vue pragmatique est celle de l'homme libre et autonome qui commence par affirmer son autosuffisance. A quoi correspond de

---

4. Il se doit de préciser dès le départ que le transcendantal est plus un problème qu'une solution par rapport à la pensée kantienne. Si on entend par là ce qui serait constitutif du sujet comme constructeur de l'objet on interprète mal ce terme de Kant. Il faut le prendre dans le sens de ce que dit l'auteur de la *Logique transcendantale*. Il concerne la connaissance en tant que s'originant dans la raison, une raison limitée qui ne peut se passer du rapport au sensible. Le transcendantal faisant l'économie du rapport à la sensibilité et pris à tort au sens de rationalité n'est pas kantien.

5. Cf. sa traduction de *La Religion dans les limites de la simple raison* in *Emmanuel Kant Oeuvres philosophiques*, vol. III, Bibliothèque de la Pléiade, p. 1330.

6. Cf. Paul RICŒUR, *Finitude et culpabilité*, t. I L'homme faillible, Aubier, Paris, 1960, p. 89s.

fait la visée pragmatique ? L'auteur le précise dès les premières lignes . La connaissance du monde qui se borne aux « choses », ainsi celle des « animaux, des plantes, des minéraux », ne peut se dire « pragmatique ». Ce qualificatif, en effet, qui signifie « ce que l'homme comme agent libre peut et doit faire de lui-même » [7], ne convient qu'à une connaissance de l'homme et très précisément comme « citoyen du monde ». A ce titre il est chez lui en tous les points du monde qui est sa « cité » en sachant que s'il est partout chez lui, il est aussi partout chez les autres où il doit pouvoir bénéficier du droit à l'hospitalité. Dans ce vaste programme où l'homme est appelé à « jouer » son rôle d'acteur au sein de la société civile et cosmopolite à l'échelle de l'humanité il en va de sa seule responsabilité. Le recours à une transcendance ne s'impose absolument pas. Luc Ferry a fort raison, en ce sens, de considérer Kant comme le « penseur de cette Europe qui, après avoir été le continent des nations chrétiennes, va devenir le continent de la laïcité. » Kant, ajoute-t-il, est « celui qui nous invite à penser non seulement la politique et le droit mais aussi l'éthique et la culture indépendamment d'une dérivation de type théologique. »[8] Il en va en tant que tel bien sûr de l'anthropologie de ce penseur de la modernité.

On trouve en même temps chez lui un profond respect pour la religion qu'il veut « sauver en la comprenant », dit Eric Weil, considérant, de ce point de vue, le philosophe de Königsberg comme « le père de toute philosophie de la religion »[9]. Il sait en tout cas déceler où se situe ce qu'il appelle « le sublime de la religion » en ce lieu où l'homme sait reconnaître sur la base d'une « crainte révérentielle » la distance infinie qui le sépare par ses défauts de la perfection de celui qui est le Saint par excellence. Je dois me contenter ici d'évoquer le passage très fort du paragraphe 28 de la troisième *Critique* ; je le ferai en citant quelques lignes du commentaire très suggestif qu'en fait Marc Richir dans son ouvrage *Du sublime en politique*. Au cœur de cette expérience, dit-il, au cœur de cette rencontre sur fond de malencontre, la peur elle-même « est abandonnée pour laisser surgir, au lieu du sublime, non pas seulement l'énigme insondable de l'Autre, mais aussi, dans la même mesure et du même mouvement, l'énigme insondable de mon ipséité ayant traversé la peur et tout ce à quoi elle s'accrochait, par conséquent accordée à l'Autre, même si c'est à travers un abîme. Accordée selon un accord harmonique, quasi musical, et non pas, précisément, accrochée : libre à l'égard de l'Autre, et non pas asservie comme à un Despote. Dans le moment instituant de la rencontre, il n'y a plus la peur ou l'angoisse, mais la crainte, crainte de l'infidélité à l'Autre qui serait du même coup infidélité à soi-même : crainte d'un, mal faire dont on aurait à rougir avant que de s'en repentir, et non pas peur superstitieuse du châtiment qui, d'en haut,

7. *Anthropologie*, Ak 7, 119 ; Pl 3, 939.
8. In *Magazine littéraire* n° 309, avril 1993, p. 20.
9. In *Problèmes kantiens*, p. 162

ne manquerait pas d'être donné. »[10] On se rappelle comment dans ce contexte Kant considère comme le passage le plus sublime du Livre de loi des Juifs, ce commandement interdisant toute idolâtrie qui expliquait, selon lui l'enthousiasme que ressentait, dans sa période florissante, le peuple juif pour sa religion ou l'orgueil qu'inspire la religion mahométane.[11]

Paradoxalement ce sens de la transcendance va permettre sur fond du respect des différences un passage là même où l'écart est le plus fort. Des deux côtés en effet, notamment par le biais de la finalité, des liens vont s'avérer possibles là où on aurait pu penser l'abîme infranchissable.

2. *Des liens suscités par la téléologie*

De son côté l'anthropologie d'un point de vue pragmatique portant sur l'homme en tant que citoyen du monde fait partie à ce titre de la philosophie « cosmique » qui est « la science de la relation de toute connaissance aux fins essentielles de la raison »[12], alors que la philosophie d'école demeure, en quelque sorte, au ras de la science dans la mesure où elle se borne à produire « l'unité systématique du savoir, c'est-à-dire « la perfection logique de l'unité systématique de la connaissance ». Pour savoir ce en quoi consistent ces fins essentielles il faut se reporter à la position même de celui qui pratique cette science. Il n'est pas seulement « architecte de la raison » comme c'était le cas dans la philosophie d'école, il est « législateur de la raison humaine » qui annonce déjà l'autonomie d'une raison pratique pure[13]. Mais cette autonomie s'ouvrira dans la troisième *Critique*, par le biais de la finalité, à une anthropologie et à une philosophie de l'histoire. Comme le dit Krüger, quand cette œuvre, dans sa seconde partie arrive à l'homme, « elle coïncide exactement par son contenu avec l'anthropologie de même qu'avec la philosophie de l'histoire. »[14]

Quant à la religion, sur la base de l'autonomie, elle fait appel à celui qui rendra possible l'accomplissement de la fin ultime de la liberté. Déjà la Méthodologie de la première *Critique* laissait entendre, dans le contexte de la philosophie cosmique, que l'être humain fini se réfère à un législateur idéal, un « archétype », auquel personne ne peut prétendre s'égaler. Dans les fins que prescrit cet inaccessible législateur, il faut distinguer la « fin ultime » et les fins

---

10. In *Du Sublime en politique*, Payot, 1991, p. 58.
11. Ak 5, 274 ; Pl 2, 1048.
12. *Critique de la raison pure*, Ak 3, 542 ; Pl 1, 1389.
13. Cf. François MARTY « Le concept cosmique de philosophie », « Recherches sur l'idée de monde chez Kant » in *Les Cahiers de Philosophie*, n° 15/16, 1992, p. 15.
14. KRUEGER, *op. cit.*, p. 64.

subordonnées ». La première, qui ne peut être qu'unique, n'est autre chose que « la destination complète de l'homme ». La téléologie de la dernière *Critique* viendra marquer le rôle que doit jouer l'homme à titre de fin ultime de la création : »ce n'est qu'en l'homme, mais seulement en lui comme sujet de la moralité, que la législation inconditionnée concernant les fins peut se rencontrer, qui le rend seul capable d'être une fin ultime à laquelle est subordonnée téléologiquement la nature tout entière. »[15] *La Religion* ne fera que tirer les conséquences de cette orientation que doit assumer l'homme en sa liberté en reconnaissant qu'il doit faire appel à celui qui apportera, il est vrai d'une manière insondable, le complément pour que soit menée à bien une telle destination de l'humanité. De fait dans un tel projet de création, autant l'homme est appelé à jouer tout son rôle à tire de « seigneur de la nature », autant se reconnaissant sujet et non maître de la moralité, il ne renonce pas à l'autonomie en reconnaissant qu'en fonction même de la visée de la loi de la liberté, la morale conduit infailliblement à la religion par où elle s'élargit jusqu'à l'Idée d'un Législateur moral tout puissant, extérieur à l'homme qui contient dans sa volonté la fin ultime (de la création du monde), qui en même temps peut et doit être la fin ultime de l'homme[16]. Même si la formulation ne va pas sans poser des problèmes dans cette conjonction d'autonomie et d'hétéronomie on peut en tout cas reconnaître comment les rapports de l'anthropologie et de la religion ne restent pas seulement marqués par l'écart dans la mesure où cette dernière semble bien trouver sa place en ce lieu où l'édifice de la Critique arrive à son achèvement.

N'anticipons pas sur les résultats fructueux de l'entrecroisement de la démarche transcendantale et d'une anthropologie qui, dans sa portée critique, rappelle l'urgence d'une tâche, qui est un défi pour l'homme, celui de mener à son accomplissement sa vocation de citoyen du monde. On va pouvoir déjà avoir une idée de la richesse de cette rencontre entre ces deux approches en étudiant à présent les éléments de l'anthropologie morale d'une religion prenant son point de départ dans le sublime de l'énigme du mal radical.

II. – L'ANTHROPOLOGIE MORALE DE LA RELIGION KANTIENNE

Dès le seuil de *La Religion dans les limites de la simple raison* l'idée du mal apparaît sous sa formulation la plus rigoureuse : le mal radical. A partir de là, comme le note bien Jean-Louis Bruch, « le livre tout entier sera concentré sur le conflit du bien — déterminé depuis longtemps par la philosophie pratique — et du mal qui, comme la péripétie d'une tragédie classique, noue le drame et

15. *Critique de la faculté de juger*, § 84, Ak 5, 435s, Pl 2, 1239.
16. *La Religion dans les limites de la simple raison* Ak 6, 6 ; Pl 3, 18.

relance l'action. »[17] Il y a effectivement, nous le verrons, « une sorte de second 'mal radical', relançant l'ouvrage en son milieu, mal radical qui se manifeste dans les rapports de société. »[18]

Dans ce contexte, l'« enquête anthropologique » qu'entreprend Kant à propos du mal radical en tant qu'elle concerne la nature humaine vise la totalité de l'espèce. Elle s'effectue à deux niveaux qui se recoupent, celui des dispositions humaines au bien et celui du passage nécessaire à la « communauté éthique » pour surmonter les forces du mal qui ne renonceront pas pour autant à s'y infiltrer.

1. *L'anthropologie morale des dispositions au bien*

L'anthropologie de la première section de la première partie de *La Religion* est une anthropologie morale car elle considère, dans la perspective de la troisième *Critique*, l'homme par rapport aux fins de ses dispositions *(Anlagen*). Ces dispositions sont au nombre de trois. Ce sont d'abord les dispositions visant l'animalité de l'homme en tant qu'être vivant. Viennent ensuite celles qui concernent son humanité en tant qu'être vivant et raisonnable. Enfin se présentent celles visant sa personnalité, en tant qu'être à la fois raisonnable et responsable. On remarquera dans cette progression l'enrichissement de ces dispositions au bien par l'intégration de ce que comportait déjà en ce sens le niveau précédent. Bonnes en elles-mêmes, dispositions en vue du bien, la première, détournée de sa finalité, donne naissance à la bestialité, la seconde aux vices qui naissent dans la vie en société, jalousie, ambition, désir de posséder, mauvaise joie devant le mal d'autrui. De même la troisième, bonne même en un sens éminent, puisqu'elle seule est la vraie faculté du bien, la disposition dont procède l'usage des dispositions inférieures, peut errer. Toutes les trois sont originaires, selon Kant, en ce sens qu'elles « appartiennent à la possibilité de la nature humaine »[19]. L'homme peut sans doute faire un usage contraire à leur fin des deux premières, mais il ne saurait en anéantir aucune et de toute façon pas la troisième, ce qui en ferait un être diabolique. La disposition à la personnalité qui va inclure la responsabilité a, en effet, la préséance dans son lien au sentiment moral de respect.

Les trois défauts fondamentaux de l'homme dérivent de ces trois dispositions : sa fragilité le fait céder aux penchants malgré sa disposition au bien ; son impureté ou son insincérité fait qu'il croit agir par respect de la loi morale, mais suit en fait des maximes qui procèdent de l'amour de soi ; c'est cependant la méchanceté du cœur qui, préférant l'intérêt à la règle ou à la norme,

17. Jean-Louis BRUCH *La philosophie religieuse de Kant*, Aubier, 1968, p. 59.

18. Cf. François MARTY, *La naissance de la métaphysique chez Kant*, une étude de la notion kantienne d'analogie, Vrin, 1980, p. 443.

19. Ak 6, 28 ; Pl 3, 40.

renverse vraiment l'ordre moral. « Voilà, aux yeux d'Eric Weil, le fondement de cette anthropologie morale dont le besoin s'était fait sentir si impérieusement si l'on voulait parler, non du principe de la morale et de sa possibilité transcendantale, mais de la morale même, de celle qui est (ou n'est pas) celle de l'homme dans sa vie concrète. »[20]

De cette première « enquête anthropologique » concernant l'homme dans La première partie de *La Religion* retenons en tout cas qu'il est une donne inaugurale concernant mon être et toute l'humanité comme l'exprime la plainte qui n'en finit pas d'en remonter. « Cette "dette originaire" se traduit par une transgression possible de la Loi, marquant sa résistance ou son écart. Elle s'exprime par un renversement du principe qui m'exige de faire passer l'intérêt des autres avant le mien s'aggravant du fait que cet égoïsme est facilement dissimulé, comme l'indique Kant au deuxième paragraphe de l'*Anthropologie.* Le mensonge vient opérer alors une défiguration de la personne et avec l'abandon de la dignité humaine, un renoncement à la personnalité, c'est-à-dire l'aptitude à accueillir la Loi qui transforme le menteur en » apparence trompeuse d'un homme » *(Doctrine de la Vertu*, 9e §) en en faisant moins qu'une chose et en courant le risque de détruire le « lien social » en même temps que le contrat qui unit l'humanité. Il ne peut à ce titre, selon Kant, que susciter le « dégoût (*Ekel*) et l'horreur (*Grauen*), etc. qui expriment de manière sensible l'aversion morale. »[21] De là à passer à la limite du sublime, au monstrueux, il n'y a pas loin !

2. *L'anthropologie morale dans le passage à la » communauté éthique »*

C'est justement la dimension sociale de la vie concrète qui ouvre comme un deuxième volet dans l'anthropologie morale de La Religion. Il était déjà annoncé par une caractéristique fort importante de la disposition à l'humanité sur laquelle vient se greffer la notion de valeur. L'analyse de Kant est fort intéressante. « Les dispositions pour l'humanité, écrit-il, peuvent sans doute être ramenées sous le titre général de l'amour de soi physique, mais d'un amour qui compare (ce qui suppose l'intervention de la raison) ; en effet on ne s'estime alors heureux ou malheureux qu'en comparaison avec d'autres. De cet amour de soi vient l'inclination à se procurer une certaine valeur dans l'opinion d'autrui. »[22] On notera que Kant considère d'abord positivement dans la suite de ce passage l'émulation suscitée par la recherche de la reconnaissance des autres comme un mobile donné par la Nature conduisant à la Culture. Aussi bien, dit-il, « peut-on considérer les vices qui ont été greffés sur cette disposition des vices de la

20. *Problèmes kantiens*, Vrin, 1970, p. 157.
21. *Doctrine de la vertu*, Ak VI, 406, Pl 3, 690.
22. Ak 6, 27 ; Pl 3, 38.

culture et au plus haut degré de leur malignité (car alors ils ne sont rien d'autre que l'Idée d'un maximum du mal qui dépasse l'humanité) on peut les appeler des vices diaboliques. » Pour faire face à ce type du mal qui outrepasse les limites de l'humanité, il faut s'appuyer sur la « victoire morale et juridique du bon principe » que nous n'avons pas le temps d'étudier ici pour elle-même[23], mais cette issue invite les hommes à entrer eux aussi dans cette dynamique « militante » en se rassemblant dans une « communauté éthique ». Considérons de plus près comment s'opère cette étape.

En ce qui concerne l'estime qu'il attend des autres l'homme ne peut paradoxalement pas compter sur la loi morale. Si pour lui le « tu dois » comporte bien aussi un « tu peux », il n'est jamais sûr que cela vaudra pour les autres. Aussi se trouve-t-il sans loi efficace pour fonder la possibilité de rapports humains stables. Dans cette situation, il ne lui reste qu'à se faire sa propre loi en risquant tout au moins de retomber dans le monde de violence d'un « état de nature éthique ». La loi morale n'arrivant pas à régir le rapport de mutuelle reconnaissance, l'oblige donc à sortir de cet état et à passer à une loi commune et publique réglant ces rapports dans le contexte d'une « communauté éthique ». capable au moins de faire face au mal radical qui se manifeste dans les rapports de société. De fait, « il ne suffit pas à l'efficacité de la loi morale que des sujets moraux apprennent à respecter les uns dans les autres une loi qui interdit de faire de quelque personne un simple moyen. Elle est encore plus socialisée, si l'on peut dire, puisqu'elle ne produit une société humaine que comme 'loi de vertu', c'est-à-dire comme la loi publique qui fonde une société éthique. »[24] A titre de communauté éthique cette communauté va comporter une composante qui ne se trouve pas dans celle correspondant à un état politico-civil, incapable de résoudre le problème des rapports moraux comme exigence de reconnaissance mutuelle, l'estime contrainte n'étant pas celle que nous attendons les uns des autres. La seule solution pour dépasser la contrainte fondée sur des rapports d'extériorité, c'est que le législateur soit tel que ses commandements puissent être tenus pour des loi morales, tel en même temps qu'il puisse être reconnu comme le « scrutateur des cœurs » capable de rétribuer chacun selon ses œuvres. Dieu est donc, selon cette problématique, le seul législateur qui puisse faire passer de l'état de nature à l'état de communauté éthique. Celle-ci peut donc être considérée dans cette perspective comme « un peuple de Dieu sous des lois éthiques » et le dernier pas de toute cette progression conduit à reconnaître dans ce peuple de Dieu une « Eglise », appellation surprenante qui va avoir elle aussi des implications pour l'anthropologie.

---

23. Je dois me contenter de renvoyer à ce sujet au chapitre sur la religion de mon ouvrage *La liberté kantienne. Un impératif d'exode*, Paris, Le Cerf, 1992 et à *Traces bibliques dans la loi morale kantienne*, Beauchesne, 1986.

24. François MARTY, *op. cit.* p. 443.

En effet s'il s'agissait seulement d'une « Eglise invisible » ce ne serait qu'une autre façon de parler d'un peuple de Dieu mais parler d'Eglise mène aussi à considérer l'Eglise « visible » comportant comme telle un appareil institutionnel avec les risques encourus par ce passage à la visibilité. « L'idée sublime, jamais pleinement réalisable d'une communauté éthique, se rétrécit dans les mains humaines, précise Kant, elle devient alors une institution, qui pouvant sans doute n'en représenter purement que la forme, se trouve en ce qui concerne les moyens d'ériger une telle totalité très limitée par les conditions de la nature humaine sensible. Mais comment s'attendre à pouvoir charpenter à partir d'un bois aussi courbe quelque chose de parfaitement droit ? »[25] La reprise de cette expression significative de Luther, elle-même empruntée à Augustin, sans parler des problèmes théologiques qu'elle soulève et sur lesquels nous n'avons pas à nous attarder ici, souligne l'exigence paradoxale de dominer un mal radical pourtant impossible à extirper par nos seules forces humaines. Ce problème n'appartient plus à proprement parler pour Kant au système de la raison, mais au domaine de la foi ou plus exactement c'est un des *parerga* de la Religion dans les limites de la simple raison. [26] Cette courbure renvoie également — autre problème frontière — aux difficultés soulevées sur le plan anthropologique par la place qu'est appelée à occuper l'Eglise visible, à tire de communauté éthique. Deux composantes interviennent en tension :l'une correspond à l'intériorité de l'accomplissement de l'homme accédant à l'universel et à la liberté dans la mesure où sa décision relève de la loi morale, l'autre oblige à tenir compte de l'homme fini qui ne peut pas renoncer au visible. Kant montre en l'occurrence la voie où se composent, dans l'unité reconnue au réel humain, ces deux tendances.

Cette tension est présente en fait à toute la troisième partie de *La Religion.* Le paragraphe VII de la première section : « Le passage graduel de la foi d'Eglise à l'autorité unique de la pure foi religieuse est l'approche du royaume de Dieu donne lieu à un exposé très nuancé de Kant à ce sujet. La nécessité d'aller d'une loi extérieure à une loi intérieure entraîne l'effacement devant la pure foi religieuse qui est son interprète. La première a un caractère seulement provisoire. Elle appartient à l'état d'enfance. Le passage à l'état adulte demande qu'elle soit enlevée comme l'enveloppe l'est de l'embryon. La foi historique a donc une

25. Ak 6, 100 ; Pl 3, 121s. Pour *Gemein Wesen* nous préférons le terme communauté au terme de corps retenu par PHILONENK0. L'expression allemande a en fait les deux sens de corps et de communauté.

26. Cf. Jacob ROGOZINSKI, *Kanten*, Esquisse kantiennes, Editions Kimé, 1996, p. 12. On pourra se reporter également dans cet excellent ouvrage au chapitre intitulé : « ça nous donne tort, Kant et le mal radical » de même qu'à celui sur le monstrueux à la limite du sublime dans la *Critique du Jugement.*

valeur de guide jusqu'au moment où on pourra se passer d'elle. « Cela revient à dire, selon François Marty, qu'en fait elle ne pourra pas être supprimée car elle se fonde sur la limite de la raison humaine et il est bien clair qu'on ne saurait faire, chez Kant, de la limite de la raison un caractère provisoire de l'homme. »[27] C'est dans la même perspective que Kant expose que le mouvement qui va vers la constitution d'une Eglise n'est en fait qu'un « schème » d'une communauté éthique effectivement universelle, en son extériorité même, tout groupement humain étant particulier. Cela revient à dire que ces groupes particuliers se retrouvent entre eux, par rapport à l'idéal d'une communauté éthique, comme les Etats nationaux le sont à l'endroit d'une Communauté des nations[28]. On trouve en tout cas dans ce contexte la valeur opératoire propre à tout schématisme kantien, l'Eglise particulière, comme schème, devant se rappeler qu'elle n'est qu'une parmi d'autres sur fond, on peut bien le dire, d'œcuménicité, même si Kant n'emploie pas le mot à strictement parler.

Ces rappels trop rapides permettent en tout cas de se rendre compte que ce n'est pas seulement la première partie de *La Religion* qui est une anthropologie de la vie morale, comme le disait Krüger, la troisième partie l'est tout autant dans la mesure où elle marque la nécessité du passage à la communauté éthique en raison du caractère social du mal radical. Le moment est venu en ce sens de présenter sous forme de reprise dans le troisième point de cet exposé comment s'avère bénéfique l'entrecroisement de l'approche transcendantale et de l'enquête anthropologique dans cet espace occupé par La Religion.

III. – ENTRECROISEMENT FRUCTUEUX DU TRANSCENDANTAL ET DE L'ANTHROPOLOGIQUE DANS LA PHILOSOPHIE DE LA RELIGION KANTIENNE

Tout d'abord il faut rappeler plus nettement que nous avons pu le faire jusqu'ici que l'étude kantienne de la religion s'inscrit dans le périmètre de la *Critique*[29]. Loin de constituer, comme le souhaitait Fichte, en écrivant la *Critique de toute révélation*, une sorte de quatrième *Critique*, elle surgit beaucoup plus d'une relecture de la seconde *Critique* où elle était déjà présente et que la troisième va opérer.

---

27. François MARTY, *op. cit.*, p. 447.

28. Cf. à ce sujet mon étude « Réflexion sur l'analogie entre l'Eglise et l'Etat dans La religion dans les limites de la simple raison » in *L'Année 1793*, Kant sur la politique et la religion, sous la direction de Jean FERRARI, Vrin, 1995.

29. Cf. à ce sujet l'ouvrage de G. PICHT se proposant de montrer comment la philosophie de la religion kantienne, loin d'être un appendice de la *Critique* réalise l'unité de la philosophie kantienne : *KantsReligionsphilosophie*, Klett-Cotta Verlag, Stuttgart, 1985.

Pour faire bref, nous voudrions montrer à partir de là comment, à la différence de ce que pense Bruch,[30] il n'y a pas de contradiction entre une démarche d'ordre transcendantal et une approche anthropologique dans la réflexion kantienne sur la religion, même si leur rapprochement ne va pas sans difficultés, tout en faisant voir ce qu'une anthropologie revendiquant l'autonomie gagne à être exposée au monde de la transcendance.

1. *L'ouvrage sur la religion n'est pas un appendice mais un des lieux d'accomplissement d'une Critique basée sur la question « Qu'est-ce que l'homme ? »*

Le transcendantal et l'anthropologique sont amenés de fait à se rencontrer plus que jamais lorsqu'au moment de leur accomplissement un impératif de l'excès, lié au sublime, travaille tellement l'édifice des trois *Critiques* qu'il les oblige à s'ouvrir à la possibilité d'une nouvelle Critique qui ne soit pas une Critique de plus mais cette démarche neuve que représente la traversée des trois *Critiques* à partir du sommet de la troisième. Avant même le projet de *l'Opus postumum*, on peut en trouver une esquisse fort intéressante sous une forme qui rappelle étrangement celle de la parabole dans le *Conflit des Facultés*. La première d'entre elles, consacrée au débat ente la Faculté de philosophie et celle de théologie, correspond justement directement à l'étude sur la religion, mais elle a l'avantage d'être écrite cinq ans plus tard au moment où l'auteur devait moins se soucier des rigueurs de la censure.

Nous avons laissé entendre que lorsqu'il arrive à son accomplissement l'édifice de la *Critique* est travaillé par un impératif de l'excès. Cette exigence est tellement forte qu'elle menace d'en saper les fondements, lors même de son parachèvement. Une des formes des manifestations de cet excès n'est autre que la dimension sublime de l'énigme du mal radical qui scande sous forme dramatique les différents moments de l'étude kantienne sur la religion. Origine insondable de ce mal dont l'énigme inscrutable vient se loger au cœur de la liberté. « Que le franc arbitre soit un serf arbitre, voilà, comme le dit bien Ricœur, l'énigme qui met en mouvement la réflexion philosophique sur la religion. »[31] Cette énigme existentiellement liée à la finitude humaine vient tellement ébranler l'édifice au moment où il arrive à son accomplissement qu'il l'empêche inexorablement d'emprunter la forme du système. Reconnaître le mal, ainsi que le fait Kant, comme un défi, pour une liberté dans la responsabilité, c'est dire une faille au cœur de tout enfermement dans l'être total et renoncer

30. *La philosophie religieuse de Kant*, op. cit., n. 61, p. 62.

31. Paul RICŒUR, « Une herméneutique philosophique de la religion : Kant » in *Interpréter*, Hommage amical à Cl. GEFFRE, Cerf, 1992, p. 26.

aux efforts des systèmes de totalisation. Comment pourrait-on accéder au système du « tout sans reste » comme le dit E. Weil, alors que la violence du mal est incontestablement « le reste qui reste »[32]. Autant reconnaître sur cette base comment l'anthropologie sous-jacente dans l'étude de Kant sur la religion est marquée par les débordements du sublime.

2. *Une anthropologie pragmatique travaillée au maximum dans la perspective d'une philosophie cosmique par les excès du sublime*

Tentons d'évoquer, au terme de ce parcours, comment l'anthropologie pragmatique occupe dans cet ouvrage de Kant sur la religion le large espace que la philosophie cosmique l'invite à prendre une fois qu'elle est travaillée au maximum par la tension entre l'autonomie et l'hétéronomie suscitée par l'excès du sublime qui vient creuser le clivage des différences, entre le sensible et le suprasensible, le fini et l'infini, l'homme et Dieu, tout en rendant possible leur relation sur la base du respect. De fait par le sublime une mise en abîme de l'édifice en assure les fondements dans le respect des limites de la finitude.

Le paradoxe du sublime kantien suscite un grand étonnement qui fait rebondir toute la démarche de la troisième *Critique* alors même que ce sentiment risquait au départ de n'être considéré que comme un simple appendice de l'Analytique du beau, la part royale étant réservée à ce jugement esthétique. Comment se fait-il que ce qui pourrait saper les fondements de cette entreprise se révèle en fin de compte comme constitutif de son propre statut ? Comment s'expliquer que l'impératif, le « *katègorein* de l'excès »[33] à l'œuvre jusque dans ce sentiment vienne consolider l'édifice qu'il ébranle de part en part ? Il est vraiment étonnant de voir à quel point toutes les expressions du débordement, tous les excès dans la dissonance et le contrefinal par lequel s'exprime ce sentiment du sublime sont assumés par l'impératif de la loi de la liberté. Kant n'en finit pas dans son texte de marquer l'analogie qui unit le sublime et le respect. On a là un des indices les plus patents de la relecture de l'éthique kantienne qui s'opère notamment si fortement par ce biais alors qu'il échappe à tant d'interprètes de Kant.

L'impératif de l'excès qui avait justement de quoi renverser le système qui avait reçu sa clef de voûte avec la loi de liberté ne saborde pas cet édifice lorsqu'il est travaillé par les effets du sublime parce que ce dernier dans les

32. Ce sont les propres formules d'Eric WEIL. Cf. Marcelo PERINE, *Philosophie et violence*, Sens et intention de la philosophie d'Eric Weil, Beauchesne, 1991. Selon cet auteur, le « kantisme posthégélien » d'E. Weil est justement lié à l'énigme du mal radical, insurmontable par quelque système que ce soit.

33. En utilisant cette expression je renvoie au premier chapitre de l'ouvrage de Jean-Luc NANCY, *L'impératif catégorique*, « Le *katègorein* de l'excès », Flammarion, Paris, 1983.

rapports qui l'unissent avec le sentiment moral de respect n'en finit pas d'assumer les limites de la finitude, y compris une de ses formes les plus déroutantes, pour ne pas dire la plus déconcertante, le scandale du mal en tant que tel. Même si l'analogie de transformation qui assure la progression du système se transforme en une analogie de transgression sous l'effet du dérèglement de toutes les facultés opérés par le sublime risque de céder aux séductions du passage au spéculatif les enjeux de la destination de l'humanité, confrontés à l'énigme du mal, rappellent jusqu'où peut aller le forçage ou pour reprendre le mot de Derrida le *forcing* qui peut faire sombrer dans le chaos de l'abîme. Je dois me contenter de renvoyer ici à la Postface de la *Liberté kantienne*[34]. J'indiquais à la fin de cette Postface pour que l'impératif d'excès dont est porteur le sublime ne nuise pas à la liberté, « il faut qu'elle ait la sagesse de se transformer en impératif d'exode. Seule l'écoute de la voix de l'autre suscite une telle kénose chez l'écoutant. » Comme Levinas nous l'a bien appris, seule une autonomie traversée par une si large part d'hétéronomie nous offre sur fond de philosophie cosmique une anthropologie capable de tenter de relever aujourd'hui plus que jamais le défi si préoccupant du mal ! Il resterait à évoquer à partir de là comment la parabole de la religion va de pair avec la parabole du Droit et celle de la santé de la métaphysique comme science du passage dans le *Conflit des Facultés* à titre d'esquisse de ce que serait devenue la *Critique* si Kant avait pu la réécrire à partir de la nouveauté apportée par la troisième. Nous avons eu suffisamment l'occasion de rappeler durant cette intervention les liens de la philosophie de la religion kantienne et du Droit qui vont dans le sens d'une naissance de la métaphysique capable de relever le défi d'une exigence de passage au-dessus de l'abîme creusé par le clivage des différences.

Portée par la question « Qu'est-ce que l'homme ? » l'approche critique kantienne de la religion devait en tout cas déboucher sur un énorme programme qui passe par Cohen, Troeltsch, Tillich et Henry Duméry pour ne nommer qu'eux, alors même qu'allait paradoxalement surgir d'elle aussi le grand courant des critiques « anthropologiques » de la religion dont les grands représentants seront Feuerbach, Nietzsche et Bloch. On peut se demander si ces penseurs ont bien su découvrir ce que la « crainte révérencielle « au cœur d'une religion de la liberté pouvait offrir dans le contexte d'une autonomie qui sache relever le défi de l'hétéronomie comme le requiert la saine laïcité dont Kant a su faire bénéficier l'Europe dans sa relecture du phénomène religieux au siècle des Lumières. La portée de l'intervention de Jacques Derrida, en février 94, au

34. Cf. la Postface de mon ouvrage *La liberté kantienne*, Un impératif d'exode, Préface de Guy PETITDEMANGE, Cerf, 1992, pp. 203 ss.

séminaire de Capri : « Foi et savoir. Les deux sources de la religion « : aux limites de la simple raison »[35] invite à relancer le débat en ce sens.

Dans la perspective du débat, je voudrais avant de terminer cette intervention regretter d'avoir eu à traiter en si peu de temps un sujet si ample et si complexe. Mettant l'accent sur les rapports du transcendantal et de l'anthropologique dans l'ouvrage de Kant sur la religion j'ai laissé de côté un aspect qui pourtant s'y rattache lui aussi, à savoir celui de l'illusion religieuse et de toutes les formes d'exaltation ou de fanatisme qui peuvent mener jusqu'à la démence et au délire (*Wahnsinn*) ou à la folie (*Wahnwitz*). En lien avec la lecture des paragraphes 50 à 52 de l'*Anthropologie du point de vue pragmatique*, concernant les maladies du *Gemüt*, il aurait fallu en ce sens renvoyer à la quatrième partie de *La Religion dans les limites de la simple raison* pour faire voir comment, à propos des rites, Kant évoque combien ils exigent qu'on sache respecter les « limites ». Autant il a tenu dans cet ouvrage à rappeler qu'une religion de la liberté est aux antipodes du dogmatisme, autant la démarche critique sait dépasser le pur scepticisme et faire voir comment même les expressions cultuelles se posent en terme de schématisme pour des êtres finis qui ne peuvent se passer du rapport au sensible tout en se prévenant des débordements possibles de l'enthousiasme et des excès du sublime. Si la religion est le lieu par excellence du respect, elle n'en est pas moins celui du passage « par le désert dans le désert » où se fait l'expérience, selon les mots mêmes de Höderlin, que c'est « dans le danger que croît ce qui sauve ».

35. Cf. Jacques DERRIDA, Gianni VATTIMO (Eds), *La Religion*. Séminaire de Capri, avec la participation de Maurizio FERRARIS, Hans-Georg GADAMER, Aldo GARGANI, Eugenio TRIAS et Vincenzo VITIELLO, Paris, Ed. du Seuil, 1996.

III

LA POSTÉRITÉ

ANTHROPOLOGIE KANTIENNE
ET ANTHROPOLOGIE HEGELIENNE

Bernard BOURGEOIS

Si l'on voulait distinguer de façon empirique extérieure, par le tempérament même de leurs auteurs, en quelque sorte anthropologiquement, l'anthropologie de Kant et celle de Hegel, on pourrait caractériser la première comme l'anthropologie d'un géographe (même s'il s'intéresse beaucoup à l'histoire de la Terre), et la seconde comme l'anthropologie d'un historien (même quand il insiste sur le conditionnement géographique du devenir humain). Kant resta toute sa vie un géographe et enseigna toujours conjointement la géographie physique et l'anthropologie ; Hegel consacra son premier et son dernier texte publié à l'histoire politique, expression pour lui pléonastique. Et si, puisque, aussi bien, chez Hegel comme chez Kant, l'anthropologie est promue philosophiquement en recevant une place diverse mais insigne à l'intérieur de la philosophie, on passe, dans le nécessaire approfondissement de la recherche, de l'anthropologie de la philosophie à la philosophie de l'anthropologie, alors peut-on comprendre et justifier philosophiquement la relation de l'anthropologie, dans un cas, avec le passionné de géographie, et, dans l'autre cas, avec le secrétaire de l'histoire universelle, mais aussi, du même coup, pour ce qui est de leur œuvre anthropologique, le caractère spécifique de celle-ci. Kantisme et hégélianisme sont des philosophies de la liberté, mais, dans leur souci commun, constitutif de toute la démarche de l'idéalisme allemand, de toujours accorder le contenu de ce qui est su et la forme du savoir, affirment la liberté comme s'affirmant librement, c'est-à-dire sont des philosophies de la libération. Or, le renvoi, impliqué en celle-ci, de la liberté même à son Autre, la nature qu'elle maîtrise, revêt un sens bien différent suivant la manière dont est conçu le rapport entre cette liberté et cette nature, ou entre la raison et la sensibilité.

La raison philosophique kantienne entendant comme originaire leur dualité au niveau de l'être rationnel fini qu'est l'homme, la libération à laquelle s'ordonne celui-ci conserve à son milieu naturel la naturalité originelle, proprement naturelle, qui le caractérise comme milieu géographique. Au contraire, la raison philosophante hégélienne concevant l'identité originaire de la liberté rationnelle et de la nature sensible, le processus de libération qui porte l'homme est l'auto-négation du milieu naturel en milieu humain constitutive de l'histoire. L'anthropologie kantienne et l'anthropologie hégélienne sont bien toutes deux des anthropologies philosophiques rationalistes, mais fondées ainsi, l'une, dans l'affirmation de la raison militante, l'autre, dans celle de la raison triomphante. Cette fondation différente est au principe de leur différence, tant pour ce qui concerne leur *statut* que pour ce qui concerne leur *contenu*. Le fait que, pour le rationalisme kantien, la faculté supérieure de l'homme, la raison, reste un commandement par là même opposé, de façon trop humaine, à son Autre sensible, et que son auto-interrogation spéculative n'ait de sens déterminé que dans la question : « Qu'est-ce que l'homme ? », tandis que le rationalisme hégélien se saisit en son infinité en concrétisant sa réponse sur l'être à travers la question : « Qu'est-ce que l'Homme-Dieu ? », c'est-à-dire : « Qu'est-ce que le sujet réel absolu ? », cela se traduit, en effet, tout en un, et dans les objectifs et dans l'objet assignés aux anthropologies qu'ils renferment. Il convient de confronter celles-ci selon ces deux dimensions.

**

On connaît le passage du *Cours de Logique* dans lequel Kant fait se récapituler les trois questions que, à travers le philosophe, l'homme en tant qu'être rationnel doit nécessairement se poser à son sujet comme être rationnel aussi sensible, en la question : « Qu'est-ce que l'homme ? ». Ces trois questions : « Que puis-je savoir ? », « Que dois-je faire ? », « Que m'est-il permis d'espérer ? » sont au potentiel, puisque la raison qui les pose dans l'être rationnel fini est nécessairement une norme pour celui-ci en tant que fini ; les réponses possèdent donc, elles aussi, un sens — selon des modalités corrélativement diverses — normatif. L'humanisme kantien est bien un humanisme normatif, c'est-à-dire, au fond, « pratique ». Mais, si la réponse à la question « Qu'est-ce que l'homme ? », c'est-à-dire l'anthropologie, est celle à laquelle « se rapportent » les trois réponses constitutives du discours rationnel, tel et par sa démarche de stricte et « scientifique » auto-fondation et par son contenu : l'homme déterminé en sa vérité, relativement à son moment vrai ou essentiel, la raison même qui le mesure, un tel « rapport » ne saurait faire de la réponse anthropologique, prise en elle-même, la synthèse des trois réponses relationnelles énoncées dans les trois grandes *Critiques* et leurs implications métaphysiques. Précisément parce que cette réponse est, ainsi que l'appelle la question, à l'indicatif, c'est-à-dire exprime l'essence normative de l'homme comme un être empirique.

Que l'anthropologie se propose de dire l'*être empirique* de l'homme exclut qu'elle soit un discours directement rationnel, selon la nouvelle rationalité « scientifique » inaugurée par Kant. Qu'elle veuille dire l'être empirique de l'*homme* lui interdit d'être un discours purement empirique, en fait naturaliste.

Certes, il y a dans l'homme un moment sensible-naturel, et une « anthropologie physiologique », spécification de la « géographie physique », est possible comme étude « de ce que la nature fait de l'homme », mais l'homme n'est pas comme tel ce que la nature fait de lui, puisqu'il est aussi une liberté se manifestant dans et comme la raison pratique. Assurément aussi, l'homme comprend le langage rationnel-normatif que la liberté s'adresse à elle-même, pourtant l'anthropologie comme étude de l'homme, être rationnel également sensible, ne peut dire que la traduction humaine d'un tel langage. Or, cette traduction humaine de la norme rationnelle à travers laquelle s'exprime la liberté en son sens pratique — l'autonomie —, c'est l'activité par laquelle son phénomène — le libre arbitre — ordonne la nature : la connaissance de ce que, ainsi, « l'homme, comme être agissant par liberté, fait ou peut et doit faire de lui-même » peut bien être désignée comme une « anthropologie pragmatique »[1].

La philosophie comme auto-justification spéculative de l'expérience rationnelle affirme que la conscience du devoir fait postuler le pouvoir : je dois, donc je peux, mais le discours anthropologique énonce cette possibilité comme une possibilité réelle, empirique, donnée à l'observation extérieure et intérieure, et qui identifie le faire et le devoir dans le pouvoir en quelque sorte constaté. Ce qui se fait et qui, en tant que tel, n'est ni immédiatement un simple être, ni, non plus, après toutes les médiations, un simple devoir-être, c'est ce qui peut, pour l'homme même, être fait par lui en tant qu'il a, en lui-même ou dans les autres, l'expérience de son libre arbitre. Le pratique — rationnel — en sa manifestation empirique, c'est bien le pragmatique. Ce discours n'est, en effet, ni un discours naturaliste se contentant de parler à l'indicatif, ni un discours authentiquement rationaliste prescrivant, selon les strictes exigences de la raison, c'est-à-dire de la liberté, contenues en chacune des synthèses méthodologiques des trois *Critiques*, l'actualisation idéalement objective de la raison finie dans le domaine de la connaissance, de l'action et du goût. Il est un discours proprement pragmatique qui exprime la maîtrise normative de la nature par la liberté comme le fait du pouvoir de celle-ci en celle-là. Ce qui doit se faire est dit comme ce qui peut se faire, et cette possibilité est elle-même dite comme un fait : ce que l'homme doit faire, il peut le faire, et cela, il le fait. C'est pourquoi le discours pragmatique se nourrit d'exemples, c'est-à-dire, en un sens, de réalisations singulières qui, en un autre sens du terme, poussent précisément à leur réalisation, et par là sont bien elles-mêmes exemplaires.

L'anthropologie pragmatique n'exprime, par conséquent, ni la (seule) nature, ni la (seule) liberté, mais ce que la liberté fait, en quelque sorte, naturellement, de la nature. Elle est par là l'expression essentiellement *culturelle* de la raison

---

1. KANT, *Anthropologie d'un point de vue pragmatique*, *APP*, trad. A. Renaut, Paris, GF, Flammarion, 1993, p. 41.

philosophique. Elle n'admet pas dans son champ ce qui, chez l'homme même compris psychologiquement en son phénomène interne, échappe à son libre arbitre. C'est le cas, par exemple, des représentations obscures, allant à l'infini, dont l'homme ne peut alors être que le jouet[2] ; le cas, aussi, du sommeil, du rêve, du somnambulisme, dont la connaissance n'est pas exploitable là même où elle aurait une raison d'être, à savoir à leur propre niveau. Est donc exclu de l'anthropologie pragmatique tout fait anthropologique qui ne peut se reprendre dans un se-faire[3]. Tout autant, symétriquement et inversement, un tel savoir-faire ne doit pas, en tant qu'anthropologique, être exprimé comme devant son affirmation absolument justificatrice à la raison, principe de toute vérité dans la nouvelle métaphysique du sujet. Assurément, le commandement de la raison, qui est la motivation en fait — pour la raison philosophante — la plus forte, et donc le principe absolu de toute motivation humaine — ne peut pas ne pas intervenir dans les manifestations de celle-ci ; néanmoins l'anthropologie ne peut exprimer un tel principe pratique que pragmatiquement. Lorsque, par conséquent, l'anthropologue pragmatique expose l'identité du fait et de l'à-faire humains dans un langage, même énergiquement, impératif, la justification qu'il donne d'un telle forme impérative rabaisse immédiatement celle-ci à un simple « conseil » de la « prudence », moteur immanent de la « culture » ou, plus précisément, de la « civilisation ».

Ainsi, est-il proclamé que le jeune homme doit limiter sa jouissance dans le dessein épicurien de lui réserver un avenir illimité[4] ; le plaisir cultivé est celui qui sait, en se restreignant, ne pas émousser sa capacité[5] ; l'effort du travail est la meilleure façon de jouir de la vie[6], etc. Identification pragmatique du pratique que le discours pragmatique justifie, d'ailleurs, à l'intérieur de lui-même, en affirmant, cela comme un fait, sans une justification rationnelle ici déplacée, que la prudence, la culture, la civilisation confinent elles-mêmes à la moralité. Un tel thème, rapidement évoqué dans la *Critique de la raison pure*, absent de la *Critique de la raison pratique*, fait souvent retour dans l'*Anthropologie du point de vue pragmatique*. La condamnation absolue d'une passion y est rapportée à la conjonction de sa réprobation morale et de sa disqualification pragmatique[7]. Non seulement, si la vertu sociale est peut-être de la « petite monnaie », mieux vaut celle-ci que l'absence de moyens[8], mais la réunion, dans les relations avec autrui, du « bien-vivre » et de la « vertu » proprement dite est ce qui constitue cette « humanité » qu'on peut alors désigner comme ce en quoi l'homme réalise sa

2. Cf. *ibid.*, p. 63.
3. Cf. *ibid.*, p. 134.
4. Cf.. *ibid.*, p. 102.
5. Cf.. *ibid.*, p. 196.
6. Cf.. *ibid.*, p. 190.
7. Cf.. *ibid.*, p. 238.
8. Cf.. *ibid.*, p. 85 *sq.*

destination essentielle[9] ; l'apparence même de la vertu chez autrui ne rend-elle pas son spectateur lui-même plus vertueux[10] et ne peut-elle pas conduire même le bienfaisant hypocrite, malgré lui, aux limites de la moralité[11] ? C'est pourquoi, au demeurant, le goût, cette manifestation privilégiée de l'accord, idéel, de la raison et de la sensibilité, est un thème fort précieux pour l'anthropologie kantienne, laquelle voit bien, en lui, « la moralité dans sa manifestation extérieure »[12]... Bref, si, pour la philosophie spéculative, le pratique seul rend possible l'existence pragmatique de l'homme, l'anthropologie lui paie sa dette dans l'affirmation ainsi réitérée que le pragmatique, pleinement cultivé, achemine au pratique. Ce qui pourrait empêcher une telle élévation, à savoir la présence, dans le pragmatique, de l'obstacle à la rationalité, c'est-à-dire le mal, se détruit lui-même en étant incapable de se fixer et consolider en un caractère[13], de telle sorte que le bien se développe à partir de ce mal. Telle est bien la leçon, notamment, du sort constaté des passions, faiblesses humaines, mais en elles-mêmes finalement si faibles face à l'essence rationnelle de l'homme[14]. Belle sagesse de la Providence !

On voit dès lors en quel sens la philosophie spéculative de Kant, en sa triple exposition, comme réponse aux trois grandes questions rationnellement formulées, peut « se rapporter » à sa conclusion anthropologique. Celle-ci ne compose pas, en se tenant à leur niveau — tel leur couronnement spéculatif — l'apport rationnel triplice de celles-là ; elle est la retombée en elle-même non spéculative, populaire, de la spéculation kantienne. Cependant, elle fournit à la question de savoir ce qu'est l'homme, en tant que rapport factuel hiérarchisé intime, en lui-même, de la raison et de la sensibilité, de la liberté et de la nature — qui ne peuvent jamais ici exister empiriquement l'une sans l'autre —, une réponse qui ne peut véritablement se comprendre et justifier, en sa détermination pragmatique elle-même, qu'à partir des réponses rationnelles des œuvres spéculatives de Kant. L'anthropologie pragmatique présuppose donc la connaissance rationnelle de la liberté, de la nature et de leur rapport, connaissance théorique dont celle-là est ainsi la conséquence elle-même pragmatique, ou l'*application*. C'est pourquoi la nature et la liberté, dont le discours anthropologique dit ne pas vouloir traiter en leur essence pure pour ne considérer que leur rapport factuel, sont quand même présentes en lui. Il parle, assez longuement même, du tempérament qui est pourtant, en l'homme, ce que la nature fait de celui-ci[15], et, de même, à l'autre extrême, il rappelle les grandes

9. Cf.. *ibid.*, p. 252.
10. Cf.. *ibid.*, p. 86.
11. Cf.. *ibid.*, p. 289.
12. Cf.. *ibid.*, p. 206.
13. Cf.. *ibid.*, p. 319.
14. Cf.. *ibid.*, p. 245 *sq.*
15. Cf.. *ibid.*, p. 270.

déterminations de la raison, si bien que, d'une façon générale, les apports essentiels, en fait de résultats, des trois *Critiques* sont présentés selon leur ordonnance rationnelle originelle, même s'il s'agit, assurément, d'une présentation elle-même non rationnelle, simplement « historique » de la raison, comme il convient dans une application populaire de la philosophie transcendantale. Peut-être considérera-t-on que, envisagée dans une lecture « cosmique » de la philosophie kantienne, cette application apparaît comme étant en vérité le but auquel tendait l'effort de Kant, telle une méthodologie générale pragmatique, pour l'usage de la vie, de la critique transcendantale des capacités et pouvoirs de l'esprit fini. Mais, du point de vue des conditions de possibilité de son élaboration, cette méthodologie pragmatique suppose en tout cas la réalisation, qui ne lui doit rien — sinon l'épreuve de l'unité même de la vie de l'esprit fini pris en sa tension originaire —, du concept « scolastique », méthodiquement rationnel, de la philosophie.

Tout autre est le statut philosophique de l'anthropologie hégélienne. Elle ne se situe pas au terme du *corpus* rationnel de la philosophie de l'esprit, et comme une application para-rationnelle de celle-ci, mais à l'origine même de la philosophie de l'esprit, et sans doute là où la raison à l'œuvre dans l'esprit manifeste sa force la plus intense, aussi bien dans l'objet même du discours philosophique que dans le sujet même, philosophant, de ce discours. Car l'anthropologie de Hegel exige du philosophe spéculatif qu'il retrouve la raison se construisant, selon une immanence totale, dans l'élément le plus opposé à elle-même, cette nature qui est bien son aliénation absolue. Hegel traite ici de l'« âme », cet « esprit-nature » qui est, comme esprit, la négation de la nature, mais, comme sa première, immédiate négation, la négation encore naturelle de la nature. C'est la nature même, auto-négation de l'Idée ou de la raison universelle, qui se nie elle-même en se posant comme esprit ou liberté. Bien loin, par conséquent, que l'anthropologie soit — comme chez Kant — la conscience de soi pragmatique précédemment justifiée de la maîtrise, empiriquement mise en œuvre, de la nature empirique par la liberté rationnelle, essentiellement différentes l'une de l'autre et de leur relation factuelle, elle est, chez Hegel, la conscience de soi spéculative de l'auto-production rationnelle de la liberté dans et comme la nature. L'anthropologie hégélienne est ainsi un moment privilégié du discours spéculatif.

Le sujet philosophant y vérifie exceptionnellement sa méthode constante, qui consiste, pour lui, à se poser dans son objet comme auto-négation subjective de lui-même, dans le contenu spécial de sa spéculation qui expose alors le processus par lequel l'esprit maîtrise la nature comme auto-négation spiritualisante de celle-ci. L'anthropologie pleinement spéculative de Hegel fait s'identifier la nature en son ultime affirmation, déjà spirituelle, et l'esprit en sa première affirmation, encore naturelle, c'est-à-dire l'identification naturelle et l'identification spirituelle de la nature et de l'esprit ainsi avérés l'un et l'autre en toute leur puissance ; elle accomplit par là dans son discours totalisant l'unification rationnelle du sensible et du rationnel que l'anthropologie kantienne rapprochait dans la liaison extrinsèque de deux facteurs alors extériorisés chacun par rapport à soi-même dans un discours seulement pragmatique. Si l'anthropologie représente une détente pragmatique du kantisme, elle fait se tendre à l'extrême la spéculation hégélienne qui, en elle, à l'orée même de la philosophie de l'esprit, anticipe comme le devenir originaire de celui-ci — le processus d'auto-spiritualisation de la nature — le résultat ultime de celle-là, à savoir la proposition que l'esprit est naturalisation de soi, Dieu incarnation de lui-même.

Si l'âme ne fournit pas l'objet suprême de la spéculation, son étude constitue sans doute, opératoirement parlant, le moment le plus ardu de celle-ci. Le philosophe doit, en effet, comme anthropologue, réactualiser consciemment en lui, dans sa démarche ou sa vie spéculative même, le sacrifice en soi de l'esprit se faisant nature, en tant que ce sacrifice se redouble en étant manifesté comme le mouvement par lequel, en l'esprit, c'est la nature elle-même qui se fait esprit ! L'élaboration de l'anthropologie comme une telle exposition de l'âme écartelée, à l'intérieur d'elle-même, entre la nature qui la tire en arrière et la liberté qui la pousse en avant, requiert alors le rappel constant de l'apport déjà là de la philosophie de la nature et l'anticipation non moins constante de l'apport encore à venir de la philosophie de l'esprit ; mais, qui plus est, la rétrospection spiritualisante du premier et l'anticipation naturalisante du second, c'est-à-dire, au total, la conciliation spéculative de deux démarches opposées entre elles ainsi d'abord opposées, chacune à elle-même, à l'intérieur d'elles-mêmes.

La difficulté exceptionnelle de l'anthropologie spéculative vient alors de ce que, plus précisément, les déterminations de l'esprit qui, d'une façon générale, à la différence des déterminations de la nature, étalées chacune pour elle-même spatialement, s'intègrent les unes dans les autres, les inférieures, abstraites, existant comme des moments simplement idéaux des supérieures, concrètes, seules réelles, sont elles-mêmes, en tant que déterminations de l'âme, d'emblée et toutes ensemble insérées au sein des déterminations ultérieures, « phénoménologiques » et « psychologiques ». C'est que l'esprit-nature, comme naturel, n'est pas encore en lui-même essentiellement temporel ; c'est bien seulement en sa concrétisation finale dans l'habitude que l'âme se pose comme acquisition d'elle-même, donc comme processus. Or, quand, à travers cette habitude, seconde nature posée par elle-même, l'âme a reconquis comme sien en se naturalisant elle-même son contenu naturel premier, elle peut et doit diriger son activité ou négativité contre une telle totalisation naturelle d'elle-même, se l'opposer, en tant qu'elle se fait conscience, comme un monde objectif, et se vivre ainsi elle-même comme un sujet alors ouvert à la différenciation subjective qu'est le temps. L'insertion de l'âme dans la conscience spirituelle rend dès lors possible la séparation réalisante de ce qui est, en sa vérité propre, un moment idéal, intemporel, de cette conscience. Cela, pour autant que celle-ci peut abstraire d'elle-même et faire exister en elle, face à elle-même en tant que spiritualité objectivante, son Autre anthropologique qu'est l'âme en son moment médian. Un tel moment, par essence différenciant, définit « l'âme ressentante » qui se vit, non thétiquement certes, pré-conscientiellement donc, comme subjectivité identique à elle-même en son contenu substantiel particulier : anticipant par là la conscience accomplie dans l'entendement, lui faisant en quelque sorte concurrence, elle peut être libérée régressivement par cette conscience, en elle-même contre elle-même. Telle est, par exemple, la folie, libération pathologique aliénante, dans et par la conscience spirituelle plus concrète s'abstrayant d'elle-même, de ce qui, normalement, devrait rester un simple moment intégré d'elle-même. Mais, alors, la venue à l'existence pour elles-mêmes des déterminations anthropologiques est méta-anthropologique et doit, par conséquent, comme pathologique, inciter l'anthropologue à les reconstruire idéalement, en leur sens positif vrai, à partir de leur réalisation négative. On n'est plus dans la différenciation spatiale de la nature, on n'est pas encore dans la différenciation temporelle normale de l'esprit : la connaissance déterminée de l'esprit-nature exige donc une reconstruction essentiellement conceptuelle de l'existence immédiatement sensible — naturelle — du concept réalisé de l'esprit.

Comprendre l'âme, c'est ainsi, pour l'anthropologue spéculatif, s'identifier, comme savoir ou esprit absolu, c'est-à-dire absolument spiritualisé, à son Autre absolu, l'esprit absolument naturalisé, et par là répéter dans sa démarche, comme détermination ultime de l'esprit, la vie même de son objet, identification concrète originaire du sujet et de l'objet, de l'esprit et de la nature. C'est bien là l'illustration achevée du thème central de l'idéalisme allemand, selon lequel la philosophie n'est rien d'autre que le savoir de soi de la vie même qu'elle prend pour objet. L'opposition en leur statut de l'anthropologie kantienne et de l'anthropologie hégélienne reflète l'opposition même de l'homme qu'elles nous présentent comme leur contenu.

**

Le contenu de l'anthropologie pragmatique de Kant, c'est tout l'homme, de son animalité, déjà humaine puisque, en elle, en sa structure spécifique native — la forme et l'organisation de la main par exemple[16] —, est déjà dessinée la capacité technique de l'être raisonnable, jusqu'à sa cime morale, puisque — comme nous l'avons vu — la disposition pragmatique à la culture et civilisation est présentée comme l'enveloppe extérieure de la disposition morale.

---

16. Cf. *ibid.*, p. 312.

L'unité supra-raciale de l'espèce humaine traduit originellement l'identité à soi de la raison en tous les hommes, et celle-ci s'accomplit dans le cosmopolitisme de la raison pratique. L'anthropologie kantienne est bien une anthropologie humaniste, inutile est-il de le souligner. Cependant, si l'humanité (*Humanitas*) s'inscrit, comme disposition, dans l'animalité humaine première, le dualisme essentiel originaire de l'homme en tant qu'être raisonnable sensible oppose, dans l'animalité humaine, sa disposition proprement humaine et sa réalité proprement animale : la réalisation de celle-là, l'éducation toujours absolument nécessaire, est négation du dynamisme proprement animal ou naturel. La sensibilité est affectée par une sensibilisation de la raison qui la nie en son énergie propre : la philosophie « pratique » oppose bien le respect au désir « pathologique ». Ce qui signifie qu'il y a dans la nature un moment que la liberté ne peut s'assimiler ou qui ne peut se faire lui-même liberté. Kant, ainsi que Hegel, justement, le lui reprochera, traduit anthropologiquement cette altérité ou extériorité essentielle, définitive, de la nature et de la liberté, qui rabaisse la première, prise dans une telle relation d'extériorité subsistante dans la hiérarchie, au statut, au plus, de simple instrument, rétif, de la seconde.

Les exemples en sont multiples et variés. Ce qui est manifeste dans la théorie kantienne du mariage, la conception instrumentaliste de la sexualité humaine, transparaît dans l'analyse anthropologique de la pudeur comme traduction vécue de l'opposition entre l'humanité et une sexualité dont est soulignée la quasi-identité à elle-même (la « si grande proximité »[17]) dans l'animalité absolue de la bête et dans l'animalité mise en relation, chez l'homme, avec la raison. C'est la même conception de l'opposition dynamique entre animalité et humanité, nature et liberté, qui s'exprime dans le jugement négatif porté par Kant sur l'habitude. Celle-ci est, selon lui, comparable à un « instinct », cette répétitivité naturelle d'un comportement négateur du libre arbitre à travers lequel se phénoménalise la liberté ; « en l'homme, elle fait surgir bien trop visiblement l'animal », de telle sorte « qu'il court ainsi le risque d'en venir à ne former avec la bête qu'une seule et même classe », si bien que, « en règle générale, toute habitude est mauvaise »[18]. On sait combien Kant voit, au contraire, dans la variété distrayante de l'imagination, que favorisent la conversation et le jeu en société, la stimulation de toute vitalité spirituelle ! Ce rejet du naturalisme promptement soupçonné chez l'homme enveloppe dans une même condamnation cette fixation rationnelle — dans une parodie formelle de la raison, certes ! — de l'inclination naturelle qu'est la *passion*. Evoquant l'affirmation selon laquelle « jamais rien de grand n'a été accompli dans le monde sans passion violente », Kant la dénonce comme anti-philosophique, car fondamentalement contraire au véritable respect de la raison[19]. Mais de portée universellement significative est bien, telle

17. *Ibid.*, p. 64.
18. *Ibid.*, p. 81.
19. Cf.. *ibid.*, p. 239.

que Kant l'interprète, la première manifestation de l'animal humain : le cri de l'enfant nouveau-né traduirait essentiellement le caractère négatif de la relation *contraignante*, pour l'homme, de son humanité à sa naturalité éprouvée, dans la colère, comme un enchaînement qui lui retire sa liberté »[20]. Une telle relation négative originaire entre la sensibilité et la raison, qui limite la réalisation pragmatique du primat de celle-ci en faisant courir toujours à l'homme le danger d'une animalisation de lui-même — la nature révélant sa fermeture sur soi —, explique aussi l'impuissance à agir sur un trouble ou une maladie de la raison, dont le désordre est livré à lui-même dans la perte du sens commun. D'où le pessimisme pragmatique de Kant au sujet des graves maladies de l'esprit, la seule intervention adéquate de l'anthropologie étant ici de dire qu'on ne peut intervenir[21] !

Au fond, le projet même de l'anthropologie pragmatique : armer l'effort de la liberté pour faire quelque chose de son Autre, la nature, se heurte à la présupposition philosophiquement établie de leur séparation qui les livre à elles-mêmes dans leur négativité réciproque. Alors que l'idée d'une vraie contradiction — différenciation d'une identité sous-jacente — entre elles libérerait une tentative en vue de surmonter leur négativité interne respective dans l'exploitation de leur totalisation réconciliatrice d'elle-même à travers chacun de ses moments. L'anthropologie saisit bien tout l'homme, mais jamais comme un tout véritable.

Il en va inversement de l'anthropologie hégélienne : elle conçoit l'homme comme un tout sans prétendre appréhender en ce tout humain tout l'homme. Puisque l'objet et le sujet, la nature et l'esprit, résultent de l'auto-différenciation même d'une unité essentiellement subjective et spirituelle, ils sont, en leur différence même l'un d'avec l'autre — en ce qui concerne, par exemple, le rythme de leur développement respectif —, liés intimement l'un à l'autre. L'être naturel, corporel, de l'homme n'a donc rien à voir avec le corps de l'animal, parce qu'il constitue une unité immanente avec une âme qui, comme humaine, a un tout autre élément — l'esprit — que « l'âme » animale, auto-négation seulement naturelle de la nature. Hegel souligne bien que « l'humanité animale est tout à fait quelque chose d'autre que l'animalité »[22]. Déjà, « le sentir extérieur de l'homme... se différencie plus ou moins de celui des animaux »[23], puisque l'esprit, en tant que milieu ontologique de l'existence humaine, imprègne toutes les déterminations naturelles qui, présupposées essentiellement par lui, sont existentiellement re-posées dans et par lui. La nature ne peut résister à son

---

20. *Ibid.*, p. 316 note ; cf. pp. 240 *sq.*

21. Cf.. *ibid.*, p. 167.

22. HEGEL, *Die Vernunft in der Geschichte*, éd. J. Hoffmeister, Hambourg, F. Meiner Verlag, 1955, p. 161.

23. *Id.*, *Encyclopédie des sciences philosophiques, III . Philosophie de l'esprit*, éd. 1830, § 401, Addition, trad. B. Bourgeois, Paris, Vrin, 1988, p. 452.

investissement spirituel. Lors même qu'elle se donne comme altérité pour l'esprit, c'est parce qu'il la pose lui-même comme telle. Et cette libéralité de l'esprit à l'égard de « sa » nature est absolument justifiée par la naturalisation de soi — l'« incarnation » — qu'il est bien en son activité ou négativité absolue. Ainsi, la nature ne détermine, ne limite pas l'esprit, qui, se limitant par lui-même, s'auto-déterminant en une liberté absolue, se fait seulement conditionner par elle, dans une maîtrise souveraine de leur relation.

C'est pourquoi, par exemple, les influences cosmiques, telluriques, géographiques... n'ont aucune importance décisive pour l'esprit. Plus fortement encore que Kant, Hegel, pour qui la race est une détermination de l'âme, pleinement anthropologique, et non pas une détermination du corps, simplement physique, fonde la disqualification absolue du racisme à laquelle tous deux s'attachent résolument. Le voudrait-il, l'homme ne peut, pour des raisons ontologiques, retomber à l'animalité proprement dite. D'où vient que les déterminations finales de la Philosophie de la nature, valables pour l'organisme simplement naturel, sont reprises au début de la *Philosophie de l'esprit*, dans l'*Anthropologie*, avec un contenu et un statut totalement différents, tenant à ce que le corps est, chez l'homme, immédiatement immergé dans un élément nouveau, celui même de l'esprit. C'est d'ailleurs la raison pour laquelle Hegel critique la doctrine kantienne, lorsqu'elle traite, par exemple, de la sexualité — nous l'avons déjà évoquée —, ou encore des tempéraments : pour lui, une telle détermination, aux yeux de Kant lui-même, de l'anthropologie physiologique, ne peut être affirmée comme telle de l'âme humaine, qui présente bien plutôt le mélange des tempéraments[24].

Cette reprise spirituelle de la nature qu'est l'homme objet de l'anthropologie, en même temps qu'elle spiritualise la nature en manifestant la liberté de l'esprit, en elle, à l'égard d'elle-même, naturalise aussi cet esprit. Car la vraie liberté ne consiste pas, selon Hegel, à s'abstraire de l'Autre, mais à faire de cet Autre son « chez-soi », à se poser soi-même dans et comme lui. Voilà pourquoi l'anthropologie analyse les modalités de la naturalisation de soi de l'esprit, qui élève la première nature à cette seconde nature pénétrée — et sauvée alors — par l'esprit qu'est l'habitude. L'éloge hégélien de l'habitude, comme voie de la libération, tranche avec le jugement négatif qui la frappe dans l'anthropologie kantienne. Et, pour évoquer une autre cible de celle-ci, la passion, rappelons le traitement si positif qu'en fait Hegel en parlant notamment de son rôle dans l'histoire universelle. Toujours, la relation dialectique de la nature et de l'esprit en fait des moments non figés dont l'opposition, bien loin d'être une altérité absolue, est, comme expression de la contradiction interne, du sacrifice de soi qu'est l'absolu spirituel, tout au contraire la médiation même de leur unité plus concrète. Assurément, un tel concept de l'esprit, comme de ce qui *se* contredit,

24. Cf. *ibid.*, § 395, Add., p. 428.

peut, en se réalisant dans l'être empirique des individus humains, se bloquer en un *être* contradictoire ; ce dont témoigne l'existence de la folie, à laquelle l'anthropologie hégélienne consacre une analyse approfondie. L'esprit comme conscience de soi, subjectivité identique à soi et se maîtrisant elle-même ainsi que le monde, peut bien, en faisant être plus solidement en elle le moment de l'âme rassemblant son milieu en son sentir immédiat, prêter sa force à cette emprise magique séductrice sur le monde et sombrer dans le délire. Mais la folie est alors comprise par Hegel de façon telle qu'elle peut être surmontée et guérie, ainsi que le montre l'entreprise de Pinel : l'identité à soi de l'esprit qui souffre de *se* contredire est par là même en soi restaurée, en-soi qui est la possibilité fondamentale de sa manifestation et réalisation empirique. Ce que l'esprit défait, il peut le refaire ; plus précisément, il y a une spiritualisation de la nature parce que l'esprit se naturalise. L'identité de la spiritualisation de soi de la nature et de la naturalisation de soi de l'esprit est, dans l'*idéalisme* hégélien - pour lequel l'identité du sujet et de l'objet est une identité subjective, un sujet absolu, l'identité de l'esprit et de la nature une identité spirituelle, un esprit absolu -, portée par la seconde, dans la souveraineté absolue de l'esprit. Une telle souveraineté s'annonce à elle-même dans le premier cri de l'enfant naissant, en lequel, à l'opposé de Kant, Hegel ne voit pas la négation colérique d'un obstacle, d'une limite, d'une impuissance, mais l'affirmation immédiatement sûre de soi de la puissance, la proclamation, dans le monde, de la maîtrise sur lui.

Cet optimisme de l'anthropologie hégélienne, qui saisit l'homme comme étant un tout en son existence la plus naturelle, apparemment la plus hostile à sa liberté essentielle, assure aussi l'affirmation, dans le développement post-anthropologique de la philosophie de l'esprit, de la réalisation absolue de cette liberté. Le savoir anthropologique, chez Hegel, vérifie au sein même de l'expérience de l'esprit en son existence la plus naturelle, le préalable conceptuel de la spéculation sur l'homme ; ce préalable fait saisir l'esprit comme le retour à soi naturalisé du sens infini commandant absolument sa réalisation et, par conséquent, justifie son auto-position vraie, à travers l'esprit simplement humain, développant l'esprit-nature, comme esprit divin ou absolu. Ce qui fait comprendre l'homme comme objet de l'anthropologie est donc ce qui le fait comprendre comme se fondant sur l'Homme-Dieu, et, puisque l'anthropologie conçoit l'homme comme une spiritualisation de la nature portée en vérité par la naturalisation de l'esprit, plus fondamentalement sur l'Incarnation même de Dieu, le Dieu-Homme. L'anthropologie hégélienne sait ainsi qu'elle se fonde, dans le processus spéculatif, sur une théologie dont le contenu, la divinisation de l'homme par l'humanisation de Dieu, absolutise son anticipation anthropologique. Une telle anthropologie ne dit pas tout ce qu'est l'homme, mais elle le dit comme un tout qui ne peut qu'être confirmé en sa concrétisation ultérieure, finalement théologique. Elle est vraiment le germe de toute la philosophie de l'esprit.

**

L'anthropologie kantienne et l'anthropologie hégélienne arrachent l'homme à ce qu'ont voulu en faire les sciences humaines, un être dont la positivité ne se démentirait pas en elle-même en s'assumant comme liberté, et qui, alors, pourrait être saisi par la simple observation empirique. La seconde, en sa visée directement théorique-spéculative, réinsère tous les phénomènes de l'esprit-nature dans une totalisation sensée en tant qu'elle est lue comme un processus de libération immanente, c'est-à-dire pensable, selon la terminologie hégélienne, conceptuellement. Or, il se trouve — nous semble-t-il — que cette démarche conceptuelle lui a fait devancer des interrogations et des réponses que les sciences de l'homme n'ont formulées que plus tard et de façon plus partielle et abstraite : songeons, par exemple, à ce qui concerne le sens du sens et du sentir. Ne peut-on pas penser que l'Anthropologie de l'*Encyclopédie des sciences philosophiques* est encore insuffisamment exploitée, et pour la connaissance, et pour la promotion de l'homme ? Vertu actuelle, à la fois positive et pratique, de l'effort spéculatif inouï déployé par Hegel dans son *Anthropologie* ! — Différemment, l'effort théorique de Kant a été engagé, lui, plus pour fonder rationnellement, voire — c'est plus problématique — pour rendre possible, que pour composer son anthropologie effective, l'anthropologie pragmatique. Celle-ci analyse et établit, au fond, l'efficience morale de la prudence ; elle est une plaidoirie en quelque sorte mondaine en faveur de la moralité. Que peut-on bien attendre moralement ou « pratiquement » d'une anthropologie ainsi non pas strictement « pratique », mais seulement pragmatique ? Et cela, ajouterons-nous, dans un esprit strictement kantien, celui du penseur rigoureux des exigences et des pouvoirs de la raison ? Le souci prudent de la moralité ou de la vertu proprement dite, préoccupé de la mise en œuvre réelle de ses principes absolument préservés en leur priorité, ne se traduisait-il pas — dans les considérations d'anthropologie « pratique » présentes ici où là — par l'affirmation que l'impératif moral éthique, saisi en toute sa pureté, constitue la motivation la plus forte, absolue, de l'agir ? La meilleure motivation de la moralité, c'est elle-même, et, davantage encore, le respect strict de ses exigences est, au fond, ce qui satisfait aussi indirectement aux conseils de la prudence. Pourquoi le grand théoricien de la pédagogie, qui ne saurait être d'adaptation, semble-t-il oublier le grand réquisit de celle-là, qui est d'honorer assez ceux auxquels elle s'adresse pour les estimer capables de répondre au commandement de la raison pratique présenté en toute sa pureté et sa rigueur ? L'anthropologie pragmatique de Kant, énigmatique pour le moins, en son dessein, ne nous semble guère susceptible de faire s'élever les prudents au-dessus d'eux-mêmes, et, par là même, de les rendre, par surcroît, véritablement prudents ; elle ne rappelle pas à l'homme, en s'adressant à lui comme elle le fait, qu'il n'est homme qu'en étant, en lui-même, plus grand que lui-même. Ce qui est pourtant le message essentiel de l'auteur de la *Critique de la raison pratique* !

FOUCAULT LECTEUR DE KANT : DE L'ANTHROPOLOGIE À L'ONTOLOGIE DU PRÉSENT[1]

Ricardo R. TERRA

Dans un de ses derniers cours au Collège de France (le 5 janvier 1983)[2], Michel Foucault a commenté le texte de Kant *Was ist Aufklärung ?* et, ce qui est étonnant, il s'est placé sur la route ouverte par Kant dans la mesure où celui-ci, à côté d'un refus de l'analytique de la vérité, aurait fondé une autre perspective qui serait celle de l'ontologie du présent. Attitude distincte de celle de 1961, lorsque Foucault soutient la thèse complémentaire pour le Doctorat ès Lettres sous le titre d'*Introduction à l'Anthropologie de Kant*. Celle-ci, composée d'une introduction de 128 pages et suivie de la traduction du livre de Kant, a été officiellement dirigée par Jean Hyppolite et soutenue avec la thèse principale *Folie et déraison. Histoire de la folie à l'âge classique*.

Henri Gouhier, président du jury, dans son rapport officiel de thèse, a résumé le débat et, après avoir fait l'éloge de la culture, l'aisance et l'élégance de Foucault, écrit à propos de la thèse complémentaire que « ici et là, on aperçoit une certaine indifférence aux besognes qui accompagnent toujours les travaux les plus relevés : traduction exacte mais un peu rapide, pas "raffinée" du texte de Kant, idées séduisantes mais rapidement élaborées à partir de quelques faits seulement : M. Foucault est plus philosophe qu'exégète ou historien. Les deux juges de la thèse complémentaire feront ressortir en elle la juxtaposition de deux ouvrages : 1. Une introduction historique qui est l'esquisse d'un livre sur l'anthropologie, plus inspirée par Nietzsche que par Kant, remarque M. Hyppolite. 2. La traduction du texte de Kant, qui, réduite au rôle de prétexte, devrait être révisée. M. de Gandillac conseille au candidat, pour la publication, de séparer ces deux morceaux en donnant toute son étendue au livre esquissé sous le nom d'introduction et en offrant, ailleurs, une édition vraiment critique du texte de Kant »[3].

---

1. Je remercie le prof. R. BRANDT pour les références bibliographiques, José A. PASTA Jr. et Sílvio ROSA pour la version française.

2. « Qu'est-ce que les Lumières ? » in *Magazine Littéraire*, no 207, mai 1984, pp. 35-39 ; repris dans FOUCAULT, M. *Dits et écrits* 1954-1988. Paris, Gallimard, 1994, pp. 678-688.

3. GOUHIER, H. *apud* ERIBON, D. *Michel Foucault (1926-1984)*. Champ/Flammarion, 1991, p. 138.

La recommandation n'a pas été suivie, du moins entièrement. Foucault n'a pas transformé l'*Introduction* en un livre et, puisqu'il semble que l'auteur n'a pas autorisé la publication des inédits, elle demeurera d'un accès difficile[4]. Quant à la traduction[5], il l'a publiée avec une petite « Notice Historique » et en notes quelques variantes du manuscrit et de la première édition, ce qui ne constitue guère une édition vraiment critique du texte de Kant.

La traduction de Foucault a été pendant maintes années une référence importante ; aujourd'hui elle doit compter avec d'autres traductions. Quant à l'*Introduction,* si elle n'a pas un relief majeur parmi les études kantiennes, elle garde au moins un grand intérêt rapporté à la pensée de Michel Foucault. Et, parce qu'elle reste inédite, convient-il de reprendre ses grandes lignes, en passant la parole, autant de fois que possible, à l'auteur lui-même.

L'*Introduction à l'Anthropologie de Kant* est l'ébauche partielle d'une œuvre dont la visée serait de critiquer les « anthropologies philosophiques » contemporaines,[6] et comme l'a souligné Hyppolite il s'agit d'une œuvre d'empreinte nietzschéenne. Aux dernières pages on suggère ce propos, cependant, la plus grande partie du texte est un travail académique sur l'*Anthropologie du point de vue pragmatique*, de Kant, en dépit du caractère un peu rapide d'affirmations parfois polémiques et de l'utilisation restreinte de la bibliographie secondaire. Mais, de toutes façons, la lecture foucaldienne est stimulante et peut sans doute éclairer la place réservée à Kant dans *Les Mots et les Choses.*

Foucault part de la spécificité de l'élaboration du texte kantien, celle qui provient des cours donnés pendant plus de vingt-cinq années, car il est probable que ces cours aient commencé en 1772-1773. Il convient de souligner que, depuis cette date jusqu'à la publication en 1798, Kant travaille sur toute son œuvre critique. D'où la question : y a-t-il une continuité de la conception anthropologique, laquelle aurait sous cette forme demeuré et même orienté le projet critique, ou bien au contraire, l'anthropologie aurait-elle changé avec la critique ? « L'archéologie du texte, si elle était possible, ne permettrait-elle pas de voir naître un *homo criticus*, dont la structure différerait pour l'essentiel de l'homme qui l'a précédé ? » (4)[7] Posée de manière univoque, Foucault croit que l'on ne peut donner une réponse à cette question. Le texte que nous possédons n'en est que la dernière version, en plus, les *Reflexionen, Collegentwürfe* et les notes des cours prises par les élèves ne fournissent que des indices non concluants.

---

4. On peut consulter le microfilm de la thèse à la Bibliothèque de la Sorbonne sous la côte FB 506.

5. KANT *Anthropologie du point de vue pragmatique*. Paris, Vrin, 1964,

6. Cf. ERIBON, D. *op. cit.*, pp. 134, 135, 184.

7. Les numéros entre parenthèses, sans d'autres indications, se réfèrent à la page de la thèse de Michel FOUCAULT *Introduction à l'anthropologie de Kant.*

Afin de rendre compte, aussi bien de la formation de l'œuvre que de ces plusieurs couches, celles qui persistent dans certains cas mais non pas dans d'autres, tout aussi bien de l'articulation entre l'analyse anthropologique et le projet critique, Foucault propose que l'on utilise, à côté de la perspective génétique, la méthode structurale.

L'anthropologie kantienne serait articulée à trois ensembles de recherches.

Premièrement, aux œuvres pré-critiques telles que l'*Observation sur le sentiment du beau et du sublime* (1764), *Essai sur les maladies de l'esprit* (1764), *Essai sur les races* (1775), où l'on trouve des thèmes de l'*Anthropologie*, toutefois, marquées par de grandes différences dans la mise en ordre des matériaux.

Deuxièmement, aux œuvres critiques ; Foucault laisse à plus tard la comparaison structurale avec la *Critique de la raison pure*.

Enfin, à l'*Anthropologie* qui, en sa version finale, est contemporaine d'autres œuvres de Kant, de lectures de ces œuvres faites par d'autres philosophes qui tâchent d'approfondir le projet de la philosophie critique et aussi de textes sur les questions anthropologiques. Foucault insiste sur trois cas : dans la correspondance avec Beck, on laisse entrevoir le souci de Kant à l'égard de Fichte et le renforcement de la place de l'anthropologie et de la connaissance de soi ; dans les discussions sur la Métaphysique du Droit et le sens de l'anthropologie comme pragmatique ; à son tour, le texte de Huferland sur la Macrobiotique aide Kant à articuler l'homme comme nature et sujet de liberté. Ainsi, « d'une manière paradoxale, ce triple engagement rend l'*Anthropologie* contemporaine à la fois de ce qui précède la critique, de ce qui l'accomplit et de ce qui va bientôt la liquider » (7).

Nous pouvons comprendre pourquoi la question du rapport entre la pensée anthropologique kantienne et le travail critique, une fois posée de manière univoque, n'a pas de réponse. Toutefois, en tenant compte des plusieurs niveaux de la question, Foucault peut chercher des indices de la dépendance de l'attitude prise dans la dernière version de l'*Anthropologie* envers l'œuvre critique. L'*Anthropologie* publiée modifie les *Collegentwürfe*. Pour ceux-ci « le pragmatique alors n'était que l'utile passé à l'universel », pour celle-là « le mode de liaison entre *Können* et *Sollen* » (40) ; pour les *Collegentwürfe* on a « le partage accepté de la nature et de l'homme, de la liberté et de l'utilisation, de l'Ecole et du monde »(42), pour l'*Anthropologie* « son équilibre est maintenant trouvé dans leur unité admise [...]. Elle explore une région où liberté et utilisation sont déjà nouées dans la réciprocité de l'usage, où le pouvoir et le devoir s'appartiennent dans l'unité d'un jeu qui les mesure l'un à l'autre, où le monde devient école dans les prescriptions d'une culture. Nous touchons à l'essentiel : l'homme dans l'*Anthropologie* n'est ni *homo natura*, ni sujet pur de liberté ; il est pris dans les synthèses déjà opérées de sa liaison avec le monde » (42/3). Le texte de 1798 peut parvenir à ces affirmations qui ne se trouvent pas présentes aux *Collegentwürfe* parce qu'il est en consonance avec la philosophie critique.

L'établissement des différences du texte de 1798 par rapport aux textes anthropologiques précédents s'oriente vers une articulation des thèmes qui n'est possible que lorsqu'on tient compte des solutions de la philosophie critique. On a une articulation précise de nature, liberté, culture et monde.[8] La connaissance de l'homme implique une certaine connaissance du monde. Et l'objet de l'*Anthropologie*, selon la *Préface* de 1798, est « l'homme en résidence dans le monde, *Weltbürger* » (43).

Or, il y surgit immédiatement une difficulté : on a dit que l'objet de l'anthropologie est la dimension cosmopolite de la *Welt*, mais la plus grande part du texte de Kant s'occupe non pas de la *Welt* mais du *Gemüt*. Pour résoudre cette difficulté, Foucault formule trois questions qui au fond articulent toute son analyse : « 1. Comment une étude du *Gemüt* permet-elle une connaissance de l'homme comme citoyen du monde. 2. S'il est vrai que l'Anthropologie analyse, de son coté, le *Gemüt*, dont les facultés fondamentales et irréductibles commandent l'organisation des trois Critiques, quel est donc le rapport de la connaissance anthropologique à la réflexion critique ? 3. En quoi l'investigation du *Gemüt* et de ses facultés se distingue-t-elle d'une psychologie, soit rationnelle, soit empirique ? (44).

Foucault renverse l'ordre en commençant par la question de la distinction de l'anthropologie par rapport à la psychologie. L'anthropologie pragmatique est l'étude non de la *Seele* mais du *Gemüt*, lequel est vivifié par des idées, par le *Geist*. C'est le *Geist* « qui ouvre au *Gemüt* la liberté du possible » (53), et de cette façon, celui-ci « n'est pas simplement 'ce qu'il est', mais 'ce qu'il fait de lui-même'. Et n'est-ce pas là précisément le champ que l'*Anthropologie* définit à son investigation ? » (52). Différemment de la psychologie, les éléments du possible et de la liberté sont liés à la nature et constituent une connaissance d'un autre ordre. Et le *Geist* serait, selon la lecture de Foucault, un élément structurant de la pensée kantienne, « fait originaire qui surplombe dans sa structure unique et souveraine, la *nécessité* de la Critique, et la *possibilité* de l'Anthropologie » (55/6).

On trouve ici le passage vers la deuxième question, le *Geist* comme quelque chose qui semble commun à la réflexion critique et à l'anthropologie. Dans un premier moment, Foucault procède à une comparaison structurale de la *Critique*

---

8. « L'anthropologie ne sera donc pas histoire de la culture ni analyse successive de ses formes ; mais pratique à la fois immédiate et impérative d'une culture toute donnée. Elle apprend à l'homme à reconnaître dans sa propre culture l'école du monde. N'a-t-elle pas, dans cette mesure comme une parenté avec le *Wilhelm Meister*, puisqu'elle découvre, elle aussi, que le Monde est Ecole. Mais ce que le texte de Goethe, et tous les Bildungsromane disent le long d'une histoire, elle le répète inlassablement dans la forme présente, impérieuse, toujours recommencée de l'usage quotidien. Le temps y règne, mais dans la synthèse du présent »(42).

et de l'*Anthropologie*, ce qui mène à un résultat à première vue paradoxal — l'*Anthropologie* apparaît comme le négatif de la critique sous plusieurs aspects : **1**. les rapports de la synthèse avec le donné apparaissent comme l'image renversée de la *Critique*, dans laquelle le je n'est pas objet, mais forme de la synthèse, alors que, dans l'*Anthropologie*, le je n'est pas considéré en sa fonction synthétique, « sans pour autant retrouver un simple statut d'objet » (57). Par rapport à la dispersion du donné, c'en est bien le contraire : dans l'*Anthropologie* le donné ne figure pas comme pure dispersion, mais plutôt, d'une certaine façon, il y apparaît comme organisé, ayant été au préalable organisé en dehors de la visibilité de la conscience. Dans la critique, le donné se situe du côté de la passivité, nettement opposée à la spontanéité du sujet qui synthétise. **2**. En dépit du fait que la distinction des facultés y soit la même, dans l'*Anthropologie* ce qui est privilégié c'est sa défaillance, la pathologie et non pas ce qu'elle a de positif. **3**. Dans les *Collegentwürfe* la division de l'œuvre s'offrait comme *Elementarlehre* et *Methodenlehre*, tout comme dans la critique, tandis que dans le texte de 1798, nonobstant la persistance de la division en deux parties, celles-ci reçoivent les titres de *Didactique* et *Caractéristique*, ce qui marque bien l'inversion opérée par rapport à la *Critique* : « la théorie des éléments devient prescription à l'égard du tout des phénomènes possibles (ce qui était, à proprement parler, la fin de la *Methodenlehre*) ; et inversement la théorie de la méthode devient analyse régressive vers le noyau primitif des pouvoirs (ce qui était le sens de l'*Elementarlehre*). Reproduction en miroir » (64).

Après cette comparaison d'ordre structural, le pas suivant que fait Foucault c'est celui qui a pour but d'établir les rapports entre la *Critique* et l'*Anthropologie*. Il le fait en analysant deux textes effectivement importants, dont le premier est un paragraphe de la Méthodologie Transcendantale, de la *Critique de la raison pure* ; où, d'un point de vue architectonique, Kant procède à la mise en opposition, d'un côté, de la physique et de la psychologie rationnelles, et, de l'autre, de la physique, de l'anthropologie et de la psychologie empiriques. A la différence de ce qui se passe avec la physique et la psychologie, l'anthropologie ne se situe que du côté empirique.

À l'opposé de celui-ci, le deuxième texte analysé par Foucault semble ouvrir à l'anthropologie une étendue beaucoup plus vaste que la simple perspective empirique de considération de l'homme. Il s'agit du passage de la *Logique* qui parle des quatre questions fondamentales. Kant y affirme que les trois questions — c'est-à-dire : 1. que puis-je savoir ? 2. que dois-je faire ? et 3. que m'est-il permis d'espérer ? — ces trois questions ont un rapport à une quatrième : qu'est-ce que l'homme ?[9]

Or, la position de la question anthropologique est très différente dans ce dernier texte et dans la *Critique de la raison pure* : elle n'est plus une partie

9. FOUCAULT renvoie à l'édition Cassirer de la *Logik* de KANT, Vol VIII, pp. 343/4.

empirique moins importante dans l'architectonique du savoir : elle y devient la pierre angulaire ou une sorte de point de fuite pour toute réflexion philosophique.

Il faut dire, cependant, que l'*Anthropologie* de 1798 ne répond pas à la question qui est posée dans la *Logique*. Articuler la théorie, la pratique, la finalité naturelle et Dieu autour de la question — qu'est-ce que l'homme ? —, cela échappe à l'*Anthropologie ;* nous y avons affaire, déjà, à un mouvement de totalisation de la pensée kantienne qui n'arrive que plus tard. Ce mouvement, nous le trouverons indiqué dans la *Logique* et, aussi, toujours repris dans l'*Opus postumum*, où il se déploie comme une sorte d'effort continuel.

Foucault s'achemine vers ces textes en essayant d'y trouver, pour la question anthropologique, un point de vue nouveau qu'il puisse opposer à la perspective simplement empirique. Dans certains textes de 1800 et 1801, avec la division de la philosophie transcendantale en Dieu, Monde, Homme, la question de la *Logique* acquiert toute son importance : elle devient, alors, une dimension fondamentale de la philosophie (voir p. 69 et suiv.). L'homme y joue, désormais, le rôle de moyen terme — soit en tant qu'acte de pensée, dans certains textes, soit en tant que copule logique, dans d'autres, soit en tant que synthèse universelle, dans d'autres textes encore. Ainsi, « c'est à partir de l'homme que l'absolu peut être pensé » (71).

C'est en reprenant le texte de la *Logique*, que Foucault signale que trois autres questions se lient immédiatement à la question — qu'est-ce que l'homme ? Il cite la *Logique*[10] :

> « Der Philosophe muß also bestimmen können :
> 1. Die Quellen des menschlichen Wissens
> 2. Den Umfang des möglichen und natürlichen Gebrauches alles Wissens
> 3. Und endlich die Grenzen der Vernunft »

Or, l'interrogation sur l'homme se dédouble de telle façon qu'elle reprend, en les répétant, les trois premières questions. Elle reprend l'entreprise critique. Mais la répétition articule les trois concepts fondamentaux de *Quellen, Umfang* et *Grenze* (que Foucault traduit par source, domaine et limite), se dirige déjà vers l'*Opus postumum*, où cette structure ternaire caractérise l'*Inbegriff des Daseins* (voir p. 77).

Le rapport de l'homme avec le monde peut être pensé aussi dans ce sens : le monde en tant que *source* du savoir, *domaine* de tous les prédicats, et *limite* de l'expérience possible (voir p. 78 et suiv.). Ainsi, selon Foucault, « on voit l'ampleur du champ de réflexion que couvrent ces trois notions : source, domaine, limite. En un sens, elles recoupent la trilogie, interne à la première

10. *Idem*, p. 344.

critique, de la sensibilité, de l'entendement et de la raison. Plus loin, elles reprennent et resserrent en un mot le travail de chaque critique : raison pure, raison pratique et faculté de juger. Elles répètent les trois questions fondamentales qui, selon Kant, animent tout le *Philosophieren*. Elles donnent un triple contenu enfin à l'interrogation sur l'homme auxquelles se rapportent toutes les autres. Mais en reprenant ainsi chacune de ces tripartitions, elle leur font atteindre, par leurs répétitions mêmes, le niveau fondamental, et substituent à ces divisions systématiques, l'organisation des corrélatifs transcendantaux. On s'aperçoit ainsi que le monde n'est pas simplement source pour une 'faculté' sensible, mais sur le fond d'une corrélation transcendantale passivité — spontanéité ; que le monde n'est pas domaine simplement pour un entendement synthétique, mais sur le fond d'une corrélation transcendantale nécessité — liberté ; que le monde n'est pas limite simplement pour l'usage des idées, mais sur le fond d'une corrélation transcendantale raison — esprit (*Vernunft* — *Geist*). Et par là, dans ce système de corrélations se fonde la transcendance réciproque de la vérité et de la liberté » (79, 80).

Foucault peut alors conclure sur ce point, en insistant sur le fait que la quatrième question répète la critique, mais tout en soulignant les rapports de l'homme avec le monde, en même temps qu'en signalant la cohésion fondamentale des parties de la critique.

Si l'on revient à l'*Anthropologie* de 1798, on peut alors voir clairement sa différence par rapport à la *Logique* — celle-ci posant une question anthropologique beaucoup plus large ; mais on peut voir aussi plus clairement sa différence par rapport à l'*Opus postumum*, où la question de l'homme se pose dans un rapport immédiat avec l'investigation sur le monde et Dieu. En effet, l'*Anthropologie* est un *passage*, au sens propre, elle a le caractère d'un passage vers la philosophie transcendantale, d'où son rapport paradoxal avec la *Critique*.

D'un côté, la *Critique* envisage l'*Anthropologie* seulement en tant qu'empirique ; de l'autre côté, l'*Anthropologie*, loin de reprendre l'articulation des facultés de la *Critique*, ne fait pas de celle-ci le fondement de celle-là. Ainsi, « l'*Anthropologie* a pu être à la fois marginale par rapport à la *Critique*, et décisive pour les formes de réflexion qui se donnaient pour tâche de l'achever » (83) — d'où son caractère de passage.

Vu que l'*Anthropologie* répète la *Critique*, mais le fait sur le plan populaire du conseil, de l'exemple — tout en gardant en même temps, le caractère de passage — Foucault peut y trouver à la fois un aspect systématique et un aspect populaire.

Lorsque l'on a ébauché la comparaison de l'*Anthropologie* et de la *Critique*, on a déjà signalé, si brièvement que ce soit, le caractère systématique de la première. L'*Anthropologie* répète la *Critique*, les trois livres de la *Didactique* répètent les trois *Critiques*, et la *Caractéristique* répète à son tour les textes sur la philosophie de l'histoire. Mais comme on l'a dit, cette répétition, l'*Anthropologie* la fait, d'une certaine façon, comme un négatif, tout en soulignant la possibilité de l'erreur ainsi que les façons de l'éviter.

Quant à l'aspect populaire, Foucault le développe en reprenant la distinction de la *Logique* entre perfection populaire et perfection scolastique. La première ajoute quelque chose à la seconde, c'est-à-dire l'exigence d'un discours tourné vers la totalité et une référence à la reconnaissance de sa valeur par tous les hommes. « Pour devenir populaire une connaissance doit reposer sur '*eine Welt und Menschenkenntniss*, une connaissance des concepts, des goûts et des inclinations des hommes' (*Logik*, p. 363). Comment, dans cette phrase de la *Logique*, qui circonscrit les exigences de la connaissance populaire, ne pas retrouver la définition même de l'*Anthropologie* ? » (91). La définition même de popularité renvoie directement à la perspective anthropologique.

Le développement de cette question, tel que le fait Foucault, donne beaucoup à penser. L'*Anthropologie*, au contraire de la *Critique*, qui portait une référence à l'universalité de la langue latine, se fait dans l'enceinte du système allemand. Malgré les citations en latin, les références à d'autres peuples etc., l'*Anthropologie* se placerait dans l'espace de l'expérience et de l'expression allemandes. Le plan de l'expérience anthropologique serait plutôt linguistique que psychologique. D'où l'importance de la *Unterhaltung*. Le groupe social de référence n'est ni la famille, ni l'Etat non plus, mais la *Tischgesellschaft*. Et, alors, Foucault se demande : « n'est-ce pas, en effet, quand elle obéit fidèlement à ses propres règles, comme l'image particulière de l'universalité ? » (99).

En renouant avec ce que l'on a dit auparavant, il convient de souligner que Foucault a articulé son analyse du texte de Kant tout en formulant trois questions, dont deux ont été déjà indiquées : la première est celle de la différence entre l'*Anthropologie* et la psychologie ; et la deuxième est celle des rapports entre l'*Anthropologie* et la *Critique*. Or, c'est ainsi que l'on voit pointer déjà des éléments qui permettent de mieux comprendre la façon par laquelle la connaissance des citoyens du monde peut se réaliser à travers l'analyse du *Gemüt*.

La vie ensemble, la conversation permettent le rassemblement des libertés et leur universalisation, « en fait, l'homme de l'*Anthropologie* est bien *Weltbürger*, mais non pas dans la mesure où il fait partie de tel groupe social ou de telle institution. Mais purement et simplement parce qu'il parle. C'est dans l'échange du langage que, tout à la fois, il atteint et accomplit lui-même l'universel concret. Sa résidence dans le monde est originairement séjour dans le langage » (101).

Vu que l'*Anthropologie* est pragmatique et que son caractère populaire repose sur un langage donné et sur une expérience articulée, elle se dirige vers la formation de l'universalité — « c'est par là que l'analyse du *Gemüt*, dans la forme du sens interne, devient prescription cosmopolitique, dans la forme de l'universalité humaine » (102).

C'est en expliquant comment l'analyse du *Gemüt* constitue la façon de développer l'objet de l'*Anthropologie*, — c'est-à-dire, l'homme dans le monde (*Weltbürger*) —, que Foucault conclut son étude de l'*Anthropologie* de 1798. Cependant son objectif n'était pas uniquement l'exposition de la pensée kantienne. Il avait pour but, en vérité, de préparer la critique des anthropologies philosophiques contemporaines. Nous pouvons alors nous demander quelle est, pour lui, la situation de Kant face à sa critique dévastatrice des Anthropologies. Au premier abord, celle-ci semble être la pire possible.

Il y a sans doute, selon Foucault, une ambiguïté de base dans l'Anthropologie kantienne, rendue manifeste dans la connaissance empirique de la finitude, c'est-à-dire, la question même qui trouve sa place entre le recueil empirique et la réflexion provenant de l'entreprise critique. L'Anthropologie kantienne, si elle dépend de la critique, dépend également des questions anthropologiques propres au XVIIIe siècle. Celles-ci modifient la conception de l'homme fondée sur le modèle cartésien : la dimension physique de l'homme est alors conçue comme nature, mais ne se réduit pas à l'aspect mécanique. Chez Kant, cette modification prend la forme d'une nouvelle articulation de nature et de liberté, telle qu'elle est permise par la critique. Mais l'ambiguïté de l'Anthropologie persiste, quand même : « l'Anthropologie sera donc non seulement science de l'homme, et horizon de toutes les sciences de l'homme, mais science de ce qui fonde et limite pour l'homme sa connaissance. C'est là que se cache l'ambiguïté de cette *Menscherkenntnis* par laquelle on caractérise l'Anthropologie : elle est connaissance de l'homme, dans un mouvement qui objective celui-ci, au niveau de son être naturel et dans le contenu de ses déterminations animales ; mais elle est connaissance de la connaissance de l'homme, dans un mouvement qui interroge le sujet sur lui-même, sur ses limites, et sur ce qu'il autorise dans le savoir qu'on prend de lui » (118). Comme l'on voit, chez Kant, persévère toujours la tension de l'empirique et du critique. C'est bien cette tension qui sera dissoute dans les anthropologies contemporaines.

Dans ce travail, la critique de Foucault de la philosophie contemporaine, alors à peine ébauchée, n'est pas toujours claire. Le contresens de fond y est celui de vouloir faire jouer à l'anthropologie le rôle de la critique. Ce faisant, on a la prétention de fonder les sciences humaines, tout en partant d'un champ de positivités — naturellement, il est clair qu'on ne peut le faire sinon par l'anéantissement de la dimension critique de la limite.

A ce propos, Foucault est tranchant : « au nom de ce qu'est, c'est-à-dire de ce que doit être selon son essence l'Anthropologie dans le tout du champ philosophique, il faut récuser toutes ces 'anthropologies philosophiques' qui se donnent comme accès naturel au fondamental ; et toutes ces philosophies dont le point de départ et horizon concret sont définis par une certaine réflexion anthropologique sur l'homme. Ici et là joue une 'illusion' qui est propre à la philosophie occidentale depuis Kant. Elle fait équilibre, dans sa forme anthropologique, à l'illusion transcendantale que recelait la métaphysique prékantienne. C'est par symétrie et en s'y référant comme un fil directeur que l'on peut comprendre en quoi consiste cette illusion anthropologique » (123, 124).

Selon Foucault, donc, la question W*as ist der Mensch ?* aurait mené à l'illusion anthropologique, laquelle, à son tour, aurait provoqué la « destructuration du *Philosophieren* », tout en permettant, en même temps, dans les sciences humaines et la philosophie, l'emploi indifférent et dépourvu de rigueur de notions telles que « sens », « structure » et « genèse » (voir 127). Cette situation ne serait cependant pas irrémédiable. La dernière phrase de la thèse désigne le programme de Foucault : « la trajectoire de la question : W*as ist der Mensch ?* dans le champ de la philosophie s'achève dans la réponse qui la récuse et la désarme : *der Übermensch* » (128).

Le thème que j'avais proposé pour ce colloque était *Foucault lecteur de Kant : de l'Anthropologie à l'ontologie du présent.* Ce que je voulais faire c'était vérifier quelle est la position accordée à Kant dans trois de ses œuvres : la thèse sur l'Anthropologie, *Les Mots et les Choses* et le cours sur *Was ist Aufklärung.* Vu que nous sommes dans un colloque sur l'anthropologie et que cette thèse de Foucault est inédite — et je crois qu'elle le restera —, j'ai pensé qu'il valait mieux concentrer ma communication sur la thèse. C'est aussi le caractère inédit du texte qui m'a amené à citer si fréquemment des morceaux aussi longs.

Quoique de façon trop schématique, je crois qu'on pourrait ébaucher cette comparaison comme suit :

1. Pour Foucault, dans cette thèse, Kant aurait transformé profondément la question anthropologique, sans pour autant résoudre l'ambiguïté des rapports entre l'empirique et le transcendantal. A l'opposé de ce qui se passe avec les anthropologies philosophiques ultérieures, celles qui ont laissé tomber avec l'ambiguïté aussi la critique, toujours est-il que chez Kant la perspective critique est préservée. C'est ainsi que, après avoir critiqué les psychologies phénoménologiques, Foucault souligne la présence de la dimension critique kantienne même dans la philosophie qui le plus radicalement prétend la surmonter. Alors il écrit : « De quel aveuglement n'avons-nous pas été favorisés pour ne pas voir que l'articulation authentique du *Philosophieren* était à nouveau présente, et sous une forme bien plus contraignante, dans une pensée qui n'avait peut-être pas elle-même remarqué au plus juste ce qu'elle conservait de filiation et fidélité à l'égard du vieux 'chinois de Königsberg ?' » (107).

Comme l'on voit, Foucault vise à critiquer radicalement plutôt les anthropologies philosophiques que celle de Kant. L'analyse de celle-ci, d'une certaine façon, lui permet d'expliquer l'équivoque de celles-là.

2. Quand on arrive à *Les Mots et les Choses*, on y trouve Kant déjà noyé dans l'*épistémé*. Mais, de toute façon, il y joue toujours un rôle stratégique.[11] Si l'on fait une lecture du huitième paragraphe, chapitre neuf, de ce livre très célèbre, paragraphe dont le titre est « Le sommeil anthropologique », on peut voir que Foucault y reprend maints éléments de la thèse.

Toujours de façon schématique, on peut voir que le titre même de ce paragraphe, maintenant sous le titre « sommeil », reprend la notion d'« illusion anthropologique » de la thèse. Dans celle-ci, on peut même trouver des phrases qui semblent avoir été reprises directement dans *Les Mots et les Choses*.

En voici quelques exemples : la question W*as ist der Mensch ?* « parcourt la pensée depuis le début du XIXe siècle : c'est qu'elle opère, en sous-main et par avance, la confusion de l'empirique et du transcendantal dont Kant avait pourtant montré le partage [...] L'Anthropologie constitue peut-être la disposition fondamentale qui a commandé et conduit la pensée philosophique depuis Kant jusqu'à nous »[12].

On peut voir assez facilement, je crois, ce que dans *Les Mots et les Choses*, Foucault reprend de l'ancienne thèse soit 1. la stratégie de la critique des anthropologies philosophiques, soit 2. l'insistance sur la différence kantienne par rapport à ceux qui viennent après lui.

Par rapport à Nietzsche, on peut trouver ceci dans la thèse :

« L'entreprise nietzschéenne pourrait être entendue comme point d'arrêt enfin donné à la prolifération de l'interrogation sur l'homme. La mort de Dieu n'est-elle pas en effet manifestée dans un geste doublement meurtrier qui, en mettant un terme à l'absolu, est en même temps assassin de l'homme lui-même. Car l'homme, dans sa finitude, n'est pas séparable de l'infini dont il est à la fois la négation et le héraut ; c'est dans la mort de l'homme que s'accomplit la mort de Dieu » (127/8).

Et dans *Les Mots et les Choses* :

« Nietzsche a retrouvé le point où l'homme et Dieu s'appartiennent l'un l'autre, où la mort du second est synonyme de la disparition du premier, et où la promesse du surhomme signifie d'abord et avant tout l'imminence de la mort de l'homme »[13].

On pourrait développer ces comparaisons. Mais, puisque l'on a peu de temps, je me suis contenté d'indiquer quelques passages de ces deux travaux.

De toute façon, je crois qu'on peut dire que la lecture foucaldienne de Kant dans la thèse et dans *Les Mots et les Choses* présente les différences suivantes :

---

11. J'ai été heureux d'avoir entendu M. Bernard Vandewalle. Cela a été la première fois que j'ai vu une référence à la thèse de Foucault à part celles faites par ses biographes. Je suis entièrement d'accord avec lui quant à l'importance de Kant dans l'articulation de la deuxième partie de *Les Mots et les Choses*, même si Kant n'y est cité qu'une seule fois.

12. FOUCAULT, M. *Les mots et les choses*. Paris, Gallimard,1966, pp. 352/3.

13. *Idem*, p. 353.

1. Dans la première la mise en valeur de la perspective critique se fait aussi au nom de sa reprise très particulière par Nietzsche ; 2. Dans *Les Mots et les Choses*, le point de vue archéologique empêche toute mise en valeur de la critique, vu que toute pensée est emprisonnée à l'intérieur d'une *épistémé.*

3. Cependant, dans le cours de 1983 sur *Was ist Aufklärung ?*, Foucault n'est plus enchaîné aux maillons de l'archéologie. Il peut alors reprendre le projet critique kantien. Il ne le fait évidemment pas moyennant la reprise de l'Anthropologie ni de l'analytique de la vérité, celle-ci étant également tributaire de Kant. Il le fait, effectivement, par une ontologie du présent, que l'on pourrait trouver dans des textes tels que *Was ist Aufklärung* et *Der Streit der Fakultäten.* C'est justement dans ces textes que Kant se pose la question sur l'actualité — dans la mesure où il s'interroge sur l'*Aufklärung* et sur la Révolution française.

Foucault présente les options philosophiques de notre époque dans les termes suivants : « il me semble que le choix philosophique auquel nous nous trouvons confrontés actuellement est celui-ci : on peut opter pour une philosophie critique qui se présentera comme une philosophie analytique de la vérité en général, ou bien on peut opter pour une pensée critique qui prendra la forme d'une ontologie de nous-mêmes, d'une ontologie de l'actualité ; c'est cette forme de philosophie qui, de Hegel à l'École de Frankfurt en passant par Nietzsche et Max Weber, a fondé une forme de réflexion dans laquelle j'ai essayé de travailler »[14].

On pourrait poser, à partir de là, de très nombreuses questions. On dit même que, peu de temps avant sa mort, Foucault aurait proposé à Habermas et Rorty la réalisation d'un colloque sur *Was ist Aufklärung ?* D'ailleurs le cours de Foucault sur ce thème a déjà lui-même suscité beaucoup de débats, y compris l'hypothèse d'un changement de la position de Foucault, changement qui aurait été induit par les critiques de Habermas et quelques penseurs américains à sa notion de pouvoir.

Il n'est malheureusement pas possible de développer aujourd'hui ce débat. Il faut que je me contente ici de le désigner.

Mais pour finir, et en tenant compte du thème de ce colloque, il serait peut-être intéressant de formuler la question suivante : dans le contexte de la philosophie kantienne — telle qu'elle a été interprétée par le jeune Foucault —, pour l'élaboration d'une ontologie du présent, l'*Anthropologie pragmatique* n'occuperait-elle pas une position centrale ? Dans la Logique, Kant distingue un concept scolastique — *Schulbegriff* — et un concept cosmique — *Weltbegriff* — de la philosophie ; or, cette distinction est corrélative d'une autre, analysée par Foucault, entre perfection scolastique et perfection populaire. Le contrepoint entre l'analytique de la vérité et l'ontologie du présent ne pourrait-il être vu comme une reprise de ces distinctions kantiennes ? Et une « ontologie de nous-

14. FOUCAULT. M. *Dits et écrits.* Paris, Gallimard, 1994, vol. IV, pp. 687/8.

mêmes » serait, dans une perspective kantienne, une question tournée vers la signification de l'*Aufklärung*, de la Révolution française, mais aussi, elle serait essentiellement liée à la question : *Was ist der Mensch ?*

L'ACTUALITÉ DE L'ANTHROPOLOGIE KANTIENNE[1]

I. *Monique CASTILLO*

Pour découvrir ou redécouvrir les intérêts actuels de l'anthropologie kantienne, un bref rappel de quelques définitions s'impose. Du fait qu'elle ne constitue ni une anthropologie scientifique en un sens positiviste, ni une anthropologie morale en un sens aprioriste, la première question qui se pose est celle de l'étendue de son domaine.

Lorsque l'anthropologie kantienne se définit comme une *Anthropologie du point de vue pragmatique*, elle se présente comme une connaissance de l'homme en tant que « citoyen du monde », à savoir un habitant de la terre qui est inscrit par sa sensibilité et sa raison dans des relations empiriquement nécessaires avec les êtres du monde. Une connaissance pragmatique signifie également une connaissance de ce que l'homme peut faire de lui-même[2] et de « ce que l'on peut faire de lui » (209). A quoi l'on peut ajouter aussi, en se référant à la définition qui est donnée de la disposition pragmatique de l'espèce humaine dans la Caractéristique (312), la connaissance de ce que l'homme peut faire de ses semblables. Il en ressort que l'anthropologie est pragmatique quand elle examine les facultés humaines du point de vue de leur utilisation empirique intersubjective, à la différence de la méthode métaphysique qui étudie les facultés dans leur pureté apriorique.

La Préface à l'*Anthropologie du point de vue pragmatique* précise encore que, si l'anthropologie — que Kant refuse d'identifier à une physiologie naturaliste — n'a pas de sources autonomes spécifiques, elle trouve des substituts dans l'histoire universelle. Cette observation attire l'attention sur un enjeu global assez large, tel qu'il est défini aussi bien dans l'*Idée d'une histoire universelle d'un point de vue cosmopolitique* que dans l'enquête consacrée à l'anthropologie par *La religion dans les limites de la simple raison* : quelle représentation devons-nous nous faire de notre espèce ? Plus précisément encore : comment découvrir une conception possible de la *nature* humaine en étudiant l'*espèce* humaine en tant que réalité terrestre vivante ? Du fait que

1. Introduction à la table ronde sur ce sujet.

2. *Anthropologie du point de vue pragmatique*, trad. A. Renaut, GF, p. 41. Par commodité, les autres références à cet ouvrage sont insérées dans le texte, avec la simple mention de la page.

l'homme ne se trouve étudié ni comme substance hyperphysique, ni comme réalité purement physique, la question de l'homme se trouve abordée du point de vue du jugement que les hommes portent sur leur propre nature. C'est là un aspect de l'anthropologie qui lui donne une facture clairement moderne : la nature humaine se dévoile à travers les jugements qui sont formés à partir de l'expérience humaine elle-même.

Il faut signaler encore l'extension la plus large qui peut être donnée à l'anthropologie, celle qui lui est attribuée par la quatrième question critique : « qu'est-ce que l'homme ? ». Cette question apparaît dans la *Logique* et dans les *Leçons de métaphysique* ; dans les deux cas, elle se situe à l'intérieur de la définition du concept de la philosophie en général : la métaphysique s'occupe du savoir, la morale du devoir et la religion de l'espérance. Mais, ajoute Kant, « on pourrait tout ramener à l'anthropologie, puisque les trois premières questions se rapportent à la dernière ». Cette perspective suggère que rien de ce qui touche à la philosophie n'est anthropologiquement indifférent. Aussi est-ce sur le terrain de sa dimension philosophique qu'il faut chercher un intérêt encore actuel de l'anthropologie kantienne.

I. – LE CONTEXTE PHILOSOPHIQUE MODERNE DE L'ANTHROPOLOGIE KANTIENNE

Kant combattait, chez ses contemporains, la tentation de recourir à l'anthropologie, connaissance empirique de l'homme, pour fonder les règles qui doivent gouverner la conduite. Tentation d'autant plus séduisante qu'elle est populaire. Aussi est-il conduit à affronter la question, toujours actuelle, d'une frontière entre l'anthropologie et la morale : la morale ne résulte-t-elle que d'un consensus empirique sur les biens les plus aisément identifiables de l'existence, ou bien a-t-elle des ressources purement normatives et rationnelles ?

1. Anthropologie et morale

La ligne de partage établie par Kant entre le domaine pragmatique et le domaine pratique a une vocation à la fois méthodologique et critique : le recours à l'anthropologie, quand il s'agit d'éthique, ne conduit qu'à un moralisme utilitaire à l'usage du peuple. C'est là une manière de le tromper sur la signification de la moralité, une manière de faire de la morale un instrument pragmatique destiné à influencer les comportements et à intervenir sur les intentions et les convictions. Une légalisation pragmatique des mœurs ne saurait se présenter comme une source rationnelle des devoirs.

De plus, le fait de mettre en cause le caractère empirique d'un individu, quand il s'agit de chercher la cause du mal qu'il commet, peut être doté d'une signification ouvertement amorale. C'est l'une des raisons d'introduire, avec la troisième antinomie, dans la première Critique, une distinction entre le caractère intelligible et le caractère empirique. On ne peut trouver la cause d'un acte mauvais ni dans le caractère empirique (tempérament, sexe, nationalité...), ni dans l'ascendance d'un individu. Le procédé est non seulement voué à l'échec (on n'exhibera aucun acte libre, mais uniquement des déterminismes), mais moralement illégitime ; il revient à condamner quelqu'un pour ce qu'il est, et non pour ce qu'il choisit.

En revanche, la troisième Critique signale, dans la *Remarque générale sur la téléologie*, que les ambitions de la psychologie rationnelle seraient mieux et plus adéquatement satisfaites par une anthropologie. En ce cas, l'approche anthropologique de l'âme se rapporte à la morale, et donc à la liberté. Il faut préciser qu'« anthropologie » s'oppose ici à « pneumatologie », mot qui évoque les préjugés d'un substantialisme dogmatique. Rapporté au contexte de la *Critique de la faculté de juger*, le terme peut être associé à son projet d'établir un passage entre la nature et la liberté. En ce cas, le dépassement de la nature, qui caractérise la moralité humaine, s'opère à l'intérieur même des facultés de l'esprit, de sorte que l'âme, comme l'y conduit le sublime aussi bien que la théologie morale, s'éprouve comme une force entièrement nourrie de son indépendance morale. Le qualificatif "anthropologique" contribue à désubstantialiser le concept d'âme et à le libérer de tout héritage dogmatique.

Quoique l'anthropologie ne fonde pas la morale, elle ne saurait toutefois lui être philosophiquement indifférente ; elle est connaissance de ce que l'homme peut et doit faire de lui-même. Aussi l'approche pragmatique du comportement doit-elle circonscrire la manière proprement humaine dont l'individu fait usage de ses dispositions, penchants et passions. Or la manière dont il use du naturel se révèle et se développe culturellement dans ses relations aux autres. A la différence de l'enquête métaphysique, aprioriste et pure, l'enquête anthropologique transpose la question du bien et de la vertu sur le plan de l'intersubjectivité ; de sorte que la réunion « du bien vivre et de la vertu *dans les relations avec autrui* est l'*humanité* » (251).

La question du goût est particulièrement révélatrice de la prise en compte de ce concept anthropologique d'humanité en tant que capacité de communication et de sociabilité. Dans la *Critique de la raison pratique*, déjà, la Méthodologie signale l'importance de la culture et de l'art pour le développement du sentiment d'appartenance à l'humanité. Elle en escompte un renforcement de la volonté du devoir. Dans la *Critique de la faculté de juger*, tout en refusant de faire dépendre le goût de conventions sociales, Kant définit l'humanité comme faculté de communication esthétique. L'*Anthropologie du point de vue pragmatique*, quant à elle, prend en considération la dimension sociale du sentiment de goût, parce qu'elle favorise une tendance à la promotion extérieure de la moralité. Aussi peut-on dire que l'anthropologie assume bien une fonction didactique originale ; elle n'est pas de conduire à la science des devoirs, mais de renforcer la conscience de la destination morale des facultés grâce à la sociabilité. Pour réutiliser ici la manière dont H. Arendt a su actualiser l'analyse kantienne du goût, on peut dire que, dans l'anthropologie, les facultés esquissent les cadres concrets d'un "monde commun", où les valeurs comme le bien et le beau sont objet de partage et de communication.

2. L'anthropologie, domaine de la diversité humaine

Les descriptions de l'*Anthropologie du point de vue pragmatique* prennent en compte les particularités réelles qui différencient les hommes, soit individuellement, par le tempérament, soit culturellement, par les caractéristiques propres aux comportements nationaux. Ce sont des phénomènes si singuliers qu'ils paraissent obéir à des « lois empiriques » particulières de la nature plutôt qu'aux lois universelles de l'entendement. L'individualité extrême de la singularité des visages, par exemple, constitue une énigme pour l'universalité catégoriale.

Le point de vue de l'observation empirique révèle ainsi une autre approche de la nature, inépuisablement productrice des formations les plus diverses. Il s'agit d'une diversité réelle et non formelle, irréductible à une quelconque homogénéisation spatio-temporelle, une disparité qui résiste à la conceptualité mathématicienne et physicienne. De là la problématique spécifique de l'anthropologie : comment parler de l'unité humaine tout en conservant le réalisme empirique indispensable à ce que l'on nomme, de nos jours, le respect de la différence ou de la diversité.

La question est d'autant plus délicate qu'il s'agit d'interroger la nature elle-même sur la raison d'être des différences raciales, sexuelles ou nationales. On sait que la prodigalité naturelle se révèle, au niveau de la disparité de ses produits, contingente pour l'entendement. Or respecter cette contingence constitue une option théorique essentielle de la démarche anthropologique, qui use d'un principe déjà mis en œuvre par la *Critique de la faculté de juger* [3] : la nature « a préféré, dans la même souche et jusque dans la même famille, multiplier à l'infini ces caractères dans le registre physique et spirituel » (308). Autrement dit, la nature se spécifie elle-même dans la diversité.

Cette « préférence » pour la multiplicité sert de guide au jugement humain, qui ne saurait substituer ses propres présupposés à cette règle de l'observation. Si l'on s'en tenait à une position universaliste non critique, il serait tentant de sélectionner empiriquement, par exemple, une race jugée primitive qui pourrait servir de modèle historique à un certain idéal de soi du genre humain. Mais parce que, dans le contexte critique, le savoir doit toujours être distingué d'une

3. Il s'agit de la maxime de l'art, qui suppose que la nature agit comme une artiste, tirant d'elle-même les ressources nécessaires à la genèse et à l'organisation des êtres vivants.

technique, le jugement doit se situer au niveau des principes pour s'en remettre à l'idée qu'une organisation originaire de l'espèce humaine est phénoménalement toujours inconnaissable[4], et qu'il n'est possible de connaître le genre que dans sa diversité phénoménale elle-même. Les races représentent ainsi les modes d'être historiquement multiples du genre humain ; comme la variété des peuples, des caractères nationaux et des tempéraments individuels elles forment la réalité empirique des existants humains.

La question des caractères reçoit un traitement semblable. La tentation de recourir à une sorte d'innéisme positiviste est une tentation dogmatique. A supposer qu'un peuple veuille retrouver la pureté de ses origines dans sa langue, en la dérivant de son caractère absolument primitif, il se trouvera forcé de reconnaître que les documents lui font défaut (297). Cette remarque rend impossible l'application d'un mode de penser catégorial, par subsomption du particulier sous l'universel, à la complexité humaine. Force est de se résoudre à admettre que l'anthropologie ne peut considérer que ce que l'homme peut, à partir de son mode d'être actuel, faire de lui-même et peut attendre des autres. Pour traduire librement ces considérations, on peut reconnaître que racisme et nationalisme ne peuvent s'auto-fonder ; ils ne peuvent affirmer une quelconque coïncidence entre l'origine et le fondement des caractères humains : la première est chose naturelle, inconnaissable ; le seconde est chose jugée, que l'anthropologie examine au point de vue de son usage pragmatique.

3. Anthropologie et histoire

C'est dans l'histoire humaine que peut se dévoiler l'unité d'un même destin pour tous les membres de l'espèce. L'anthropologie aborde la question des caractères généraux du genre humain, fondés sur les mêmes dispositions premières : technique, pragmatique et morale. Pour la *Critique de la raison pure*, l'intérêt pour l'histoire est à la fois théorique et pratique, car la raison pure contient, « dans l'usage moral, des principes de la *possibilité de l'expérience*, à savoir d'actions qui, conformément aux principes moraux, pourraient être trouvées dans l'*histoire* de l'homme »[5]. La deuxième Critique en a précisé les enjeux pratiques : travailler à la réalisation de la morale dans une nature dominée par le déterminisme est dépourvu de sens. Cette fracture entre la nature et la morale pourrait bien paraître caractéristique d'un certain nihilisme, généralement attribué à la coupure moderne entre les faits et les valeurs. Les *Leçons de métaphysique* évoquent d'ailleurs le risque d'une double absurdité, pragmatique

4. Cf. *Définition du concept de race humaine*, trad. S. Piobetta : « Quel a été l'aspect de la souche humaine primitive (quant à la couleur de sa peau) ? Il nous est impossible de la deviner actuellement d'après ce que nous venons de voir ; le caractère des Blancs lui-même n'est que le développement d'une des dispositions primitives ».

5. *Critique de la raison pure*, trad. Tremesaygues et Pacaud, PUF, p. 544.

(non-sens du bonheur) et pratique (non-sens de la loi), s'il n'est pas possible de résoudre l'interrogation sur la place de l'homme dans la nature. On comprend alors que la question de l'histoire est bien celle de l'homme, mais telle qu'elle doit être posée à la nature elle-même : la nature peut-elle avoir fin la manière humaine d'exister ? Dans le vocabulaire utilisée par l'*Anthropologie* : la fin de la nature coïncide-t-elle avec la destination de l'homme ?

L'intérêt anthropologique pour l'histoire affronte à sa manière les enjeux universalistes de la philosophie critique. La première Critique introduit, en effet, une définition cosmique de la philosophie, opposée à sa définition traditionnelle, scolastique ou érudite. La partie pratique de la philosophie critique, quant à elle, fonde l'unité humaine sur l'universalité de la loi morale. L'anthropologie, pour sa part, fait de tous les hommes des citoyens du monde : il s'agit alors d'une universalité "extensive" plutôt qu'impérative et normative. Dans la morale pure, la raison qui est en chaque individu connaît l'universalité impérative de la loi. Mais avec l'histoire se pose la question de savoir si tous les peuples, sur l'ensemble du globe, participent également à la même promesse de liberté politique et humaine. Est-il possible d'étendre à l'échelle du monde l'idée d'une identité humaine universellement spécifique ?

Le kantisme distingue entre deux approches de l'histoire : « l'histoire *naturelle* » du genre humain, d'une part, ou son histoire physique, qui est celle des races ; « l'histoire *morale* » du genre humain, d'autre part, — selon les formules données par le *Conflit des facultés* —, qui représente ce que l'homme fait de lui-même, la manière dont il doit inventer ses propres conditions d'existence. Dans l'*Anthropologie* également, l'histoire proprement humaine de l'homme est celle qui considère la totalité des individus, unis par une commune appartenance à la terre.

Comment définir anthropologiquement la disposition morale, que Kant ne relie pas au concept de la volonté d'un être raisonnable en général, mais dont il fait une propriété de l'espèce vivante et agissante ? Au niveau individuel, cette disposition désigne la capacité de faire de la loi morale la maxime de l'intention. Mais on observe que, dans la description anthropologique, la disposition morale se laisse plutôt reconnaître à la disproportion qui existe entre l'être empirique du genre humain et sa potentialité rationnelle. De sorte que la disposition morale définit le critère de l'accomplissement humain de l'homme, son humanisation parfaite. La tâche de l'anthropologie est donc de révéler la manière dont la destination morale de l'humanité est identifiable dans l'histoire empirique des hommes, la manière dont les hommes peuvent faire de cette potentialité (d'« *animal rationabile* ») une réalité (d'« *animal rationale* ») (309). Ses réponses sont à rapprocher de ce qui caractérise, pour la troisième Critique, le propre de l'existence humaine : parmi tous les vivants, l'homme est le seul qui doive donner une valeur à sa vie[6].

II. – DE QUELQUES RÉACTUALISATIONS DE L'ANTHROPOLOGIE KANTIENNE

Un certain nombre de débats contemporains sur l'éthique et la politique contribuent à donner une nouvelle actualité aux thèses kantiennes. On peut suggérer quelques orientations, regroupées par commodité, autour de deux thèmes : la crédibilité de l'idée de progrès, et les enjeux d'une pensée anthropologique cosmopolitique.

1. Progrès technique et histoire humaine

L'anthropologie kantienne ne développe pas une conception instrumentale de la civilisation et du progrès, et elle n'est pas dominée par l'obsession de la technicité. C'est qu'en effet, la civilisation peut signifier autre chose qu'un processus mécanique et cumulatif dans la mesure où ce qui est nommé « progrès » correspond moins à un besoin technique qu'à une demande éthique. Les moyens dont la nature se sert pour contraindre les hommes à forger les instruments, sociaux, politiques et culturels, de leur existence contribuent à détourner d'une vision simplement technique de la pratique. Plus l'histoire force à inventer et à renouveler les moyens de l'adaptation, plus elle provoque de possibles et plus elle développe en l'homme la faculté de se proposer des fins. Car la nature contrarie toujours les aspirations spontanées des individus et, en rendant illusoire le rêve d'une coïncidence parfaite de la vie et du bonheur, elle provoque toujours plus la perfectibilité humaine : il se développe en l'homme une finalité qui se détache toujours plus de la nature, une sorte de dénaturalisation progressive des manières d'exister. De sorte qu'il faut adopter, pour circonscrire la finalité humaine, une intelligibilité qui soit lui-même finale, et non instrumentale.

Le kantisme retrouve un intérêt particulièrement actuel là où les questions qui se posent sur l'homme tendent à se désolidariser de la question morale. C'est particulièrement le cas dans le domaine d'une éthique de la vie. Pour prendre un exemple dans le domaine de la bioéthique, le professeur Jean Bernard souligne la nécessité, caractéristique, à ses yeux, de l'époque contemporaine, d'adopter une conception strictement pragmatique de l'éthique, et de renoncer à une conception métaphysique de l'éthique. Cette fracture en suggère une autre : une opposition entre une conception pragmatique du progrès et une conception éthique du progrès.

---

6. *Critique de la faculté de juger*, § 83, note 1.

La première court le risque de déboucher sur une représentation potentiellement cynique de la continuité du progrès de sciences. Maintenir le progrès au stade de la disposition pragmatique, de ses performances utiles, le borne à être une accumulation de moyens. Il n'est que le développement de l'habileté qui ajoute des moyens à d'autres moyens. Il y à là une conception accumulative et possessive du progrès, dans laquelle les individus se servent mutuellement les uns les autres d'instruments. Le "mauvais infini" du progrès tient alors au fait que l'humanité se trouve finalement subordonnée à un simple processus, qu'Arendt désignait comme le cycle de la répétition des mêmes besoins, uniforme et liberticide.

En proposant l'idée que la disposition pragmatique ne définit pas le terme de tout développement possible, mais que la disposition morale donne à penser l'homme comme un être de fins, Kant donne quelques raisons de rallier le progrès à l'éthique. Le progrès technique creuse et accentue la disproportion qui existe entre les facultés, et il n'augmente donc pas simplement le pouvoir des moyens, mais également la capacité et le besoin de se donner des fins. Il crée le besoin de réponses éthiques, un besoin éthique de culture qui assume en termes de finalité les performances pragmatiques. En ce sens, « l'homme est destiné par sa raison à exister en société avec des hommes et à se *cultiver*, se *civiliser*, se *moraliser* » (314). Technique et éthique s'enchevêtrent sans que la dimension éthique puisse être totalement absorbée par la dimension technique. De sorte que le progrès technique intensifie aussi l'image d'un être dont la vocation est symbolique, et qui, en tant qu'être de langage et de communication, réclame une adaptation à son monde qui soit également de nature symbolique et finale, interhumaine.

« La race humaine ne peut œuvrer à atteindre sa destination qu'à la faveur de ses progrès, à travers une série de générations incalculablement nombreuses » (313). Le concept de « citoyen du monde » inclut aussi la totalité de ceux qui ne sont pas encore nés, et il ne se limite pas à l'intérêt ou aux aspirations des générations actuelles. De là une caractéristique déontologique de la mortalité biologiquement individuelle : l'inachèvement des individus signifie que l'humanisation des conditions de vie s'accomplit aussi dans et par l'avenir, qu'elle se fera par les autres, qui nous succèdent. C'est en ce sens que l'éducation du genre humain, doit être anthropologiquement considérée dans « la totalité de son espèce, c'est-à-dire *collectivement* » (318).

2. Anthropologie et cosmopolitisme

Il existe aussi une approche anthropologique de la guerre et de la paix. Elle force à accepter les observations du réalisme empirique : dans les chemins empruntés par l'histoire, c'est la guerre qui sert de moyen à la réalisation du droit. De là la question jugée la plus difficile par l'*Idée d'une histoire universelle d'un point de vue cosmopolitique* : pour atteindre la société civile la plus parfaite, celle qui soumet la politique au droit, il faut que la subordination du pouvoir au droit passe par le pouvoir politique lui-même. C'est par le moyen des Etats, des souverainetés nationales que doit être obtenue une situation cosmopolitique permettant d'espérer la paix mondiale.

Les enjeux d'un universalisme cosmopolitique ont été et sont encore l'objet d'âpres débats. La perspective kantienne provoque deux types d'objections : ne donne-t-elle pas l*a priori*té à l'horizon d'une civilisation mondiale au détriment des particularismes culturels nationaux ? Ne contient-elle pas une « vision morale du monde » qui justifierait, finalement, un bellicisme clandestin, le plus grand bien de l'espèce humaine étant appelé à se réaliser par le sacrifice des générations présentes aux générations futures ?

L'opposition entre la civilisation et la culture est périodiquement réactivée, pour signifier la protestation de la particularité (la culture) contre l'hégémonie d'une vision du monde homogénéisante, intellectualiste et abstraite (la civilisation). La question traverse le romantisme, elle suscite des controverses passionnées dans la littérature de l'entre-deux guerres, elle revient au cœur des interrogations contemporaines. Du vivant de Kant, c'est l'un des élèves, Herder, qui s'attachait à donner à l'idée de nation des ressources culturelles spécifiques, qui ne soient pas abstraitement juridiques, mais ancrées dans la sensibilité et la spiritualité d'un peuple. Jugeant dangereuse la référence à un progrès commun de tous les hommes, parce qu'elle évince la spécificité originale des groupes humains différenciés, il se méfiait de ce que l'idéal d'une Europe unie par la philosophie des Lumières pouvait contenir de destructeur pour les traditions nationales.

Le fondement des thèses en concurrence est resté très actuel. Si Herder estime que l'humanité est faite de différences, c'est parce qu'à ses yeux, aucune « essence » humaine, concept abstraitement philosophique, ne préexiste à la formation réelle des individus dans la culture du pays de leur naissance. L'homme s'humanise par et dans sa propre culture ; il en reçoit la formation la plus profonde, celle de la sensibilité et de l'imagination, qui sont sources d'inspiration personnelle et d'intégration dans la collectivité. L'opposition du nationalisme au cosmopolitisme n'est donc pas simplement politique, elle se révèle profondément culturelle. Au rationalisme universaliste, jugé eurocentrique, Herder oppose ainsi un historicisme différentialiste et relativiste qui met en échec la tentation de faire valoir un modèle de développement humain univoque pour en faire une norme universelle.

Pour l'anthropologie kantienne, en revanche, les caractères nationaux ne suffisent pas à définir et déterminer les caractères de l'espèce humaine en son ensemble, ne serait-ce que pour cette raison que le caractère de l'espèce est précisément de se créer un caractère, c'est-à-dire « de se perfectionner conformément aux fins qu'il a lui-même choisies » (309). Comprendre l'homme comme citoyen du monde suppose une autre conception de la tolérance que celle du relativisme : une tolérance qui consiste à savoir apprendre d'autrui et à vivre avec lui. Le propre d'un tempérament cosmopolitique est de se transporter aisément en tout lieu, et de pratiquer soi-même le principe d'hospitalité envers les étrangers. Aussi le nationalisme est-il un obstacle à la paix, puisque, dès lors qu'il rend irréductibles des différences fondées sur les habitudes de la sensibilité, des passions et des préjugés, il renonce à la faculté essentielle de l'espèce en tant que collectivité humaine terrestre : celle de communiquer ses pensées.

La vocation naturellement universelle de l'humanité réside donc dans sa perfectibilité, concept qui caractérise la manière dont elle s'arrache à la nature pour se donner une destination qui soit commune à tous ses membres. L'espèce humaine n'est pas déterminée par le poids des origines, car les besoins de l'adaptation ont contraint les peuples à se répandre sur toute la terre, à faire de la terre le lieu de séjour de tous les hommes. C'est pourquoi l'unité humaine ne peut résider que dans la communauté d'un même avenir, qui n'est représentable que comme idéal, un idéal qu'aucun individu ni aucun peuple n'accomplit seul. Une société de *citoyens du monde* est une « idée inaccessible en soi », elle ne réside que dans un idéal exclusivement fourni par la raison (320).

C'est aussi la raison pour laquelle il se révèle difficile de soupçonner l'existence d'un bellicisme caché dans un idéal cosmopolitique dont la fonction, ainsi que le précise Kant, n'est pas constitutive, mais régulatrice. Il semble que les griefs adressés à la thèse d'un progrès vers le mieux, au motif qu'il serait propre à justifier tous les moyens, y compris la guerre, d'atteindre le but, reposent sur une confusion gouvernée par une conception exclusivement technique du progrès des mœurs. Car l'argument qui accuse l'idée de progrès de servir l*a priori*té de l'histoire au détriment de la liberté, et de sacrifier les individus à l'espèce, les générations actuelles aux générations futures, identifie les progrès des mœurs à la promotion d'une unité de domination, par la subordination de la partie au tout. Mais rien n'est plus opposé à la valeur anthropologique que le kantisme attribue au cosmopolitisme, qu'il est erroné d'identifier à une monarchie mondiale, une domination totale qui abolirait la liberté, et où « la vertu, le goût de la science devraient disparaître »[7]. Un despotisme universel ruinerait la possibilité d'un traitement juridique des conflits interétatiques, il abolirait l'espérance que le droit des gens puisse passer de l'état de nature des Etats à une situation réglée par des lois communes.

La guerre est un phénomène anthropologique, nullement assimilable à un phénomène éthique. « Elle ne produit rien », elle ne fait que disperser et déraciner, détruire des liens et des unités et révéler, paradoxalement, que l'espèce humaine s'y trouve, plus que les souverainetés, concernée dans son ensemble. La guerre est aussi une éducatrice du genre humain — ce qui n'est,

7. *La religion dans les limites de la simple raison*, trad. J. Gibelin, Vrin, p. 55, note.

certes, guère intelligible d'un point de vue individuel, mais seulement du point de vue de la masse totale de l'ensemble —, non seulement parce qu'elle se révèle être le pire fléau de sa condition historique, mais parce qu'elle enseigne à regarder l'espèce du point des relations qui la constituent. Forcés de vivre ensemble sur la même planète, les peuples sont engagés dans un système de relations d'action et de réactions réciproques qui dévoilent leur essentielle interdépendance. C'est cette interdépendance réelle qui rend crédible la perspective d'une « paix subsistant au milieu des actions et réactions les plus vives » (322).

La remarque terminale de l'*Anthropologie du point de vue pragmatique* précise que la paix ne sera pas obtenue à partir d'un libre accord des individus, autrement dit, que la réalisation de la paix ne résultera pas d'un volontarisme moral, mais d'une organisation juridique. C'est qu'en effet, le cosmopolitisme, étant regardé d'un point de vue anthropologique, concerne l'espèce tout entière en fonction des *liens* qui la constituent. Ce critère n'a pas seulement une signification méthodologique, il est pourvu d'un intérêt critique. L'accès au but ne dépend d'aucun moralisme politique qui pourrait prétendre réaliser despotiquement l'unité humaine. Mais la sagesse politique — que Kant distingue de la prudence machiavélienne, assimilée à un moralisme amoral — peut se régler sur une anthropologie cosmopolitique dans la mesure où sa principale vertu sera d'entreprendre les réformes que l'histoire rend progressivement nécessaires en vue d'une « organisation progressive des citoyens de cette terre ». La même remarque peut s'appliquer au scepticisme empirique que paraît manifester la formule selon laquelle « le problème de l'éducation morale pour notre espèce reste sans solution » (317). Elle impose de renoncer à l'espérance prométhéenne de réaliser techniquement, par force, la moralisation du genre humain. Le but final du progrès ne peut être imposé par la violence et, à la politique, ne revient que la responsabilité des moyens. De sorte que la perspective anthropologique se trouve ainsi pourvue d'une dimension déontologique.

****

II. *Bernard VANDEWALLE*

De l'actualité de l'anthropologie kantienne témoigne sans aucun doute l'intérêt prêté par Michel Foucault à l'*Anthropologie du point de vue pragmatique* dans le cadre de ses recherches sur la naissance des sciences de l'homme. *Les mots et les choses* sont rythmés par une lecture implicite de Hegel (l'impensé), de Husserl (l'origine) mais aussi de Kant (le redoublement de l'empirique et du transcendantal). Car l'anthropologie kantienne inaugure, pour Michel Foucault, le dispositif conceptuel dans lequel nous vivons encore : « L'Anthropologie constitue peut-être la disposition fondamentale qui a commandé et conduit la pensée philosophique depuis Kant jusqu'à nous »[1]. La question de la *Logique* « qu'est-ce que l'homme ? »[2] institue le dispositif anthropologique même dans lequel nous vivons encore. Ce dispositif philosophique rend possible les savoirs positifs de la finitude humaine, celle d'un homme vivant (Cuvier), parlant (Bopp) et travaillant (Ricardo). Kant met fin ainsi à la transparence représentative qui caractérise l'âge classique en mettant en l'évidence l'obscur de la question anthropologique comme ce qui soutient la représentation. Ce qui apparaît, c'est alors la possibilité d'une dialectique historique, d'une esthétique corporelle et d'une analytique du vécu[3].

La lecture de M. Foucault montre qu'une image de l'homme commande toute l'expérience critique, en quoi il y a bien une vérité critique de l'homme. L'anthropologie kantienne étudie la naissance et le devenir des formes concrètes de l'existence humaine, celles d'un sujet pensant et sentant ouvert au monde. Le sujet anthropologique évolue dans un monde commun qui n'est ni pure nature, ni pure liberté, mais le lieu même des synthèses concrètes du rapport au monde pour un être vivant et parlant.

Kant nous fait entrer ainsi dans le grand sommeil dogmatique de l'anthropologie qui constitue encore l'ontologie propre de notre modernité. Foucault en déduit la nécessité de sortir de cette configuration anthropologique par l'invention de formes d'existences inédites, « surhumaines ».

---

1. M. FOUCAULT, *Les mots et les choses, Une archéologie des sciences humaines*, nrf Gallimard, 1984, p. 353.
2. KANT, *Logik*, in *Gesammelte Schriften, herausgegeben von der Königlich Preussischen Akademie der Wissenschaften*, Berlin, 1902 sq., reéd. Walter de Gruyter, Berlin, 1968, sq. (cité AK), t 9, p. 25, trad. de L. Guillermit, Vrin, Paris, 1982, p. 25.
3. M. FOUCAULT, op. cité, p. 330.

Le dispositif anthropologique kantien constitue à la fois un moment décisif de la généalogie des savoirs de l'homme, mais aussi l'indice d'une limite proprement critique assignée dès le départ à ce type d'investigation. Un savoir de l'homme doit en effet se donner pour but, si l'on en croit la préface de notre texte, de comprendre l'entrée pragmatique dans le jeu du monde (*Welt haben in ihrer Bedeutung*[4]) qui caractérise l'homme et pas seulement la contemplation du jeu du monde. C'est la question même d'une anthropologie philosophique de la liberté qui est ici posée. Comment rendre compte en un savoir positif de cette entrée dans le jeu du monde qui fait l'homme sans en faire l'effet d'un jeu naturel ou historique ? Kant assigne une limite cosmique à tout savoir de l'homme, définissant par là même la difficulté que nos modernes anthropologies, existentielles ou structurales, affrontent.

L'anthropologie kantienne témoigne également d'un souci des formes concrètes de l'existence humaine qui n'est pas sans trouver un écho dans les phénoménologies contemporaines. La connaissance anthropologique du monde est faite pour la vie qui étudie la sphère de la vie concrète de l'homme comme un espace intermédiaire entre une théorie de la nature et une pratique de la liberté. Le pragmatique, objet propre de l'anthropologie, sollicite en l'homme la composition de sensibilité et de raison et pas seulement l'être raisonnable[5]. S'y exprime un intérêt cosmique pour l'usage du monde qui fait l'homme, dans sa capacité à entrer dans les modes passifs de la sensibilité en usant des jeux de la sensibilité pour faciliter le travail du concept ou la libre activité[6].

Ce texte déroutant révèle un Kant moins connu, pratiquant l'esprit de finesse plus que de géométrie, en une bonne harmonie réfléchissante des facultés que requiert toute écriture anthropologique. D'autres signes pourraient être convoqués qui témoignent de la présence de ce texte dans notre modernité philosophique. Ainsi de l'intérêt contemporain pour la sémantique de la folie et l'anthropologie kantienne des affects et du désir dans sa relation à la métaphysique[7]. La raison profonde en est sans doute que la possibilité même d'un savoir de l'homme est ici questionnée radicalement.

4. KANT, *Anthropologie du point de vue pragmatique*, AK 7, p. 120, trad. M. Foucault, Vrin, 1984, pp. 11-12.

5. Sur ce point, il faut consulter STARKE, *Immanuels Kant's Menschenkunde oder philosophische Anthropologie, nach handschriftlichen Vorlesungen*, Die Expedition des europaischen Aufsehers, Leipzig, 1831, p. 1,2,4, et *Immanuel Kant's Anweisung zur Menschen und Weltkenntnis, nach dessen Vorlesungen im Winterhaljahre von 1790-1791*, Die expedition des europaischen Aufsehers, Leipzig, 1831, p. 2.

6. Par exemple, KANT, op. cité, p. 111.

7. M. DAVID-MENARD, *La folie dans la raison pure*, Vrin, 1990.

APPENDICE

I. Texte allemand de la *Préface* à *l'Anthropologie*
II. Traduction française de Michel Foucault, Paris, Vrin, 1964
III. Notes du Professeur Reinhard Brandt

I

ANTHROPOLOGIE IN PRAGMATISCHER HINSICHT

VORREDE

VII, 119 Alle Fortschritte in der Kultur, wodurch der Mensch seine Schule macht, haben das Ziel, diese erworbenen Kenntnisse und Geschicklichkeiten zum Gebrauch für die Welt anzuwenden ; aber der wichtigste Gegenstand* in derselben, auf den er jene verwenden kann, ist der *Mensch* : weil er sein eigener letzter Zweck* ist. - Ihn also, seiner Spezies nach, als mit Vernunft begabtes Erdwesen zu erkennen, verdient besonders, *Weltkenntnis* genannt zu werden ; ob er gleich nur einen Teil der Erdgeschöpfe ausmacht.

Eine Lehre* von der Kenntnis des Menschen, systematisch abgefaßt (Anthropologie), kann es entweder *in physiologischer* oder *in pragmatischer* Hinsicht sein. - Die physiologische Menschenkenntnis* geht auf die Erforschung dessen, was die *Natur* aus dem Menschen macht, die pragmatische auf das, was er, als freihandelndes Wesen, aus sich selber macht, oder machen kann und soll. - Wer den Naturursachen nachgrübelt*, worauf z.B. das Erinnerungsvermögen beruhen möge, kann uber die im Gehirn zurückbleibenden Spuren von Eindrücken, welche die erlittenen Empfindungen hinterlassen, hin und her (nach dem Cartesius) vernünfteln ; muß aber dabei gestehen : daß er in diesem Spiel seiner Vorstellungen* bloßer Zuschauer sei, und die Natur machen lassen muß, indem er die Gehirnnerven und Fasern nicht kennt, noch sich auf die Handhabung derselben zu seiner Absicht versteht : mithin alles theoretische Vernünfteln hierüber reiner Verlust ist. -- Wenn er aber die Wahrnehmungen über das, was dem Gedächtnis hinderlich oder beförderlich befunden worden, dazu benutzt, um es zu erweitern oder gewandt zu machen, und hiezu die Kenntnis des Menschen braucht, so würde dieses einen Teil der Anthropologie in *pragmatischer* Absicht ausmachen und das ist eben die, mit welcher wir uns hier beschäftigen.

VII, 120 Eine solche Anthropologie, als *Weltkenntnis*, welche auf die *Schule* folgen muß, betrachtet, wird eigentlich alsdann noch nicht *pragmatisch* genannt, wenn sie ein ausgebreitetes Erkenntnis der *Sachen* in der Welt, z.B. der Tiere, Pflanzen und Mineralien in verschiedenen Ländern und Klimaten, sondern wenn sie Erkenntnis des Menschen als *Weltbürgers* enthält. - Daher wird selbst die Kenntnis der Menschenrassen, als zum Spiel der Natur gehörender Produkte, noch nicht zur pragmatischen, sondern nur zur theoretischen Weltkenntnis gezählt.

Noch sind die Ausdrücke : die Welt *kennen* und Welt *haben* in ihrer Bedeutung ziemlich weit auseinander ; indem der eine nur das Spiel *versteht*, dem er zugesehen hat, der andere aber *mitgespielt* hat. - Die sogenannte *große* Welt* aber, den Stand der Vornehmen, zu beurteilen, befindet sich der Anthropologe in einem sehr ungünstigen Standpunkte ; weil diese sich unter einander zu nahe, von anderen aber zu weit befinden.

Zu den Mitteln der Erweiterung der Anthropologie im Umfange gehört das *Reisen* ; sei es auch nur das Lesen der Reisebeschreibungen. Man muß aber doch vorher zu Hause, durch Umgang mit seinen Stadt- oder Landesgenossen[1], sich Menschenkenntnis erworben haben, wenn man wissen will, wornach man auswärts suchen solle, um sie in größerem Umfange zu erweitern. Ohne einen solchen Plan (der schon Menschenkenntnis voraussetzt) bleibt der Weltbürger in Ansehung seiner Anthropologie immer sehr eingeschränkt. Die *Generalkenntnis** geht hierin immer vor der *Lokalkenntnis* voraus ; wenn jene durch Philosophie geordnet und geleitet werden soll : ohne welche alles erworbene Erkenntnis nichts als fragmentarisches Herumtappen* und keine Wissenschaft abgeben kann.

* *

Allen Versuchen aber, zu einer solchen Wissenschaft* mit Gründlichkeit zu gelangen, stehen erhebliche, der menschlichen Natur selber anhängende, Schwierigkeiten* entgegen.

---

[1] Eine große Stadt*, der Mittelpunkt eines Reichs, in welchem sich die Landescollegia der Regierung desselben befinden, die eine Universität (zur Kultur der Wissenschaften) und dabei noch die Lage zum Seehandel hat, welche durch Flüsse aus dem Inneren des Landes sowohl, als auch mit angrenzenden entlegenen Ländern von verschiedenen Sprachen und Sitten, einen Verkehr begünstigt, - eine solche Stadt,

VII, 121 1. Der Mensch, der es bemerkt, daß man ihn beobachtet und zu erforschen sucht, wird entweder verlegen (geniert) erscheinen, und da *kann* er sich nicht zeigen, wie er ist ; oder er *verstellt* sich, und da *will* er nicht gekannt sein, wie er ist.

2. Will er auch nur sich selbst erforschen, so kommt er, vornehmlich was seinen Zustand im Affekt betrifft, der alsdann gewöhnlich keine *Verstellung* zuläßt, in eine kritische Lage : nämlich daß, wenn die Triebfedern in Aktion sind, er sich nicht beobachtet ; und wenn er sich beobachtet, die Triebfedern ruhen.

3. Ort und Zeitumstände bewirken, wenn sie anhaltend sind, *Angewöhnungen*, die, wie man sagt, eine andere Natur sind und dem Menschen das Urteil über sich selbst erschweren ; wo||für er sich halten, vielmehr aber noch, was er aus dem anderen, mit dem er im Verkehr ist, sich für einen Begriff machen soll ; denn die Veränderung der Lage, worein der Mensch durch sein Schicksal gesetzt ist, oder in die er sich auch, als Abenteurer, selbst setzt, erschweren es der Anthropologie sehr, sie zum Rang einer förmlichen Wissenschaft zu erheben.

Endlich sind zwar eben nicht Quellen, aber doch Hülfsmittel zur Anthropologie : Weltgeschichte, Biographien, ja Schauspiele und Romane*. Denn obzwar bei den letzteren eigentlich nicht Erfahrung und Wahrheit, sondern nur Erdichtung untergelegt wird, und Übertreibung der Charaktere und Situationen, worein Menschen gesetzt werden, gleich als im Traumbilde aufzustellen hier erlaubt ist, jene also nichts für die Menschenkenntnis zu lehren scheinen, so haben doch jene Charaktere, so wie sie etwa ein Richardson oder Molière entwarf, ihren *Grundzügen* nach aus der Beobachtung des wirklichen Tun und Lassens der Menschen genommen werden müssen ; weil sie zwar im Grade übertrieben, der Qualität nach aber doch mit der menschlichen Natur übereinstimmend sein müssen.

Eine systematisch entworfene und doch populär (durch Beziehung auf Beispiele, die sich dazu von jedem Leser auffinden lassen) in pragmatischer Hinsicht abgefaßte Anthropologie führt den Vorteil für das lesende Publikum bei sich : daß durch die Vollständigkeit der Titel, unter welche diese oder jene menschliche, ins Praktische einschlagende, beobachtete Eigen-

---

wie etwa Königsberg am Pregelflusse, kann schon für einen schicklichen Platz zu Erweiterung sowohl der Menschenkenntnis als auch der Weltkenntnis genommen werden ; wo diese, auch ohne zu reisen, erworben werden kann.

schaft gebracht werden kann, so viel Veranlassungen und Auffoderungen demselben hiemit gegeben werden, jede besondere zu einem eigenen Thema zu machen, um sie in das ihr zugehörende Fach zu stellen ; wodurch die Arbeiten in derselben sich von selbst unter die Liebhaber dieses Studiums verteilen und durch die Einheit des Plans nach gerade zu einem Ganzen vereinigt werden ; wodurch dann der Wachstum der gemeinnützigen Wissenschaft befördert und beschleunigt wird[2].

---

[2] In meinem anfänglich frei übernommenen, späterhin mir als Lehramt aufgetragenen Geschäfte der reinen Philosophie habe ich einige dreiß || Jahre hindurch zwei auf Weltkenntnis abzweckende Vorlesungen : nämlich (im Winter-) Anthropologie und im (Sommerhalbenjahre) physische Geographie gehalten ; welchen, als populären Vorträgen beizuwohnen auch andere Stände geraten fanden ; von deren ersterer dies das gegenwärtige Handbuch ist ; von der zweiten aber ein solches, aus meiner zum Text gebrauchten, wohl keinem anderen als mir leserlichen, Handschrift, zu liefern mir jetzt für mein Alter kaum noch möglich sein dürfte.

II

ANTHROPOLOGIE DU POINT DE VUE PRAGMATIQUE[1]

Tous les progrès dans la culture, par lesquels l'homme fait son éducation, ont pour but d'appliquer connaissances et aptitudes ainsi acquises à l'usage du monde ; mais en ce monde, l'objet le plus important* auquel il puisse en faire l'application, c'est l'homme : car il est à lui-même sa fin dernière*. Le connaître, conformément à son espèce, comme être terrestre doué de raison, voilà donc qui mérite tout particulièrement d'être appelé connaissance du monde, bien que l'homme ne constitue qu'une partie des créatures terrestres.

Une doctrine de la connaissance de l'homme, systématiquement traitée (Anthropologie), peut l'être du point de vue physiologique, ou du point de vue pragmatique. La connaissance physiologique de l'homme* tend à l'exploration de ce que la nature fait de l'homme ; la connaissance pragmatique de ce que l'homme, en tant qu'être de libre activité, fait ou peut et doit faire de lui-même. Quand on scrute les *causes naturelles**, par exemple le soubassement de la *mémoire*, on peut spéculer à l'aveugle (comme l'a fait Descartes) sur ce qui persiste dans le cerveau des traces qu'y laissent les sensations éprouvées ; mais il faut avouer qu'à ce jeu* on est seulement le spectateur de ses représentations ; on doit laisser faire la nature puisqu'on ne connaît pas les nerfs et les fibres du cerveau, et qu'on n'est pas capable de les utiliser pour le but qu'on se propose : toute spéculation théorique sur ce sujet sera donc en pure perte. Mais observons les obstacles ou les stimulants de la mémoire, si on utilise ces découvertes pour l'amplifier ou l'assouplir, et qu'on ait besoin pour cela de connaître l'homme, elles constituent une partie de l'anthropologie du point de vue pragmatique ; et c'est de cela justement que nous nous occupons ici.

Une telle Anthropologie, comme connaissance du monde, devant faire suite à l'école, doit recevoir précisément l'appellation de pragmatique, non pas lorsqu'elle comporte une connaissance étendue des choses qu'on trouve dans le monde – par exemple, animaux, plantes et minéraux, dans les différents pays et climats, – mais lorsqu'elle comporte une connaissance de l'homme comme citoyen du monde. Par conséquent, la connaissance des races humaines, comme résultat du jeu de la nature, ne comptera pas pour la connaissance pragmatique du monde mais seulement pour sa connaissance théorique.

1 Traduction française de Michel Foucault, Paris, Vrin, 1964.

Encore ces deux expressions : connaître le monde et avoir l'usage du monde sont-elles, dans leur signification, passablement éloignées l'une de l'autre : puisque, dans un cas, on ne fait que comprendre le monde dont on a été le spectateur, tandis que dans l'autre on est entré dans le jeu. Mais pour juger ce qu'on appelle le grand monde*, la condition des gens de qualité, le point de vue de l'anthropologue est défavorable, car ces gens, s'ils sont proches les uns des autres, sont trop éloignés du reste des hommes.

Parmi les moyens d'élargir le champ de l'Anthropologie, il y a les voyages, ou du moins la lecture des récits de voyage. Pourtant, il faut au préalable, et chez soi, en fréquentant ses concitoyens et ses compatriotes[2], avoir acquis une connaissance de l'homme, si l'on veut savoir à quel pays étranger on doit s'adresser pour agrandir le champ de ses connaissances. En l'absence d'un tel plan (qui présuppose déjà la connaissance de l'homme), le citoyen du monde demeure, sous le rapport de son anthropologie, enfermé toujours dans de très étroites limites. La connaissance générale* doit précéder toujours la connaissance locale, s'il faut que la philosophie l'ordonne et la dirige : sans elle, toute connaissance acquise ne peut former qu'un tâtonnement fragmentaire*, et non pas une science.

* * *

A tout effort pour parvenir jusqu'aux fondements de cette science*, s'opposent d'importantes difficultés* qui tiennent à la nature humaine elle-même.

1. L'homme, s'il remarque qu'on l'observe et qu'on cherche à l'examiner, se montrera embarrassé (gêné), et il ne peut pas se montrer tel qu'il est ; ou bien il se dissimule et ne veut pas être connu tel qu'il est :

2. Veut-il s'examiner lui-même ? Sa situation devient critique, surtout pour ses émotions, qui, d'ordinaire, ne permettent pas la dissimulation : si les mobiles sont en jeu, il ne s'observe pas ; s'il s'observe, les mobiles sont hors d'action.

3. Les circonstances de temps et de lieu, si elles ont durables, produisent des habitudes dont on dit qu'elles sont une seconde nature ; elles rendent difficiles un jugement sur soi-même, sur l'opinion qu'on doit avoir de soi, mais plus encore sur l'idée qu'on doit se faire d'un homme avec qui on est en rapport ; car le changement de situation que son destin impose à l'homme, ou que l'homme,

2. Une grande ville*, au centre d'un état, qui réunit les assembées du gouvernement, une Université (pour la culture des sciences), et une situation favorable au trafic maritime, permettant un commerce par voie fluviale entre l'intérieur du pays et des contrées limitrophes ou éloignées, avec des mœurs et des langues différentes, – telle est, à l'exemple de Königsberg sur le Pregel, la ville qu'on peut considérer comme adaptée au développement de la connaissance des hommes et du monde, et où, sans voyage, cette connaissance peut être acquise.

dans ses aventures, s'impose à lui-même, rend fort difficile à l'Anthropologie de s'élever au rang de science formelle.

Il n'y a pas à la vérité de sources pour l'Anthropologie, mais seulement des moyens de secours : l'Histoire, les biographies, même le théâtre et les romans*. Sans doute, ces deux derniers documents ne sont-ils pas fondés sur l'expérience et la vérité, mais sur la fiction ; sans doute y est-il permis d'exagérer, comme dans les images du rêve, les caractères et les situations où l'homme se trouve placé, si bien qu'ils semblent ne rien apporter à la connaissance de l'homme ; cependant ces caractères, tels que Richardson ou Molière les ont esquissés, ont dû être empruntés, dans leurs traits fondamentaux, à l'observation de l'homme, de ce qu'en réalité il fait ou tolère : c'est que malgré une exagération quantitative, ils doivent, pour la qualité, correspondre à la nature humaine.

Une anthropologie systématiquement projetée, et cependant traitée, du point de vue pragmatique, sur le mode populaire (par référence à des exemples que chaque lecteur peut découvrir), a pour le public un avantage : grâce au caractère complet des titres sous lesquels on peut ranger l'observation de telle ou telle propriété humaine ressortissant à la pratique, on offre au lecteur la possibilité et l'occasion de faire de chacune un thème de remarques renouvelées, qui puissent se placer dans la section qui convient ; ainsi les travaux dans ce domaine se partageront d'eux-mêmes entre les amateurs de cette étude, et seront peu à peu réunis en un tout par l'unité du plan ; ainsi le développement de cette science d'intérêt général sera favorisé et accéléré[3].

---

3. Quand d'abord librement, puis par obligation professorale, je me suis occupé de philosophie pure, j'ai fait, pendant quelque trente ans, deux cours, qui se donnaient pour but la connaissance du monde : l'Anthropologie (pendant le semestre d'hiver) et (pendant celui d'été) la Géographie physique ; en tant qu'elles étaient des conférences populaires, des gens d'autres milieux ont jugé utile d'y assister. Voici maintenant le manuel des premières ; mais pour les secondes, donner un manuel à partir du manuscrit que j'ai utilisé comme texte, serait aujourd'hui, à mon âge, une tâche à peu près impossible.

III

COMMENTAIRE DE LA PRÉFACE DE L'*ANTHROPOLOGIE DU POINT DE VUE PRAGMATIQUE*

Reinhard BRANDT[1]

TITRE

« Anthropologie »

AK 07, 117

En ce qui concerne l'histoire du concept, voir Mareta Linden, *Untersuchungen zum Anthropologiebegriff des 18 Jahrhunderts* (1976). De même, en ce qui concerne les matériaux relatifs à l'usage latin et allemand du concept, on se référera à Odo Marquard *Zur Geschichte des Begriffs « Anthropologie » seit dem Ende des achtzehnten Jahrhunderts* (1965). L'anthropologie kantienne prend sa source dans le domaine de la psychologie empirique, qui fut traitée par Christian Wolff et Alexander Baumgarten au sein de la métaphysique. Au semestre d'hiver 1772-1773, la psychologie empirique

[1]. Le texte de la communication de Reinhard Brandt ayant paru dans la *Revue des Etudes germaniques,* qui ne nous a pas autorisés à le reproduire ici, nous devons à l'amabilité de l'auteur et des éditions Felix Meiner, auxquelles elles sont destinées pour accompagner le texte de l'*Anthropologie*, de pouvoir présenter au public français la traduction de quelques-unes des notes qui accompagnent la *Préface* de l'ouvrage. Les références données sont celles de l'édition de l'Académie de Berlin, volume VII, pages 117 et suivantes. A l'intérieur des notes, lorsque le numéro du volume n'est pas précisé, c'est qu'il s'agit du volume VII. Pour les autres volumes, les références sont données selon les conventions du Kant-Index : AK suivi de trois nombres en chiffres arabes indiquant successivement le tome, la page et la ligne de la citation proposée.

Dans la marge figure le numéro de la page, et au début de chaque note, la ligne dans l'Edition de l'Académie.

Dans le texte allemand et la traduction française, un astérisque indique que le mot ou la phrase fait l'objet d'une note du Professeur Brandt.

L'intérêt de ces notes n'échappera à personne. Elles présentent un ensemble de définitions, de remarques, de références à l'ensemble de l'opus kantien, indispensables pour une juste interprétation de l'*Anthropologie*, éclairée en outre par les *Leçons sur l'Anthropologie* dont le professeur Brandt est le spécialiste mondialement reconnu.

La traduction de ces notes est due à Sophie Grappotte. Elle a été revue par Patricia Rehm et Jean Ferrari.

doit d'abord seulement être libérée de son lien avec la métaphysique et présentée dans une leçon séparée sous le titre de psychologie empirique, théorie ou connaissance de la nature de l'homme ou Anthropologie. Voir également les déterminations dans la *Critique de la raison pure* A 550 ; 841-842 ; 848. Ce n'est qu'après la première leçon que Kant est parvenu au concept d'une anthropologie, ou d'une psychologie, non plus théorique empirique, mais d'une anthropologie pragmatique, concept explicitement opposé au concept initial : « L'homme ne sera pas étudié d'un point de vue spéculatif, mais pragmatique selon qu'il utilise sa connaissance d'après les règles de la prudence et c'est cela l'anthropologie [...] nous devons étudier l'humanité, non pas psychologiquement ou spéculativement, mais pragmatiquement. » (*Anthropologie-Ms 400*, 7 et 11). En 1798, comme c'était déjà le cas dans les notes conservées des leçons de 1775-1776, la psychologie empirique est conçue en *opposition* à l'anthropologie — pragmatique — comme simple connaissance théorétique des phénomènes du sens interne, ainsi 134, 21 (en opposition à la logique) ; 141, 4 (même opposition) ; 142, 22 (idem). Voir également ci-dessous le commentaire de « pragmatique ».

La situation du concept est quelque peu confuse, car Baumgarten considère la psychologie empirique comme une partie de l'anthropologie empirique, donc de la théorie empirique de l'homme comme d'un être composé d'un corps et d'une âme, de même que le premier usage connu du mot fait par Otto Casmann dans *Psychologia anthropologica* (1594) signifiait déjà : « Anthropologia est doctrina humanae naturae. Humana natura est geminae naturae mundanae, spiritualis et corporeae, in unum hyphistamenon unitae, particeps essentia » ; de même Baumgarten, dans la discussion de la « Psychologia rationalis » de la *Metaphysica* (1779) § 747 : « Anima humana non admittit quidem triplicem dimensionem extensorum, § 290, 745. Possibilis tamem eius cognitio philosophica et mathematica, sicut humani corporis, § 743, 249. Homo constat anima et corpore finitis, § 741, 743. hinc interne mutabilis, § 740. est ens finitum et contingens, § 202, 257. Ergo possibilis est hominis cognitio philosophica et mathematica, § 249, i.e. ANTHROPOLOGIA philosophica et mathematica, s. ANTHROPOMETRIA, sicut empirica per experientiam. » (297). L'anthropologie empirique est donc la théorie de l'expérience de l'homme en tant qu'être composé d'un corps et d'une âme. Comme chez Casmann, manque ici la conception explicite d'une anthropologie *pragmatique*.

Dans ses écrits publiés, Kant parle d'« anthropologie », sous de multiples formes, mais si l'on fait exception de cet écrit, l'anthropologie pragmatique n'est jamais mentionnée et n'est abordée que dans l'annonce de la leçon de 1775-1776 (*Des différentes races humaines*, section 4 : AK 02 443, 12-27). On peut déjà en conclure que l'anthropologie pragmatique n'a pas de lieu dans la systématique de la philosophie critique ou transcendantale et ne se laisse pas non plus établir *post festum* en un rapport systématique avec elle.

Dans les matériaux conservés, il n'est question d'*Anthropologia transcendentalis* que dans une note, à savoir dans la Réflexion 903, datée 1776-1778 : « Aussi ne suffit-il pas de connaître beaucoup d'autres sciences, mais la connaissance que l'entendement et la raison ont d'eux-mêmes. *Anthropologia transcendentalis.*» (15 395, 29-32). Monika Firla entreprend dans sa dissertation, du reste minutieuse, *Untersuchungen zum Verhältnis von Anthropologie und Moralphilosophie bei Kant* (1981), la tentative — vouée à l'échec — d'identifier cette « anthropologie transcendantale » avec l'anthropologie existante et de lui procurer par là une place systématique dans la philosophie transcendantale.

Frederick P. van den Pitte essaie, au sujet de cette réflexion, d'interpréter la philosophie critique de Kant en général comme une anthropologie philosophique (« Kant as Philosophical Anthropologist », dans *Proceedings of the 3rd International Kant-Congress*, édition de L. W. Beck, 1972, 574-581. — *Kant as Philosophical Anthropologist.* The Hague 1971). L'herméneute peut se permettre cette interprétation, mais il ne peut pas se référer à l'anthropologie de Kant.

L'ensemble de la littérature moderne, sous le titre d'anthropologie, se fonde essentiellement sur les recherches psychologiques et physiologistes de l'antiquité et est reliée aux multiples publications parallèles sous le titre « De homine », « On human Nature », « Of man » ou analogue. Dans la littérature de langue anglaise, on évite le concept d'anthropologie ; l'œuvre anonyme *Anthropologie Abstracted. Or the Idea of Human Nature Reflected in briefe Philosophical and Anatomical Collections*. London 1655, est l'exception, elle suit étroitement dans ses deux parties (« Of the Nature of the Human Soul », 1-52, « Of the Human Body and its Functions », 53...) les œuvres aristotéliciennes relatives au sujet ; les organes des sens sont abordés dans la deuxième partie de l'essai.

« pragmatique »

« Est pragmatique [...] toute connaissance pratique, dans la mesure où elle sert à accomplir l'ensemble de nos desseins [...]. Toute doctrine de sagesse est morale, et toute doctrine de prudence est pragmatique. » (*Menschenkunde* 5). C'est seulement dans l'introduction de la *Critique de la faculté de juger* (1790) que les règles techniques de l'art et de l'habileté et les règles pragmatiques de la prudence sont séparées de la philosophie pratique et rattachées à la philosophie théorétique (AK 05 172, 14-173, 17). L'*Anthropologie d'un point de vue pragmatique* ne semble pas être concernée par cette séparation, car elle intervient de diverses manières dans le domaine de la morale.

Tandis que, dans la constellation du « technique-pragmatique-moral » (« habileté-prudence-sagesse » dans la lettre à Marcus Herz, fin 1773 : 10 146, 6), le pragmatique est opposé d'un côté au technique, de l'autre au moral, il fait face dans une autre constellation au spéculatif ou théorétique ; voir ci-dessus la référence à l'opposition de l'anthropologie pragmatique et de la psychologie spéculative ou théorétique empirique. En ce qui concerne cette dernière constellation du concept pragmatique par rapport au théorétique ou spéculatif, voir également Andreas Rüdiger, *Philosophia pragmatica, methodo apodictica et quod eius licuit, mathematica, conscripta* (1729). Dans le § 9 du « Prooemium » (6-7) la « ratio docendi » de la philosophie est partagée en dogmatique et pragmatique ; la première argumente de telle sorte que les objections des adversaires sont réfutées (« [...] ut thesium veritas etiam adversus dissentientium objectiones vindicetur [...] »), la seconde argumente de façon telle qu'on prendrait en considération, d'une manière particulière, ce qui est utile aux facultés — ainsi qu'on les nomme — pour la raison qu'elles mériteraient le nom de « pragmatique » (« [...] ut id maxime respiciatur, quod ad finem facultatum, quas vocant, pertinet, quo casu pragmaticae nomen merebitur. »)

A la différence de Rüdiger, Kant ne parle pas dans les documents conservés d'une « philosophie pragmatique » ou d'une « raison pragmatique », et, selon l'usage kantien des mots, les autres facultés cognitives ne peuvent apparemment pas non plus être pragmatiques. Dans une note à la préparation de la réponse à la lettre de Garve de septembre 1798 (voir AK 12 256-258), Kant remarque : « à Garve. Etablir le système de la philosophie d'un point de vue pragmatique comme doctrine de l'habileté et de la prudence. » (Nr. 818 [779], AK 13 487, 3-4, 21 483, 12-13 [« professeur de prudence »]. Cela étant dit, on ne peut tirer de plus larges conséquences de cette citation isolée.

On rencontre le concept de pragmatique dans les premières réflexions de Kant sur la philosophie morale en liaison avec l'*Initia Philosophiae practicae primae* (1770) de Baumgarten, voir plus bas la réflexion 6489 (AK 19 26, 11) ; se référer également à *Metaphysica* de Baumgarten (1779) § 669 : la cognitio pragmatica comme force motrice (251) ; Refl. 6495 (19 29, 6) ; Refl. 6512 (AK 21 45, 2-7). Baumgarten lui-même, si je vois juste, n'utilise pas ce concept dans *l'Initia*. Il signifie, conformément à l'exposition donnée par Kant dans la deuxième section des *Fondements de la Métaphysique des Mœurs* (1785) : appartenant « au bien-être » (04 417, 1 ; voir également l'exposition dans la remarque ajoutée). Il est pour autant invraisemblable que ce soit l'usage du mot dans la morale qui incite Kant à désigner son anthropologie comme pragmatique. Lui-même écrit dans la remarque citée des *Fondements* « Une *histoire* est composée de façon pragmatique, quand elle rend *prudent*, c'est-à-dire quand elle enseigne au monde comment il peut mieux prendre soin de ses intérêts, ou du moins tout aussi bien que le faisait le monde primitif. » (AK 04 417, 35-37).

Ainsi l'histoire pragmatique pouvait être un modèle de dénomination de l'anthropologie pragmatique. Polybe parle de ses *Historiae* comme d'une histoire pragmatique (*Historiae* I 2, 8 ; IX 2, 4) ; l'*History of England* (premier volume, 1754) de Hume est louée pour son « style pragmatique » (colonne 1354) dans une recension anonyme parue dans les *Göttingischen Anzeigen von gelehrten Sachen*, fragment 147, 8 décembre 1755, l'auteur est présenté comme un « historien pragmatique » dans une autre recension du même volume dans les *Neuen Zeitungen von gelehrten Sachen*, Numéro 59, 23 juillet 1764 (Cf. Reinhard Brandt/Heiner Klemme, *David Hume in Deutschland* (1989) 53-55). Hume ne désigne pas son *History* comme pragmatique, car l'usage contemporain du terme « pragmatic[al] » va dans une autre direction. Peut-être Kant veut-il poser, à côté ou contre l'« histoire pragmatique » de David Hume et d'autres auteurs, une « anthropologie pragmatique » fondant toute histoire pragmatique. Ce n'était assurément qu'une arrière-pensée de la conception du cours sur l'anthropologie pragmatique (*après* le semestre d'hiver 1772-1773). Dans une « instruction sur la manière dont la philosophie, la philologie et celles des sciences dans lesquelles la philosophie donne des leçons [...], prononcée par le Roi de Prusse en 1770, on lit sous le titre « V. L'histoire politique » : « Pour l'apprentissage scrupuleux d'une histoire pragmatique, il est requis d'être philosophe. » (12) Et : « On peut donner en exemple pour une histoire pragmatique une morale, une politique ou une philosophie [...]. » (12) Cependant, dans les six « Historicae Lectiones », la liste des leçons de l'été 1770 n'en annonce aucune qui soit orientée vers le pragmatique, si bien que l'instruction pouvait ici innover. On peut à peine décider si cela avait, en 1773, une quelconque importance pour la conception kantienne d'une anthropologie spécifiquement pragmatique. Certes, l'instruction indique la présence du concept de pragmatique dans la discipline Histoire à Königsberg. Lorsque Kant commença à désigner son anthropologie comme pragmatique (au milieu des années soixante-dix), le mot était particulièrement à la mode, si bien qu'il ne pouvait guère être possible d'indiquer la source exacte de son usage. La chose elle-même est claire : une discipline doit naître qui instruise sur l'agir pratique dans la société humaine et qui choisisse sa matière conformément à ce but ; cf. l'explication du programme 119, 9-27 et les indications de la limitation correspondante des matériaux 136, 15-18 (« mais parce que celui-ci [c'est-à-dire l'homme] ne se laisse percevoir que dans sa partie passive comme jeu de sensations, la théorie de l'homme n'appartient qu'à l'anthropologie physiologique, et non à l'anthropologie pragmatique, dont on fait précisément abstraction ici. »). La tâche de l'anthropologie comme discipline pragmatique est, conformément à la lettre à Marcus Herz, fin 1773, et aux exposés de 1798 (119, 9-27), la conception d'une discipline unitaire qui pour se déterminer n'a absolument pas besoin d'examiner la question de savoir comment elle réunit dans « l'homme pris dans sa totalité » les deux parties du corps et de l'âme. De même que l'*homme* voit (et non pas l'œil ou l'esprit), de même que l'*homme* entend (et non pas l'oreille ou l'âme), l'*homme* agit (et non pas le corps ou l'âme). L'anthropologie pragmatique examine les fondements et les rapports du commerce de l'homme avec lui-même et avec les autres, et le pose finalement dans le rapport de détermination de l'humanité dans son ensemble.

« Hinsicht »

Même signification que « Absicht », voir 119, 25-26 (« Anthropologie in *pragmatischer* Absicht ») ; cf. le titre *Idée d'une Histoire universelle au point de vue [Absicht] cosmopolitique* (1784), dans cette mesure, intimement lié au titre de l'*Anthropologie.* Cette dernière se comprend également « comme *connaissance du monde* » (120, 1), à savoir comme « connaissance de l'homme en tant que *citoyen du monde* » (120, 5). Dans les notes des Leçons, on ne rencontre ni la formulation « pragmatische Hinsicht » ni « pragmatische Absicht ». Le titre semble avoir la même signification que le simple titre d' « Anthropologie pragmatique ». La Réfl. 457, datée de 1798, sert peut-être de justification au titre de l'*Anthropoloqie du point de vue pragmatique*, elle affirme : « S'il est question d'un livre (pas d'un Farrago qui exige encore d'être rédigé) comme un opus, il peut avoir une fin à un triple point de vue : l. en quoi l'homme devient plus sensé, 2. plus prudent (plus habile) et 3. plus sage, c'est-à-dire d'un point de vue pragmatique, pratique-technique et moral. Le point de vue pragmatique est celui qui constitue la base des autres points de vue ». (15 189, 2-7) L'habileté et la prudence permutent ici leur place relativement à l'ordre normalement employé.

PRÉFACE

AK 07, 119

Lignes 4-5 « l'objet le plus important... c'est l'homme »

En 1798, on ne peut plus reprendre la formule emphatique des notes des Leçons de 1772-1773 : « Rien ne semble être plus intéressant pour l'homme que cette science, et pourtant aucune autre n'est plus négligée que celle-là » (*Anthropologie-Collins* 1) en sa deuxième partie, parce que l'anthropologie ou « Menschenkunde » a, entre-temps, donné lieu à de multiples publications. Les phrases mêmes sont l'écho de diverses déclarations : Alexander Pope commence l'« Epistle II » de l'*Essay on Man* de 1733 avec l'expression célèbre « Know then thyself, presume not God to scan, / The proper study of Mankind is Man. » (Pope 1950, 53) Francis Hutcheson écrit au début de la « Preface » de son *Inquiry into the Original of our Ideas of Beauty and Virtue* de 1725 la proposition : « There is no part of Philosophy of more importance, than a just Knowledge of human Nature, and its various Powers and Dispositions. » (III). L'un et l'autre s'expriment d'un point de vue clairement empiriste car, aussi bien les possibilités théoriques de la connaissance que les fondements de la philosophie pratique, selon le Programme, ne peuvent être établies que grâce à l'anthropologie. Le concept d'anthropologie ne se rencontre presque pas dans la constitution de la théorie en langue anglaise (voir ci-dessus le commentaire d'anthropologie) ; en ce qui concerne l'objet, il n'y a pas de différence entre l'analyse de la nature humaine et l'anthropologie, mais la méthode et les traditions théoriques dans lesquelles se déploient les deux formes d'approche, diffèrent. Le programme de Hutcheson, comme l'indique le titre, est tiré du *Treatise of Human Nature* de David Hume (1739-1740) ; il traite, au cours de l'introduction, de la nouvelle « science of man », nouvelle, parce que purement empirique. Rousseau écrit dans la « Préface » du *Discours sur l'origine et les fondements de l'inégalité parmi les hommes* (1755) : « La plus utile et la moins avancée de toutes les connaissances humaines me paroît être celle de l'homme [...] » (Rousseau 1959..., III 122) ; voir également dans l'*Emile* (1762) : « notre véritable étude est celle de la condition humaine. » (Rousseau 1959..., IV 252), « L'homme est la dernière étude du sage [...] » (Rousseau 1959..., IV 458). Pour d'autres exemples se référer à Sergio Moravia, *Beobachtende Vernunft. Philosophie und Anthropologie in der Aufklärung* (1973) 17-18.

Une des déclarations de la littérature allemande : Moses Mendelssohn à Thomas Abbt, in Abbt 1771, III 173. Voir Johann van der Zande, In the Image of Cicero : German Philosophy between Wolff and Kant, in : *Journal of the History of Ideas* 56, 1995, 419-442 (430-437 : « Philosophy of Life »). Johann Caspar Lavater écrit dans les *Physiognomischen Fragmenten* (1775-78) : « L'être le plus important de tous et le plus remarquable, qui se présente sur terre à notre observation — c'est l'homme. L'objet le plus digne d'observation — et l'unique observateur, c'est l'homme. » I 33)

Comme nous l'avons déjà dit, en 1798, il faut nier l'affirmation encore digne de foi en 1772 que l'anthropologie (Menschenkunde) serait négligée. — Quand Karl Philipp Moritz dans la « Préface » d'*Anton Reiser* (1785) exige, « [...] de fixer l'attention de l'homme toujours plus sur l'homme même et de lui rendre importante sa pensée individuelle [...] » (36), il donne à l'anthropologie un autre accent que Kant ; l'individuel ne l'intéresse pas comme but, mais en revanche, comme heuristique — le but est la description ou l'explication de la nature universelle de l'homme avec ses différentes spécifications. Ce qui intéresse Moritz, c'est le singulier, le particulier, ce qui intéresse Kant, ce sont les prédicats universels applicables dans toute situation semblable.

Il faut remarquer que Kant ne parle pas ici de l'homme comme l'objet le plus important de l'étude de l'homme ; mais comme l'objet le plus important de l'application ou de l'utilisation des connaissances de l'Ecole acquises auparavant, c'est l'homme.

Lignes 5-6 « sa propre fin dernière »

Ce n'est qu'ici que Kant parle de « fin dernière » dans l'*Anthropologie*.. Dans le § 82 de la *Critique de la Faculté de Juger* (1790), il s'agit de savoir en quoi les différents règnes de la nature inorganique et organique sont finalement bons « pour l'homme, aux différents usages que son entendement lui apprend à faire de toutes les créatures ; et il est ici la fin dernière de la création sur terre, parce qu'il est sur terre le seul être qui peut se faire un concept des fins, et qui peut, à partir d'un agrégat de choses formées de façon finale, se faire par sa raison un système des fins. » (05 426, 35 — 427, 3) Les notes sur les Leçons de l'Anthropologie ne connaissent pas la distinction opérée, dans le § 84 de la *Critique de la Faculté de Juger*, entre « but final » et « fin dernière ». Dans l'*Anthropologie* de 1798, on peut, en revanche, admettre qu'on ne parle du « but final » de la destination de notre nature que respectivement à la position de la fin de la raison pure pratique, voir : 192, 6 ; 192, 16 ; 200, 5 ; 271, 31 ; 280, 34 ; 327, 13. Cependant, on ne peut pas clairement établir ici (119, L5-6), si l'on prend en considération la distinction entre fin dernière et but final, ou simplement la fin dernière, ou également le but final. Conformément à la conduite de l'ensemble, on peut cependant plaider pour le fait qu'il est question ici du but final de l'usage selon la prudence, et non pas de l'usage spécifiquement moral des « connaissances et techniques acquises » (119, 3).

Selon Kant, l'égoïsme moral, c'est l'égoïsme qui borne toutes les fins à sa propre personne ; en ce qui concerne la différence entre cette représentation et la représentation de la fin faite ici, voir 130, 3-4 et sa remarque. Relativement aux autres êtres vivants (127, 8-10) il faut dire qu'il est ici attesté que l'espèce humaine agit et doit agir égoïstement.

Lignes 9-11 : « Une doctrine... peut l'être dans une perspective soit physiologique, soit pragmatique »

Chez Otto Casmann, la connaissance de l'homme, nommée « anthropologie », comprend déjà les deux points de vue de l'âme et du corps, de la psychologie et de la physiologie, voir ci-dessus le commentaire de « pragmatique ». En ce qui concerne l'usage du mot « physiologie » selon l'*Universal-Lexicon* de Zedler (vol. XXVII de 1741, voir « physiologie ») : « la physiologie » serait, soit la doctrine générale de la nature, c'est-à-dire la physique, soit celle qui traiterait spécialement de l'homme sain et vivant, constitué de deux parties essentielles, le corps et l'âme [...]. On la nomme encore 1. Anthropologia, comme traité de l'homme et de la nature. » (colonne 2241).

La psychologie, qui, selon l'*Anthropologie*, est la « somme de toutes les perceptions internes réunies sous les lois de la nature » (141, 4-5), ne semble pas être présente dans le texte à commenter. Cependant, Kant utilise fréquemment le concept de physiologie pour la connaissance de la nature du sens interne, donc comme équivalent de la « psychologie » ; ainsi dans la « Préface » (A IX) de la *Critique de* la *Raison Pure* de 1781 : « [...] une certaine *physiologie* de l'entendement humain (du célèbre Locke) [...] » (04 8, 13-14) ou dans la *Critique de la raison pure* A 550 / B 578 « Au point de vue de ce caractère empirique, il n'y a donc point de liberté, et ce n'est cependant qu'à ce point de vue que nous pouvons considérer l'homme, si nous voulons simplement observer et sonder physiologiquement, comme cela se pratique dans l'anthropologie, les causes décisives de ses actions. » La physiologie se rapporte ici aussi au sens interne et par « anthropologie » on n'entend pas autre chose que la psychologie empirique. De façon analogue, il est écrit, dans l'*Anthropologie* même, que le champ des représentations obscures est, en l'homme, le plus étendu : « Mais parce qu'il ne permet de percevoir l'homme que dans la partie passive de son être, comme jouet des impressions, la théorie de ces représentations ne relève que de l'anthropologie physiologique, et non de l'anthropologie pragmatique qui est l'objet précis de notre propos. » (136, 15-18 ; de même 189, 26-31 ; voir également 396, 11 c'est-à-dire 397, 28 : « avoir acquis la connaissance théorique (physiologique) de sa nature comme ce vers quoi tend, au fond, la psychologie. »)

La *Critique de la Faculté de Juger* (1790) atteste, dans « la remarque générale sur l'exposition des jugements esthétiques réfléchissants », la variation entre « Psychologie » et « Physiologie » : « On peut maintenant comparer l'exposition transcendantale des jugements esthétiques à laquelle nous venons de procéder à l'exposition physiologique telle qu'elle a été élaborée par *Burke* et, parmi nous, par de nombreux esprits pénétrants, afin de voir à quoi peut conduire une exposition simplement empirique du sublime et du beau. [...]. En tant qu'observations psychologiques, ces analyses des phénomènes propres à notre esprit sont extrêmement belles, et offrent une riche matière aux recherches les plus appréciées en anthropologie empirique. » (AK 05 277, 1-24) Dans la première édition, on trouvait « physiologique » au lieu de « psychologique » (voir les variantes AK 05 534) ; on trouve la même variation au début des deux notes de l'Anthropologie *Collins* et de *Philippi* de 1772-1773, voir les passages en XXV et la note. Dans le court traité de Burke (AK 05 277, 1-24) des réactions somatiques sont introduites de façon particulière de sorte qu'il est ici également attesté qu'une psychologie empirique comprend une physiologie des phénomènes corporels. De façon différente, la philosophie transcendantale évite, autant que l'anthropologie pragmatique, le champ de la physiologie-psychologie, la problématique « mind-body ».

« Dans une perspective physiologique » (L. 10-11) renvoie à la nature psychique, mais (par là) en même temps, corporelle de l'homme. Par la suite, dans l'explication plus détaillée de l'anthropologie physiologique (1.14-22), il est effectivement question des « causes de la nature » (1. 14) au sens de causes physiques, de sorte qu'on voudrait, tout d'abord, considérer l'anthropologie physiologique comme une anthropologie uniquement physique. De même l'usage du mot 166, 2-7 : « Soin est laissé aux physiologistes d'en [le sommeil] donner l'explication ; qu'ils éclairent, s'ils le peuvent cette détente [...] » ; 176, 8-17 : — Il est vain d'en [c'est-à-dire de l'association des représentations] demander une explication physiologique ; libre à nous d'user à ce sujet d'une hypothèse (qui n'est à son tour qu'une fiction) comme celle de Descartes quant à ses prétendues idées matérielles du cerveau. Du moins, aucune de ces explications n'est pragmatique, c'est-à-dire qu'on ne peut en faire d'utilisation technique, dans notre méconnaissance du cerveau, et des endroits de celui-là où les traces d'impressions issues de représentations pourraient bien, par sympathie, parvenir à une concordance, en entrant en quelque sorte en contact (de manière du moins médiate). » De même dans l'« Introduction » de la *Géographie physique* de Rink (1802) : « A partir d'elle [c'est-à-dire l'anthropologie pragmatique] on apprend ce qui dans l'homme est *pragmatique* et non spéculatif. L'homme n'y est pas considéré *physiologiquement* de sorte qu'on différencie les sources des phénomènes, mais *cosmologiquement* » (AK 09 157, 29-32). Voir également la Réflexion 1502a : « L'anthropologie pragmatique ne doit pas être psychologie : [...] ni non plus physiologie du médecin : pour expliquer la mémoire à partir du cerveau, mais connaissance de l'homme » (AK 15 801, 12-16). De même, Kant semble encore penser en 1798, comme en 1793, que la psychologie empirique mène nécessairement à l'analyse des causes qui sont aussi physiques, et que seule une orientation vers le pragmatique (ou vers une interrogation transcendantale) libère de la contrainte d'une explication.

En ce qui concerne les réflexions de Kant sur le commerce de l'âme et du corps, voir la Réflexion 1033, datée entre 1773 et 1778 (AK 15 463, 1-13) et les indications d'Adickes ad loc. Qu'existe une harmonie ou un *commercium mentis et corporis*, Kant ne le nie jamais de façon rationnelle ; il doute cependant que nous puissions parvenir à des résultats par l'élucidation du comment. Sous le premier aspect, Kant est du même avis que Franz von Moor dans les *Brigands* de Schiller (1781), Acte 2, Scène 1 : « Philosophes et médecins m'ont appris avec quelle précision se rencontrent les manifestations de l'esprit et les mouvements de la machine humaine. » (38). Voir également Helmut Pfotenhauer, *Literarische Anthropologie* (1987) 26.

Lignes 11-14 « La connaissance physiologique de l'homme...peut et doit faire de lui-même »

Voir 321, 33-35 (« [...] par où il peut, en tant qu'animal doué de la *faculté de raison* (animal *rationabile*), faire de lui-même un animal *raisonnable* (animal *rationale*) [...] »). L'éducation de l'homme par lui-même est certes un des devoirs — au sens large —, mais un devoir commandé catégoriquement (elle appartient donc au « doit »), voir entre autres dans la « Doctrine de la vertu » de 1797 : « Du devoir envers soi-même dans le développement et l'accroissement de sa *perfection naturelle*, c'est-à-dire au point de vue pragmatique » (AK 06 444, 14-16). L'anthropologie pragmatique se comprend sous cet aspect (le « doit » n'est qu'une des trois modalités à côté de l'effectif et du possible — « fait, ou peut faire » —) comme doctrine complémentaire de la philosophie morale. L'œuvre culmine dans la détermination morale de l'espèce humaine (321-333), et nous rencontrons ici de nouveau la double détermination : « Au reste l'espèce humaine doit et *peut* être elle-même la créatrice de son bonheur [...] » (328, 26-27). L'anthropologie pragmatique reconnaît déjà cette relation à la morale en 1773, lorsque Kant écrit à Herz : « Entre-temps, je travaille à tirer de cette théorie de l'observation, fort agréable à mes yeux, un exercice formateur de l'habileté, de la prudence et même de la sagesse... » (AK 10 146, 4-9) Certes cette morale n'est pas conçue comme la morale de la philosophie critique proprement dite, mais comme la conviction morale courante, que l'on trouve aussi, par exemple, chez Cicéron. C'est uniquement ainsi que l'on doit expliquer que les Leçons de l'Anthropologie et que le livre de 1798 ne se posent jamais en un rapport explicite avec la philosophie morale critique ; que, de manière symptomatique, on ne trouve ni le concept « catégorique » ni celui d'impératif. La référence à l'« impératif catégorique du devoir » en H (399, 21) est victime de la suppression de l'ensemble du passage. En revanche, l'anthropologie, fondamentale pour l'application des principes critiques de la morale (voir la « Préface »des *Fondements de la Métaphysique des Mœurs* (1785) : AK 04 388, 9-14), ne sera pas identifiée comme anthropologie pragmatique. On peut facilement expliquer ce phénomène par le fait que l'anthropologie pragmatique se développe à partir de la psychologie empirique, tout d'abord comme simple extension, ensuite comme connaissance du monde pratique. Elle ne résulte pas d'un système de pensée spécifique et donc, de façon analogue, n'appartient pas à la philosophie kantienne.

Cette formulation est en partie utilisée dans la polémique contre les moralistes politiques dans l'appendice du traité *Vers la paix perpétuelle* (AK 08 374, 4-8) : « [...] s'ils se vantent de connaître *les hommes* (ce qu'il faut à la vérité attendre d'eux, car ils ont affaire à beaucoup), sans cependant connaître l'*homme* et ce que l'on en peut faire (parce qu'il faudrait pour cela se placer au point de vue plus élevé de l'observation anthropologique) [...] ». Il faut voir ici une référence implicite à sa propre anthropologie ; la désignation « pragmatique » qui manque ici aurait été ambiguë. Ainsi en 246, 10-15 : « Je ne considère ici que les arts de la parole, *éloquence* et *poésie*, du fait qu'ils tendent à instaurer une certaine disposition de l'âme qui, de manière immédiate l'éveille à l'activité et trouve donc sa place dans une anthropologie *pragmatique* où l'on cherche à connaître l'homme par ce qu'il a à faire. » De même en 292, 15-16 : « Il ne s'agit pas ici de ce que la nature fait de l'homme, mais de ce que *celui-là fait de lui-même* [...] » et 328, 26-27 : « Du reste, l'espèce humaine doit et *peut* être la créatrice de son propre bonheur [...] ».

Il faut ajouter ici que, conformément à la doctrine de l'*Anthropologie*, l'homme, par ce qu'il fait de lui-même, suit également la volonté de la nature, car même l'émancipation de la nature en vue de la moralisation finale est encore voulue par la nature (au sens stoïcien). La nature est déterminée d'une part — eu égard à la physiologie — comme complexe de causes déterminantes, mais d'autre part comme le sujet qui fournit le cadre valable pour la totalité de l'agir individuel et de la réalisation de l'espèce humaine par elle-même. En ce second sens, la nature, d'après Kant, est une instance (au sens stoïcien), qui régit la nature au premier sens (sens épicurien) de sorte que l'homme peut réaliser sa destination morale.

Ainsi l'anthropologie pragmatique n'est pas une doctrine facile de la prudence concernant le commerce avec soi et avec les autres, elle n'est pas non plus une théorie de l'action avec des impératifs hypothétiques relatifs à ce que l'homme veut effectivement, mais elle se rapporte à un « faire quelque chose de soi-même » : elle analyse ce que l'homme fait ou peut et doit faire de lui-même. L'homme fait quelque chose de lui-même, il devient, au sein des bornes posées par sa nature, son propre « ouvrage », pour reprendre le « workmanship » de Locke. Christoph Meiner écrit dans l'*Allgemeine kritische Geschichte der altern und neuern Ethik oder Lebenswissenschaft* (1800) : « La science de la vie consiste [...] en deux parties principales : elle consiste, d'une part, dans des analyses de la nature humaine, ou, de ce que l'homme est ; et, d'autre part, dans des considérations sur la destination de l'homme et le moyen d'atteindre cette destination : ou encore, dans les considérations sur ce que l'homme doit devenir, et comment il peut le devenir. » (I 270)

Lignes 14-22 : « Celui qui creuse les causes naturelles... en pure perte. »

Lettre de Kant à Marcus Herz, fin 1773 : « Je donnerai cet hiver, pour la deuxième fois, un *collegium privatum d'anthropologie* [...]. Je cherche plutôt des phénomènes et leurs lois que les premières causes d'une possibilité de transformer la nature humaine en général. C'est pourquoi je n'aborde absolument pas la question subtile, mais à tout jamais vaine, selon moi, de la manière dont les organes du corps sont en relation avec la pensée. » (AK 10 145, 26-36). Kant a vraisemblablement toujours affirmé l'idée d'un parallélisme psycho-physique, accompagné de la représentation, et celle que le cerveau rend possible et influence de façon causale l'activité de l'âme et inversement. L'homme ne peut pas fondamentalement connaître les relations dans leur détail (« dans sa méconnaissance des nerfs du cerveau et de ses fibres », L. 19-20), et ne peut pas influencer les processus physiologiques en vue de ses buts, de sorte qu'un champ de recherche n'est ouvert ici ni pour la psychologie empirique ni pour l'anthropologie pragmatique. La théorie critique de la connaissance exclut, comme la philosophie morale critique, une détermination causale du sujet connaissant et agissant moralement.

La théorie cartésienne de la mémoire fut décisive pour le développement ultérieur de la théorie ; dans les *Passions de l'âme*, le titre de l'article 42 énonce : « Comment on trouve en sa mémoire les choses dont on veut se souvenir. » (Descartes 1967, XI 360). Là, les « esprits » suivent les « traces » physiques, laissées par ce qui a été perçu antérieurement. Dans le domaine de la théorie, non seulement de la connaissance (comme Kant ici), mais également des affections et des passions, La Bruyère, dans son « Discours sur Théophraste », s'attaque au réductionnisme physiologique des cartésiens, qui, « [...] contents que l'on réduise les mœurs aux passions et que l'on explique celles-ci par le mouvement du sang, par celui — des fibres et des artères, quittent un auteur de tout le reste. » (*Les Caractères de Théophraste* (1688) 4-5). Le réductionnisme s'explique ici comme conséquence du néostoïcisme, pour lequel les affections et les passions sont des représentations obscures ou confuses, soustraites de la connaissance, qui, comme telles, peuvent difficilement être une partie de la « cogitatio », et sont, par suite, attribuées à la « res extensa » du corps.

Ligne 18 : « le jeu de ses représentations »

Kant parle dans l'*Anthropologie* de « jeu de sensations » (136, 15-16), de « jeu de représentations obscures » (136, 21-22), ce qui signifie ici que les représentations obscures se jouent de nous. Au XVIIIe siècle, on rencontre fréquemment l'expression de « jeu de représentations », particulièrement aussi celle de libre jeu des représentations, et ce, autant dans la psychologie empirique que, de façon spéciale, dans l'esthétique (voir dans la *Critique de la Faculté de Juger* AK 05 217, 21-34). Aussi loin que je puisse le voir, au XVIIIe siècle, on ne parle pas encore, ou seulement de façon sporadique, du « libre jeu » des forces économiques ; Adam Smith connaît le « fair play » de la nature dans le domaine économique : « Projectors disturb nature in the course of her operations in human affairs ; and it requires no more than to let her alone, and give her fair play in the pursuits of her ends, that she may establish her own designs. » Ainsi dans une œuvre de 1755, dont Dugald Stewert communique certains passages, voir Adam Smith, *Essays on Philosophical Subjects* (1980) 322. D'après le contexte, il faut identifier ici le « fair play » au libre jeu, à un jeu, qui, dans son cours naturel, n'est gêné par aucune opération. Néanmoins on peut dire que la métaphore a été utilisée tout d'abord en psychologie, et seulement ensuite en économie.

Le concept même de jeu est difficile à déterminer. L'accent est mis ici sur la séparation du jeu et du spectateur, de même que dans la « deuxième section » du *Conflit des facultés* (1798) : « Il s'agit simplement de la façon de penser des spectateurs qui se trahit *publiquement* à l'occasion de ce jeu des grands bouleversements et qui, même malgré le danger d'une telle partialité qui pourrait leur devenir très préjudiciable, [...] » (AK 07 85, 9-13). Selon cet usage du terme, le concept de représentation s'étend également à ce qui est non-représentable, parce qu'obscur, et aux données physiologiques inconnaissables des « nerfs du cerveau et de ses fibres ». Conformément aux représentations kantiennes , le jeu ne peut pas être sans doute totalement déterminable catégorialement ; il n'y a pas non plus (lui correspondant ?) de définition du concept de jeu, comme le disait Wittgenstein (avec d'autres raisons).

AK 07, 120

Lignes 12-15 : « Quant à juger de ce qu'on appelle le *grand* monde... trop éloignés des autres. »

Il y a, aussi négatives qu'elles soient, certaines observations et appréciations du grand monde : « C'est donc de la nouveauté que la mode tire sa faveur ; être inventif dans tout un formalisme extérieur, même s'il dégénère dans l'extravagance et, pour une part, dans la laideur, s'inscrit dans le ton des gens de la cour, des dames surtout, [...] » (Les *élégants de la cour*, appelés encore *petits maîtres*, sont des freluquets). (245, 24-33). « Une musique de salle à manger jouée pour le festin de grands personnages est la monstruosité la plus marquée de mauvais goût qu'ait pu inventer la débauche. » (281, 8-10) ; il est ensuite établi que le caractère spécifique d'une personne « [...] n'ait point à chercher chez les gens de cour obligés de se plier à toutes les formes [...] » (295, 4-5). Dans les notes conservées des Leçons, les invectives portées contre la cour semblent ne se rencontrer qu'après la Révolution française, ainsi dans l'*Anthropologie-Dohna* 273 : « On trouve le génie par excellence chez les Anglais, les Français et les Italiens, cependant, ce n'est que chez les premiers qu'on trouve le génie véritable et spécifique, parce que leur liberté et leur forme de religion le favorisent (ce qui est également le cas chez les Italiens). Car ici personne ne peut tenir pour nécessaire de s'accommoder à la cour, aux nobles ou autres. Parce que là où la cour est déjà trop effroyable et où tout se forme selon une seule sorte de modèle, tout doit finalement avoir une seule couleur. » Le jeune Kant écrivait déjà au début de la troisième guerre de Frédéric II contre l'Autriche : « Un prince, qui, animé par un cœur noble, se laisse émouvoir par les tourments de l'espèce humaine, et cherche à éviter la misère à ceux qui sont en plus menacés de tous côtés par de grands malheurs, ce prince est un instrument bienfaisant dans la main bienveillante de Dieu et un don, qu'il fait aux peuples de la terre, dont ils ne peuvent jamais estimer la valeur à sa juste mesure ». (AK 01 461, 9-14). En revanche, il écrit dans la deuxième section du *Conflit des Facultés* (1798) : « Car, pour la toute-puissance de la nature, ou plutôt de sa cause suprême pour nous inaccessible, l'homme, à son tour, n'est qu'un détail. Mais que les souverains de sa propre espèce le considèrent ainsi et qu'ils le traitent comme tel, tantôt en l'accablant comme un animal, simple instrument de leurs desseins, tantôt en les dressant les uns contre les autres dans leurs conflits pour les faire massacrer, cela est non pas un détail, mais au contraire un renversement du *but final* de la création elle-même. » (AK 07 89, 8-15) Dans les notes des Leçons, l'invective est évitée ; mais, malgré la présence de la noblesse parmi les auditeurs, il a recommandé aux serviteurs de riposter quand ils seraient frappés par les nobles.

Kant a certes un « point de vue » mais pas de situation propre à côté de ou inférieure à la « situation des nobles ». Friedrich Schulz, dans *Ueber Paris und die Pariser* (1791), forge le concept de « classe moyenne » , « [...] qui n'existe que dans les grandes villes, et comble la brèche entre le peuple et le grand monde [...] » (236, explications plus précises 237...). En fait, la désignation de « classe moyenne » est naturellement plus ancienne, elle se trouve déjà chez Aristote.

Sur l'habileté à prendre des points de vue, voir les *Remarques sur les observations sur le sentiment du beau et du sublime* (AK 20 12, 14 ; 169, 1-5). Cela signifie dans l'*Anthropologie :* « L'homme connaît le monde, c'est-à-dire il connaît l'homme dans toutes les situations ». Avant l'*Anthropologie,* la question de la situation n'est pas nommée dans les notes des Leçons.

Kant ne précise pas quelles sont les connaissances importantes d'un point de vue anthropologique que l'on peut essentiellement acquérir dans « ce qu'on appelle le *grand monde* » ; il érige avec son anthropologie l'exigence universaliste de la connaissance de l'homme en général. Il n'y a aucune séparation entre les couches sociales : il ne se réfère soi-disant pas plus au grand monde qu'à l'état inférieur à la classe moyenne... L'anthropologie considère les hommes qui participent à la civilisation et à la culture dans lesquelles la « discipline » est développée. C'est dans cette mesure une anthropologie de la classe moyenne bourgeoise, qui généralise ses propres représentations.

Lignes 23-24 : « La connaissance générale précède toujours la connaissance locale »

Kant cherche à répondre à la question : comment peut-on parvenir à une connaissance anthropologique du monde sans changer de place ? (« sans voyager », 121, 36).

On trouve tout d'abord la distinction de la connaissance locale et de la connaissance générale dans les Prolégomènes de l'*Anthropologie-Pillau* : « garantie de la connaissance du monde. 1) Une connaissance locale du monde, celle des marchands, également appelée empirique. 2) une connaissance générale du monde, celle de l'homme du monde, et qui n'est pas empirique, mais cosmologique. » (b 17-21). De fait, la distinction est plus ancienne, ainsi il est écrit dans l'*Anthropologie-Parow* 166 : « certains peuvent bien volontiers déclamer des propositions philosophiques, seulement ils n'ont jamais senti le sublime de la philosophie. Il en va avec un tel homme comme avec un homme qui est allé dans plusieurs pays, mais qui n'a jamais vu une carte de ces pays ; celui-ci pourra bien raconter ce qu'il a vu ici et là, mais il ne pourra jamais se faire un concept complet de la région entière et de sa situation. [...] Quelques sciences sont constituées de telle sorte qu'on doit aller du tout aux parties, comme la géographie et l'astronomie. » Les deux concepts de connaissances générale et locale reposent sur deux formes de cartes de pays : la carte générale et la carte locale ; voir la Réflexion 4991 (AK 18 53, 15). L'origine du premier concept se trouve peut-être dans la *Geographia generalis in qua affectiones qenerales Telluris explicantur* de Bernardus Varenius (Amsterdam 1671 ; rééditée par Isaac Newton à Cambridge en 1672 ; Kant possédait l'édition de Newton de 1681 (avec notes en marge), voir Arthur Warda, *Immanuel Kants Bücher* (1922) 18-19). Pour éclairer le concept, Varenius explique, dans le premier chapitre, sous le sous-titre « Divisio » : « Dividimus Geographiam in Generalem et Specialem, sive Universalem et Particularem. (Golnitzius explicationem Geographiae ait duplicem esse, Exteriorem et Interiorem, sed impropria et Catachristica est haec appellatio [...]) ». Christian Wolff se réfère à Varenius dans la colonne 665 de son *Mathematischen Lexicon* (1716). La géographie est ici aussi divisée en géographie mathématique, physique et géographique. L'opposition à la géographie locale n'est pas mentionnée. De même dans la *Vollstandigen Einleitung Zur Geographischen Wissenschaft*, qui fut utilisée dans l'école de Kant, le Collegium Fridericianum : « La géographie est, quant à ses concepts, soit *generalis*, laquelle traite du globe en général, on a coutume d'y utiliser un [...] globe terrestre ; soit *specialis*, laquelle s'occupe en particulier des pays singuliers et des provinces, on y utilise des cartes de ces pays. » (cité selon Heiner Klemme, *Die Schule Immanuel Kants* (1994) 51).

Alexander Pope nomme son *Essay on Man* (1733) « general Map of man » (sous le titre intermédiaire « The Design » ; Pope 1950, 8).

La distinction entre la connaissance générale et de la connaissance locale de l'homme est exprimée en d'autres passages par la distinction entre le singulier et le pluriel — l'homme ou les hommes — ou par la comparaison de la nature de l'homme et de son état actuel.

Dans le huitième chapitre de son *Essai sur l'origine des langues*, publié après sa mort, Rousseau écrit : « Quand on veut étudier les hommes, il faut regarder près de soi ; mais pour étudier l'homme, il faut apprendre à porter sa vue au loin ; il faut d'abord observer les différences pour découvrir les propriétés. » (Rousssau 1959..., V 394).

Lignes 25-26 : « tâtonnement fragmentaire »

« Le fragmentaire » est fondamentalement opposé au systématique, à l'aspect unitaire de la science. Même Utilisation de « tâtonnement » dans l'*Anthropologie* 228, 6 ; de même dans la *Critique de 1a Raison Pure*, B XXX-XXXI : « [...] on considère simplement la culture de la raison grâce au chemin sûr d'une science, au lieu de tâtonner dans le vide [...], en l'absence de critique [...] ». Cette idée a été apparemment mentionnée pour la première fois dans la « Préface » des *Premiers Principes Métaphysiques de la Science de la Nature :* Quand la métaphysique générale a besoin d'intuitions pour donner une signification aux concepts purs de l'entendement, ces intuitions doivent toujours provenir de la théorie générale des corps, et sans cela, elle « [...] erre, instable et chancelante, au milieu de concepts vides de sens. » (AK 04 478, 9) Kant parle pour la première fois d'un « simple tâtonnement » en opposition à la science et à une expérience qui se développe selon un plan déterminé à l'avance dans la Préface de la seconde édition de la *Critique de la raison pure*, voir B VII (AK 03 7, 11) ; B XI (AK 03 9, 13) ; B XIV (AK 03 10, 34) ; B XV (AK 03 11, 19). Puis, dans l'œuvre rédigée contre Georg Forster, *Sur l'usage des principes téléologiques en philosophie* de 1788 : « [...] il est bien sûr indubitablement certain que, par le simple tâtonnement empirique, sans un principe conducteur d'après lequel il faudrait chercher, rien qui soit conforme à une finalité n'aurait jamais été découvert, car organiser l'expérience *méthodiquement*, cela seul s'appelle *observer*. Je rends grâce au voyageur purement empirique et à son récit, surtout lorsqu'il s'agit de produire une connaissance cohérente dont la raison doit tirer quelque chose en vue d'une théorie. Ordinairement, voici sa réponse à toute question qu'on lui pose : j'aurais bien pu le remarquer, si j'avais su qu'on m'interrogerait là-dessus. » (AK 08 161, 9-17). En un sens équivalent, dans *Sur 1e lieu commun* (1793) : « Personne ne peut par conséquent se targuer d'être versé pratiquement dans une science et de mépriser pourtant la théorie sans montrer tout simplement qu'il est un ignorant dans sa discipline puisqu'en procédant à tâtons dans les essais et les expériences, sans rassembler certains principes (qui constituent en propre ce qu'on nomme théorie) ni s'être représenté l'occupation à laquelle il se livre comme un tout (lequel, lorsqu'on procède en la matière méthodiquement, se nomme système) il croit pouvoir aller plus loin que la théorie n'a réussi à l'élever. » (AK 08 276, 1-8) et dans la deuxième section de l'écrit *Vers la paix perpétuelle* (1795) : AK 08 348, 30-31.

Le toucher guide les aveugles ; la science a besoin d'une vue qui prévoit et saisit tout avant le toucher ; en ce qui concerne la métaphore souvent utilisée par Kant du toucher et de la vue relativement à la constitution de la science, voir également ici 154, 30-155, 11.

Relativement au classement des sens, en particulier chez Herder, en opposition à Kant, voir Peter Utz, *Das Auge und das Ohr im Text* (1990), plus particulièrement 90-99 (« Der tappende Augenmensch »)

Schelling, dans ses *Miscellen aus der Zeitschrift für speculative Physik* (1803), s'est vraisemblablement laissé influencer par Kant : « J'achève ces considérations [...] avec pour l'instant un résultat provenant de ces observations, à savoir que *celui qui n'a pas une théorie juste ne peut avoir une expérience juste*, et inversement. Le fait, en soi, n'est rien. Il *apparaît* de façon totalement différente à celui qui a les *concepts*, et à celui qui considère le fait sans concept. Pour voir de façon juste, on doit savoir ce qu'il y a à voir, et de nombreux expérimentateurs ressemblent à ces voyageurs, qui pourraient apprendre beaucoup de choses s'ils savaient seulement sur quoi s'interroger. » (584)

Ligne 26 « Science ».

L'anthropologie présente est-elle une science ? Dans la « Préface » des *Premiers Principes Métaphysiques de la Science de la Nature* (1786), le rang d'une science de la nature est refusé à la psychologie empirique parce que, premièrement, elle ne peut être mathématisée et que, deuxièmement, elle ne livre aucun art de décomposition systématique ou théorie expérimentale (comme la chimie), « car la diversité de l'observation interne ne se laisse décomposer que grâce à une simple distinction de pensée, qui ne permet pas de maintenir les éléments décomposés et de recomposer à volonté ; il est encore moins possible de soumettre un autre sujet pensant à des expériences appropriées à notre but, et même l'observation à elle seule altère et transforme déjà l'état de l'objet observé. La théorie de l'âme ne pourra jamais devenir plus qu'une théorie historique de la nature portant sur le sens interne, de la manière la plus systématique possible, donc une description naturelle de l'âme, mais non une science de l'âme, ni même une théorie psychologique expérimentale. » (AK 04 471, 23-32) Et dans la « Première introduction » de la *Critique de la Faculté de*

Juger : « Faire des observations psychologiques (comme Burke dans son écrit sur le beau et le sublime), et rassembler ainsi une matière pour de futures règles d'expérience à relier systématiquement, sans pourtant vouloir les comprendre, tel est bien l'unique obligation véritable incombant à la psychologie empirique, qui sera toujours bien en peine de pouvoir prétendre au rang de science philosophique. » (AK 20 238,18-23).

Kant nomme, dans ce qui suit, les difficultés qui s'opposent à une anthropologie comme science. Il lui reconnaît également ici la possibilité de pouvoir être traitée de manière systématique (119, 9 ; 121, 29).

Dans sa version d'origine, l'anthropologie se présentait comme science ; ainsi dans l'*Anthropologie-Philippi :* « Si nous considérons la connaissance de l'homme comme une science particulière, il en résulte de nombreux intérêts » (2v), ou *Anthropologie-Hamilton :* « La psychologie empirique est une sorte de théorie de la nature. Elle traite des phénomènes de notre âme, qui sont et constituent un objet de nos sens, à savoir du sens interne, de la même manière que la théorie empirique de la nature ou physique traite des phénomènes. »

Ligne 29 « Difficultés ».

Kant adopte l'argumentation de la « Préface » des *Premiers Principes Métaphysiques de la Science de la Nature* (1786) (04 471, 11-37). Dans la *Critique de la raison pure*, le texte qui fait pendant, affirme relativement à la connaissance *a priori* de soi : « [...] une mise en demeure adressée à la raison de reprendre à nouveau la plus difficile de toutes ses tâches, à savoir celle de la connaissance de soi[...] » (A XI ; AK 04 9, 4-6).

La référence aux difficultés appartient aux *topoi* de l'exorde d'un traité ; ce qui explique (mais non par filiation directe) qu'Aristote, au début du *De anima*, se réfère également aux difficultés liées à la position du thème : « De façon tout à fait générale, cela appartient à ce qui est le plus difficile, acquérir une opinion ferme sur elle [c'est-à-dire l'âme]. » (402a 11-12) La connaissance de soi est particulièrement considérée comme difficile dans l'*Alcibiade* I de Platon (129a 2-6), chez Cicéron, *Des Lois* I 22, 58 : « Haec [c'est-à-dire la philosophie, RB] enim una nos cum ceteras res omnes, tum quod est difficillum. Docuit, ut nosmet ipsos nosceremus [...]. » Comme Kant, Justus Christian Hennings parle dans son *Histoire* [pragmatique], *des âmes des hommes et des animaux* (1774), des « difficultés de la psychologie » et renvoie alors à l'*Analytischer Versuch über die Seelenkräfte* de Charles Bonnet (1771). Dans l'« Appendice I : Considérations des différentes méthodes de la psychologie », Bonnet dénombre trois formes de difficultés, qui vont de pair avec trois méthodes possibles de la psychologie : empirique, analytique et synthétique : « Celui qui collecte simplement les expériences de l'âme, semble certes aller au plus certain, mais ne semble pas accomplir les plus grands progrès. [...] De fausses conclusions peuvent aussi ici êtres tirées d'observations faites de façon inexacte, et les confusions de ce qui est essentiel avec ce qui est accidentel produisent de nombreuses erreurs. L'analyste s'expose au danger de parvenir à des hypothèses impossibles, et de pousser la décomposition plus loin que ce qui est conforme à la vérité [...]. Celui qui procède de manière synthétique trouve sur son chemin la gêne d'être conduit par une série de conclusions à des concepts qui toutefois ne concordent pas avec la réalité ; il s'égare dans la spéculation, laquelle ne peut apporter aucun avantage à l'élargissement de la connaissance de l'âme [...] » (II, 205 etc.). Et Karl Philipp Moritz écrit dans la préface (sans titre) de son *Gnothi sauton oder Magazin zur Erfahrungsseelenkunde* (1783) « Je procède avec tremblement à la réalisation d'une entreprise, dont l'importance et l'utilité m'apparaissent davantage jour après jour, mais d'où aussi j'aperçois toujours plus clairement les grandes difficultés. » (I, 7) Thomas Reid écrit dans son *Inquiry of the Human Mind on the Principles of Common Sense* de 1764 sous le titre « Section II : The Impediments to our Knowledge of the Mind » : « But it must be acknowledged, that this kind of anatomy is much more difficult than the other ; and, therefore, it needs not seem strange that mankind have made less progress in it. To attend accurately to the operations of minds, and make them an object of thought, is no easy matter even to the contemplative, and to the bulk of mankind is next to impossible. » (98a) De même dans les *Essays on the Intellectual Powers of Man* (1785), « Essay » I 6 : « Of the Difficulty of Attending to the Operations of our own Minds » (Reid 1969, 59) ; il donne ensuite, comme Kant, une liste numérotée de difficultés particulières.

Carl Christian Schmid consacre le § XXII (109-120) de l'« Introduction » de sa *Psychologie Empirique* de 1791 à la présentation de « difficultés » ; l'exposition de la psychologie faite par Kant dans la « Préface » des *Premiers Principes Métaphysiques de la Science de la Nature* est mentionnée sous les numéros 7 et 8 (113-115 ; texte cité : AK 04 471, 11-29).

En 1795, Lacépède traitait à Paris, à l'Ecole Normale Supérieure, de « l'histoire naturelle de l'homme » et dépeignait, de façon plus détaillée, le topos dans le sens de la problématique sujet-objet : « Quoi de plus difficile qu'apprendre à le [c'est-à-dire l'homme] connaître ? Quel objet est plus proche de nous ? Nous le voyons, le touchons, le sentons au-dedans de nous : nous sommes cet objet, et cependant son être se dérobe à notre esprit ; il échappe à notre intelligence. Ah ! Précisément cette identité le soustrait à l'intuition. Nous ne pouvons concevoir que selon la diversité des relations, et il n'y a ici que des similitudes, mais pas de différence entre l'observateur et l'objet de l'examen. » (Cité d'après Sergio Moravia, *Beobachtende Vernunft* (1973) 61).

Les trois difficultés nommées dans la suite du texte se rapportent aux deux « sources » de la connaissance anthropologique, le commerce de l'expérience avec les autres et avec soi ; les difficultés résident premièrement dans la relation de l'observateur avec ce qui est observé (1 et 2) et 3. dans la modification de l'homme par l'« altera natura ».

Avec « enfin », Kant introduit le problème des auxiliaires (121, 18-28). Une autre difficulté est nommée en 143, 4-13 : Que « l'homme en quête de son être interne *introduisant* dans la conscience de soi maints ajouts, au lieu de s'observer » (143, 8-9), or c'est ce qui constitue ensuite le fondement de l'appréciation qu'il porte sur les autres.

La mention des difficultés n'est donc pas seulement un topos traditionnel au commencement d'une œuvre, mais trouve — comme chez de nombreux autres auteurs qui écrivent sur la connaissance de soi de l'homme — une justification essentielle. A la mention de la difficulté de la connaissance de soi au début de l'œuvre, correspond, dans la conclusion, le traitement de la difficulté de la réalisation de soi : dans le dernier chapitre sur « le caractère de l'espèce », Kant pose la question : comment l'homme peut-il parvenir à se trouver lui-même, comment peut-il atteindre sa propre destination ? — « Nous allons indiquer les difficultés de la solution de ce problème et les obstacles qu'elle comporte. » (325, 9-11). Les difficultés nommées ici reprennent le thème connu de la « Proposition 7 » de l'*Idée* (1784) (AK 08 23, 2-6).

Claude Lévi-Strauss renvoie, dans *Mythologiques. Le cru et le cuit* (1976), au fait que le matériel socio-historique et anthropologique « ne permet pas de se diriger selon le principe cartésien, de décomposer les difficultés en des parties si nombreuses comme il est nécessaire à leur résolution. » (16) Voir Descartes, et le traitement méthodologique des difficultés dans les *Regulae ad directionem ingenii*, section VI. 1 : « [...] quoties aliqua difficultas occurrit, [...] ». (Descartes 1967, X 381, 12-13).

Le traitement méthodologique de ces difficultés par Descartes et leur élimination totale n'est pas possible dans l'anthropologie pragmatique. Cependant, de même qu'Aristote ne renonce pas à l'éthique parce qu'elle n'est pas concevable more geometrico (voir *Ethique à Nicomaque* I : 1094 b 10-25) le fait que l'on ne puisse éliminer les difficultés chez Kant n'est pas une raison de renoncer à l'anthropologie pragmatique comme science. Elle appartient aux « two cultures », qui sont perçues depuis le *Politique* (283b-287b) de Platon dans les disciplines non-mathématiques.

AK 07, 120-121

Lignes 30-121, 36 « Une grande ville... peut être acquise »

Königsberg, Montreal, Monreale, est le lieu fixe duquel on peut tirer, dans une vue immobile, « l'*a priori* empirique » de toutes les connaissances locales fluctuantes. Il n'y a assurément qu'ici que l'on obtient un « élargissement de la connaissance de l'homme autant que de la connaissance du monde ». — Comment faut-il expliquer que Kant parle de Königsberg comme du « centre d'un royaume » ? Quel devait être ce royaume ? Kant semble ne percevoir la « Prusse » qu'à travers la Prusse orientale de l'époque ultérieure ; lorsqu'il parle du « Royaume de la Prusse » dans le § 35 de la *Géographie Physique* (1802) (AK 09 222, 28-29), il ne pense pas à la Marche de Brandebourg. Lorsque, dans le même écrit, il est question de « la Pologne et de la Prusse » (ainsi § 17 : AK 09 192, 35 ; § 49 262, 18-19 ; 323, 32), il pense également à la Prusse orientale ultérieure ; aussi le « maître, qui visitait ses parents en Prusse » (ici 262, 31), leur rend-il visite à Königsberg (262, note). Dans la *Géographie Physique*, § 35, AK 09 222, 28-29, des champs de glace se forment, qui « ont parfois presque la superficie du royaume spécifique de Prusse. » Ce « royaume spécifique de Prusse » semble ignorer Berlin, ce qui en dépend, et ne prendre en compte que sa superficie propre, avec Königsberg comme capitale.

Karl Friedrich Burdach écrit, dans son autobiographie *Rückblick auf mein Leben* (1848), au sujet de Königsberg, au temps de la prise de possession de sa chaire d'anatomie en 1814 : « Königsberg se nommait encore capitale et résidence de Prusse, à peu près comme une bien-aimée répudiée cherche encore à embellir son existence misérable grâce au souvenir de son passé magnifique » (279) Benno Erdmann (Ed.), *Reflexionen Kants zur Anthropologie*, Leipzig 1882, 37, parle, plein de piété, de Königsberg comme du centre « du royaume plus étroit ».

Que le regard sur le monde à partir de Königsberg ne puisse montrer qu'un point de vue en perspective ne constitue pas, pour Kant, un problème. La tradition littéraire en Angleterre et en France, qui cherche à rendre étrangère la culture spécifique dans des apports fictifs, n'a pas trouvé d'écho en Allemagne. Les notes contiennent également une apologie ; car l'auteur sait que la connaissance de l'homme, selon le « common sense », ne peut pas non plus être acquise « sans voyager » (121, 36). Lichtenberg note dans ses *Reise Anmerkungen* (Note 127) : « Je dis que l'homme assis dans la chambre n'est pas celui qui est utile, parce qu'il n'est guère possible, sans commerce avec le monde et avec les gens qui ont davantage d'expérience de toute sorte de situation, d'acquérir le sentiment, qui nous apprend à juger des événements presque sans réfléchir [...]. Les livres suppléeraient totalement à ce manque si tous les livres de ceux qui connaissent les hommes étaient écrits [...]. Les longs arrêts dans les grandes villes marchandes, proches d'une cour, ou mieux encore en relation étroite avec elle [...] sont les conditions qui, en général, contribuent pour beaucoup à former l'homme *raisonnable* et principalement l'historien » (676).

Ligne 19 « Histoire universelle... et romans. »

Nous rencontrons le terme « histoire universelle » dès le début du dix-huitième siècle, dans les notes des Leçons (*Anthropologie* 31 ; également *Mrongovius* 121) dans les œuvres publiées AK 08 29, 2 ; 30, 29 ; AK 07 62, 5. Mais les passages indiqués ne nous disent pas à quelle œuvre antique ou contemporaine, ou à quelles œuvres de l'« histoire universelle » il faut penser. Le rapport surprenant (« et [même] ») de la pièce de théâtre et du roman comme sources de connaissance requiert une justification. Les romans portent en eux le stigmate du non-sérieux. En ce qui concerne l'image négative de la lecture de roman, voir 185, 18. Dans la « proposition 9 » de *l'Idée d'une Histoire universelle au point de vue cosmopolitique* (1784), est levée la suspicion qu'une Histoire composée selon une idée n'aboutirait qu'à un roman, et non à un système (AK 08 29, 6-16 ; voir Ralf Selbach, *Staat, Universität und Kirche* (1993) 57-60). A la différence de la lectrice de roman (voir le commentaire de 185, 18), l'anthropologue kantien est apte à acquérir d'importantes connaissances sur la nature humaine à partir de pièces de théâtres et de romans, et l'anthropologie de Kant est effectivement, quant à ses sources, une « anthropologie littéraire » (en ce qui concerne ce concept, voir Hartmut Böhme, « *Germanistik in der Herausforderung durch den technischen und ökologischen Wandel* » (1994) 74... Bohme pense en effet que la germanistique devrait devenir anthropologie littéraire).

Les représentants des auteurs de pièces de théâtre et de romans sont Molière et Richardson (lignes 24-25) ; le roman, de même que la comédie, est pris comme miroir (même s'il exagère) de la vie quotidienne, de l'« agir effectif des hommes » (L. 26). Henry Fielding, un des écrivains préférés de Kant, explique dans le premier chapitre du premier livre de *Tom Jones* (1749) : « The provision which we have here made is no other than *Human nature* », ou encore écrit dans l'en-tête du livre IV, chapitre II : « [...] some observations for which we have been forced to dive pretty deep into Human nature » (191). Voir également Rousseau, quatrième livre de l'*Emile* (1762) ; Rousseau 1959..., IV 526...

Christian Garve écrit, au sujet des nouveaux écrivains, dans sa *Betrachtung einiger Verschiedenheiten in den Werken der altesten und neuern Schriftsteller, besonders der Dichter* (1770) : « Ils ne nous enseignent pas simplement les pensées qu'avait réellement celui qui se trouvait dans l'état d'esprit représenté, mais également les pensées, simplement obscures, qui se trouvent au fond de son âme [...]. Toutefois, dans la peinture de l'âme humaine, ils séparent les uns des autres les traits, qui étaient développés dans l'unité, et ils font jouer un à un devant nos yeux les plus petits mobiles secrets, que la nature ne nous montrerait qu'unis dans leur effet. [...] Ils ont perçu une nouvelle classe de sensations, découvert des différences cachées et les nuances de variations de l'âme ordinairement semblable, ils ont mieux analysé les concepts cachés dans une représentation complexe ou dans un désir. [...] L'avantage que, dans ce domaine, notre siècle a peut-être sur tous les autres devient apparent. » (78-79) Garve désigne « l'orientation vers la psychologie, l'optique analytique de l'âme, comme le point de différence entre la poésie antique et moderne [...] » (Riedel 1992, 32). Voir également Hans-Jurgen Schings, *Der anthropologische Roman* (1980).

Johann Gottfried Herder indique, dans la section « Vom Reiz » de son traité *Vom Erkennen und Empfinden der menschlichen Seele* (1778), d'autres sources de connaissance : « Je ne connais que trois voies qui pourraient y conduire. Biographies : observations des médecins et amis : prédictions des poètes — elles seules peuvent nous procurer la matière de la véritable théorie de l'âme. » (Herder 1877, VIII 180) ; voir également Pfotenhauer 1987, 13-14. Au demeurant, la poésie est ennuyeuse quand elle reproduit la vie que nous connaissons.

Une autre connaissance des sources anime la connaissance de l'expérience de l'âme : elle cherche « des faits, et non un bavardage moral » (ainsi Moritz, Magazin (1783-1793) I 8). Voir Bezold, 1984 : « Avec la thèse "des faits, et non un bavardage moral" », Moritz cite les bases d'une nouvelle anthropologie. Ernst Platner, dans son *Anthropologie fur Aerzte* und *Welveise* (1772), s'est donné comme principe de fournir « davantage de faits [facta] que de spéculations » — « des faits au lieu de constructions d'esprit inadaptées » (ainsi que Baumgarten traduit l'expression « speculatio »). La limitation à l'observation et à l'expérience devient, en contradiction avec ce geste modeste, au sens où l'entend Pope (*Essay on Man* II, 1f), « un programme d'autosatisfaction. ». L'expression de Platner se trouve page XVIII de la « Préface » de *l'Anthropologie*, traduction de Baumgarten, § 669 de *Metaphysica* (1779).

Kant a rigoureusement évité cette forme de connaissance de l'expérience de l'âme dans la mesure où son anthropologie est antérieure à la phase de recherche des méthodes empiriques dans la psychologie empirique.

En ce qui concerne l'indication des sources des observations anthropologiques, on pourrait parler d'un degré intermédiaire de la littérature anthropologique ; alors que, dans la phase précédente des traités antiques relatifs à ce thème et de la littérature contemporaine sur la nature de l'homme (Hobbes, Descartes), on ne peut fondamentalement indiquer aucune source, la littérature psychologique et ethnologique à partir du XIXe siècle rend compte de ses énoncés, que ce soit sous la forme de récits d'expérimentations contrôlables ou d'interprétations d'observations vérifiables.

LISTE DES AUTEURS

Georges ANTONOPOULOS, *Professeur émérite, Université "Panteios", Grèce*

Bernard BOURGEOIS, *Université de Paris I-Panthéon-Sorbonne, France*

Reinhard BRANDT, *Philipps-Universität, Marburg, Allemagne*

Monique CASTILLO, *Université de Poitiers, France*

Michèle COHEN-HALIMI, *Université Blaise Pascal, Clermont-Ferrand, France*

Jean FERRARI, *Université de Bourgogne, Dijon, France*

Brigitte GEONGET, *Bordeaux, France*

Simone GOYARD-FABRE, *Professeur émérite de l'Université de Caen, France*

Joachim KOPPER, *Université de Mayence, Allemagne*

Guy LAFRANCE, *Université d'Ottawa, Canada*

François MARTY, *Centre Sèvres, Paris, France*

Alain RENAUT, *Université de Paris-Sorbonne, France*

André ROBINET, *Orchaise, France*

Henri d'AVIAU DE TERNAY, *Centre Sèvres, Paris, France*

Ricardo TERRA, *Université de São Paulo, Brésil*

Bernard VANDEWALLE, *Université de Bourgogne, Dijon, France*

TABLE DES MATIÈRES

III. — LA POSTÉRITÉ

APPENDICE

Imprimerie de la Manutention à Mayenne – Octobre 1997 – N° 323-97
Dépôt légal : 4e trimestre 1997